一個被遺忘的事實，
如何改變我們所見、
所信與盼望的一切。

基督
的
奧秘

THE
UNIVERSAL
CHRIST

How a Forgotten Reality Can Change Everything We See, Hope For, and Believe

全球公認具影響力的靈性導師

ICHARD ROHR

查·羅爾 神父 —— 著

胡國楨 神父 —— 審訂

譯 —— 周明芹

各界讚譽

羅爾神父秉持方濟修會崇尚唯名論神哲學的精神，沿襲天主教教導「煉明合」三路的神修傳統，在本書中為讀者指出了一條如何邁向與天主結合的默觀之路，就在萬物的圓滿育成內領悟「宇宙性基督」的奧秘。

——黃大德，香港恒生大學社會科學系講師

羅爾神父向我們提出挑戰，要在信仰的表層下尋找，看見每個人、每個事物的神聖之處。每個努力實踐信仰的人，都能在本書中找到鼓勵和靈感。

——梅琳達・蓋茲（Melinda Gates），比爾蓋茲前妻
《富比士雜誌》評選世界最具權威女性

羅爾神父認為基督無處不在，而不僅是在人身上。他提醒我們，神透過成為萬物來愛它們。就因為這句話，還有其他更多的句子，這本書讓我愛不釋手。

——波諾（Bono），搖滾天團 U2 主唱
《時代雜誌》年度風雲人物

羅爾神父幫助我們透過耶穌所教導的、所做的、所成為的，來看到與聽到他——也就是上主深愛、釋放、賜予生命的表達和存在。這樣做，有助於基督宗教重新找回自己的靈魂。

——孔茂功（Michael Bruce Curry），美國聖公會首席主教

我們的文化需要重大轉變，本書是朝著正確方向邁出的關鍵一步。請記住，我們與萬事萬物的連結，對我們的宗教傳統、社會、甚至政治，都有極大的影響。

——克莉絲汀·鮑爾斯（Kirsten Powers）
美國 CNN 政治評論家

羅爾神父邀請所有的基督徒讀者，將他們對耶穌（歷史人物）和基督（救世主）的概念結合起來，以便在他們周圍的世界中、在一切的人事物中真實地認識神。這本書的創新思維，將啟發有信仰的讀者深入思考神的本質。

——《出版人週刊》（Publishers Weekly）

每個信仰耶穌基督的人都應該讀一讀這本書，才能更全面地理解這個信仰所蘊含的驚人而巨大的意義。這是羅爾神父的巔峰之作，完整總結了他的神學見解，這些見解改變了許多人的生命。

——葛藍伯－麥克遜牧師（Wesley Granberg-Michaelson）
美國歸正教會名譽秘書長

在這裡，基督宗教在一切的事物、物質、受造物之中，發現了自己的根源和命運。我們找到了我們與普世歸屬、普世信任和普世之愛的連結。這本書將改變宗教，使其變得溫柔、和諧而具有轉化力。

——蒂莫西·施萊弗（Timothy Perry Shriver）
國際特殊奧林匹克運動會主席

Content

每個事物的另一個名字

一條信仰的必行之路

天主教台南教區主教
黃敏正

開闊的視野、深湛的見地、超越的胸襟，理查·羅爾神父邀請讀者放開我執，邁入基督真諦的堂奧。他的邀請為基督信仰者挑戰極大，為非此信仰者掙扎更大！

容我大膽地以「關係」來詮釋羅爾兄長努力要闡明的「基督」，以兄長稱呼，只因我們同屬方濟小兄弟會（OFM：Order of Friars Minor），會祖亞西西聖方濟的神恩（Carisma）和靈修是每一位方濟會士的聖召。

五傷聖方濟於辭世前一年（1225年秋）所撰寫的《造物讚》（*Il cantico delle creature*），通稱太陽歌（*Cantico di frate sole*），是其靈修的高峰。教宗方濟各以太陽歌的詞句和精神，於2015年5月24日頒布了《願祢受讚頌》（*Laudato Si*）通論，申論「愛惜我們共同的家園」。宇宙萬物都息息相關，聖方濟以兄弟姊妹的家人關係來接納萬有，包括死亡妹妹。「關係」成了聖方濟的核心靈修，而羅爾神父將萬有內在的關係稱之為基督。

基督宗教屬聖三信仰，天主是聖父、聖子和聖神三位一體的合一之神，聖父是萬有真原，就是創造生發一切的「道」；

聖子是「道成肉身」，是無形的真神降生成為有形可見的人；而聖神就是父與子之間的「關係」。天主超越一切，無所不在，同樣，「關係」連結一切，處處都在。沒有關係就無存有，那內在於萬有之中的關係將一切合而為一。羅爾說：「天主就臨在於每個人和每個事物之中。」（p.37-38）

基督（Christos）＝默西亞（Mashiach）＝受傅者＝君王。基督的字義為君王，耶穌基督是萬王之王，永遠為王。其君王寶座在十字架上，因為耶穌在十字架上以犧牲完成救恩，成為基督。中文的「王」字，按說文解字是天地人一以貫之；依基督論來看中文的「王」字，則是頂天立地的十字架，上面一畫指天，下面一畫指地。十字架將天地之間劃分為四個區塊，意指整個宇宙世界被歸納為「天、人、物、我」四種關係，耶穌成為君王的王道在於重整「天人物我」四種關係，當四種關係都達到和諧、合一與歸屬時，天國就實現了。所以救恩等於關係的重整，罪惡等於關係的破裂。

「關係」無形無象，看不到摸不著，卻鮮活地存在於一切之中，更左右我們的生命！「看」連結「關係」，羅爾神父一再地以「看」來導入基督的奧秘，例如：郝思蘭德在倫敦地鐵看見了一個異象、看著你家小狗的臉、只有看得見的人才會脫鞋（梅瑟看見焚而不燬的荊棘）。我們必須每時每刻操練「看」，好能專注於真、善和美。我們的溯根探源不要止步於人類之初的原罪上，更應看到真正的起點：「原初之善」。這正是耶穌所說的：「心裡潔淨的人是有福的，因為他們要看見天主。」（瑪5:8）

《基督的奧秘》對教會、甚至對所有宗教，都提供了強烈

的挑戰，不是消極的批評或否定，而是邀請人們做深刻的反省。第一，我們要看該看的，不要看不該看的。「天主看人心，人看外表。」（撒上16:7）長期以來人類及教會都著重外表、形式、禮規、時空。第二，要看「看不到的」，比看「看得到的」重要。羅爾神父以〈宗徒信經〉為例，十二信條強調上主的全能、偉大作為、理論和神學。然而「它沒有一次提到愛、服事、希望、『弟兄姊妹中最小的』，甚至沒有提到寬恕……它似乎對人們日常行為的實踐幾乎沒有用處。」（p.149）

耶穌是看得到的，基督是看不到的。羅爾神父說：「對基督的理解以各種方式徹底改變我們的信仰實踐之道。」這不是一條易路，卻是必行之路。

一本議題豐富的神學與靈修書

輔仁大學宗教學系教授
黃懷秋

　　方濟會理查‧羅爾神父的新書《基督的奧秘》，是一本神學和靈修兼備的書。這本書的副題稱基督為一個被遺忘的事實。人們早已忘記耶穌基督是誰，或者說，是什麼了。

❖ 被遺忘的事實：耶穌，唯一的基督

　　在歐美，基督似乎更屬於文化，而不是信仰。耶穌基督，仿如約翰甘迺迪一樣，早已變成一個人的名字了。很多基督徒都不知道，耶穌這個名字，意即「天主救援」，是天使顯現給若瑟的時候命定的（瑪一21），至於「厄瑪奴耳」，則是「天主與我們同在」（瑪一23）。很多希伯來人的名字都有一個意思，很多古老的文化都是這樣。古代中國人的名和字是分開的，現在也很少人知道了。

　　至於基督呢？舊譯為「基利斯督」（Christos 的音譯），是希臘文翻譯希伯來文的默西亞，默西亞是「受傅者」的意思，後來普遍理解為「救世主」。由於古代有很多「受傅者」，還是有可能引起誤會，有學者因而建議改稱 Jesus the Christ，中文無法翻譯英文的「定冠詞」，僅能說「耶穌，那個基督」，意

即「耶穌，唯一的基督」，或者，開點玩笑說「耶穌，辣個基督」。

❖ 男人和女人

作者用榮格的「原型」理論來解釋性別。原型，屬於「陰影」的部分。陰影普通是不會顯露的。烈日當頭，人看不到自己的陰影。男人顯現出來是男人，他的女性特質是不會顯露的，否則會被取笑為「娘娘腔」，反之，女人則會被挖苦為「男人婆」。這種特質通常會被許多生活在文化和禮教底下的人，有意識或無意識地壓抑在潛意識中，等待著有一天或許能夠破繭而出的部分。

雖然很多女性神學的人不高興，但耶穌在身體結構上的確是個男人。按福音的描述，他的性格通常也很男性化，他大聲喝斥自己剛剛誇讚過的門徒（瑪十六23），他凶神惡煞地罵法利塞人（瑪二十三），他在聖殿裡「無緣無故」地生氣（谷十一15）。有些時候，他更會讓跟著他的門徒感到無比的驚懼恐怖（谷九32，十32）。我特別覺得〈路加福音〉的耶穌，對母親半抱怨半責備、甚至不留一點情面的話十分男孩子化（路二49）。一個女生對母親的呵責可能更加麻辣，但男生就是這樣理直氣壯：「你不知道……嗎？」讓人啞口無言！

但耶穌有時也十分溫柔，他喜歡小孩子（谷九36），對待罪人內心柔軟，他俯下身來治癒一個佝僂著的婦人（路十三10），柔軟得必須斥責鐵石心腸的會堂長（路十三15-16）。他治好一個外邦女人的女兒，馬爾谷特別聲明她生於敘利腓尼基（谷七26），但是她由於信德而獲得的恩典（谷七28），足

堪比擬那個不必經過懇求，只由於「身為亞巴郎的女兒」而得以在安息日獲得治癒的猶太傴僂婦人（路十三16）。

最後必須一提的是，以「仁慈悲憫為名」的路加，特別讓耶穌以溫柔的眼神，看了一看三次不認主的伯多祿，此舉馬上讓曾經說過「已經準備好同你一起下獄，同去受死」（路二十二33），而如今卻背叛了他的恩主的伯多祿，幡然省悟，悽然痛哭（路二十二61-62）。

❖ 女人和男人

聖母瑪利亞當然是個女人，在身體上！

她的心靈也很女人，符合一切父權時代對女性的期待：她順從、聽命、沉默、寡言，耶穌稱讚她比有福更是有福（路十一27-28）。她無懈可擊。

福音中唯一對她貌似批判的故事以「單傳」的方式只此一次地出現在〈馬爾谷福音〉（谷三20-21）。馬爾谷的故事，把聖母隱藏在「他的人」裡，「他的人」可能包括其他兄弟姊妹。而這個單傳故事，幾經省略，只餘下「奉行天主旨意」（谷三35）一句，在其他兩本對觀福音中經過改寫，然後再以其他更直接的讚美形式出現（瑪十二46-50，路八19-21）。很明顯，福音對聖母瑪利亞的描寫，愈來愈符合基督徒對女性的期待。

按照榮格的理論，瑪利亞應該也有陽剛的一面，只是教會把她完全女性化了。她十指纖纖，彷彿不用沾染陽春水。作為一個木匠的妻子，她什麼苦都得幹。她未婚生子，差點被休棄；傳說若瑟早逝，她獨力撫養耶穌；孩子三十歲就離家出走，不務正業，和一群無名小卒浪跡天涯；她追出去尋找，要

把他帶回家，是誰「瘋了」？是母親還是兒子？果不其然，年輕的兒子不久就死於非命，那時，她也許還不是基督徒，而只是一個強悍而新近喪子的寡母。

瑪利亞是耶穌的女性版本。聖經對她描寫不多，我曾經說，如果把耶穌染色體的 xy 變成 xx，就是聖母。耶穌道成肉身，聖母童貞產子；耶穌釘十字架，聖母七苦；耶穌復活升天，教會只好增加蒙召升天，這樣才符合信徒的期待。有人甚至用榮格的理論，把聖母稱為在陰影中的神聖第四位：一個三角形的倒影。因是陰影，所以也不便明言，在夢中，我們也許會見到。

❖ 死亡和復活

本書也討論到，耶穌為什麼非死不可？且以最屈辱的方式死在十字架上？

以「戰慄」與「著迷」解釋神聖的宗教學者奧托（Otto）認為，神聖（不是神聖者）是宗教的本質，它令人害怕，又讓人迷戀不捨。梅瑟在焚燒的荊棘前不敢抬頭，卻又忍不住走過去看一看。舊約的天主經常大發雷霆，讓人戰慄，但聖經又說他「緩於發怒，富於慈愛」（出三四6）。天主的怒和愛是一體的兩面，不要以為只有舊約的天主是恐怖的，新約的天主是愛。戰慄是由於神的大能，著迷是因為他的愛。耶穌的奇蹟是「能」的展現，因而讓人驚駭，伯多祿說：「主，請你離開我，因為我是個罪人。」（路五8-10）但它也令人著迷，使人趨之若鶩，許多人追著耶穌跑，只為看一看奇蹟。

在山園祈禱時，耶穌驚懼恐怖，汗如雨下，卻又內心狂

喜,「阿爸」(谷十四36)撫慰了他的傷痛。在革責瑪尼,耶穌尚且如此,如今,在十字架上,遍地昏黑,天主彷彿離他而去。在傷心欲絕中,耶穌大聲呼號:「我的天主,我的天主,你為什麼捨棄了我?」(谷十五34)捨棄我的,居然還是「我」的天主!就在此刻,神聖終於完全現身。

十字架是耶穌與天主完全結合的時刻,因而是人類歷史中最神聖的事件,它是映照出「神聖本身」(而不是「神聖者」)的一面鏡子,在其中,神聖最崇高的愛及其令人敬畏的怒交融在一起。一個外邦人的百夫長看見他「這樣」死了,成了第一個從沒有追隨過他,卻有幸見證到這神聖的一刻,並且承認「天主子」的基督徒(谷十五39)。

死亡之後,耶穌復活。復活終結死亡的恐怖。死亡被吞滅了,它的刺被拔除了(格前十五54-55)。從此,死亡可以被我們期待,期待有一天在天上相會。

本書討論的議題非常豐富,用心的讀者,必定能從中獲得裨益。

|專文推薦|
重要的是信仰，不是教條

前玉山神學院副院長、牧師
陳南州

信仰是人與上帝之間的關係，教條則是教會為了傳揚或教導人們體認基督信仰，嘗試把這種「人─上帝」關係給予系統化和條文化的產物。換句話說，信仰的團體必然發展出教條，教條是隨著信仰而來的。然而，教條卻也常常阻礙人進入和享受活潑、動態的信仰。

林語堂在《信仰之旅》（*From Pagan to Christian*）一書中述說他自己如何從異教徒到基督徒的信仰旅程。他敘述他的探索旅程時，提及一種經歷：「可能有許多人想給我們一種『裝在箱子裡的拯救』，許多人想保護我們免於異端的誘惑。這種對於我們個人得救的焦慮，是完全值得讚賞的。但另一方面，在這種『裝在箱子裡』的拯救中，人們卻容易在我們的信仰上，加上過重的負擔。這就是所謂教條及靈性上的獨斷主義；而我所反對的是那種靈性上的獨斷主義，多於那些個別的、特殊的教條。這種過度的保護及信仰的負擔，可能壓扁了許多青年人的心。」（16-17頁）

台灣浸信會神學家周聯華在為林語堂的《信仰之旅》一書寫推薦序時說，他覺得林語堂的書是對作為傳道人的他的一種

宣判，「因為我們常常把一些不必要的教條、禮儀加在信仰裡面，使人看不見信仰的核心」（11頁）。

神學是信仰及其實踐之批判性省思的科學。神學奠基於基督信仰，運用理性和經驗來反思信仰及其實踐，一方面藉此釐清自己的信仰，一方面是為了向外有條理、清晰地講解基督信仰。神學反省有時也會挑戰教會傳統的教條。羅爾神父的《基督的奧秘》就是一個實例。

羅爾神父在《基督的奧秘》這本書中，闡釋他對基督的信仰——他稱為奧秘的「普世性的基督」。他從「基督是一切，又在一切之內」（歌羅西書3:11）及其相類似的經文，提出「一切所見，都是天主的顯露，沒有例外」、「透過創世的行動，天主將永恆流動的神聖存在，彰顯於有形的物質世界中」這樣的神學見解。

不過，他對基督的一些神學解說，和基督教會普遍接受的教條，並不全然相符。我的感受是他提出這樣的神學見解，是為了信仰的實踐。他認為，因為我們對基督之奧秘的理解不夠完整、深入，以至於「所有基督宗教殖民主義的國家給各地原住民的殘酷對待，以及我們對奴隸制、破壞性消費主義、種族隔離、白人特權、破壞地球、同性戀恐懼症、階級主義和大屠殺的保持沉默和完全共謀」。他批判性地說，我們傳統的信仰「成了有許多狹隘救贖理論中彼此競爭的一種神學，而非所有人都能在尊嚴中生存的普世性宇宙學」。

我推薦羅爾神父這本《基督的奧秘》，不是我贊同他所有的神學見解，而是因為我認為這本書激發、擴展我們的神學空間，並挑戰我們把信仰的理解化成實際生活，而且是可以顯明

上帝的慈愛、重視人性之尊嚴和萬物之價值的生活。我同意
羅爾神父這樣的見解：「真正的基督宗教與其說是一個信仰體
系，不如說是一個生死體系，它告訴你如何奉獻你的生命，如
何奉獻你的愛，以及最終如何奉獻你的死亡。基本上，就是奉
獻，並在這樣做的過程中，與世界、與所有其他生物、與上主
連結。」

　　羅爾神父讓我想起巴克萊（William Barclay），就是撰寫
《每日研經系列叢書》（*Daily Study Bible*）、深受基督新教信徒
喜愛的蘇格蘭聖經學教授、牧師。在《我的信念：巴克萊的信
仰宣告》（*Testament of Faith*）這一本類自傳的書中，他說他相
信上帝、相信耶穌、相信聖靈、相信教會等等，但他也宣稱他
是「一個普救論的信徒」（Universalist）。他的女兒二十一歲
時，在一次遊艇意外事件中不幸喪生，有人匿名寫信給他說：
「我知道神為什麼讓你女兒死了；那是為了使她免於受你的異
端學說所敗壞。」（中文譯本47頁）

　　我希望我們不會這樣對待羅爾神父，而是享受他的挑戰，
擴展我們的信仰空間，善待他人與萬物。我深深期待，我們接
受的不是「裝在箱子裡的拯救」。

走出舒適圈

修女、精神科醫師
鄒逸蘭

接到為羅爾神父新書寫推薦文的邀請，覺得相當訝異。拜讀過他的文章書籍，印象中有挑戰性又很歡喜。但怎麼會找到我呢？經過澄清後便接受了，視為天主送來的禮物，為增進對基督的體認。

這本書若以默觀的眼光來看，會非常享受；僅用理性腦，則較難領略其滋味。基督在閱讀過程越來越擴大，讓讀者加深和祂的來往。這逐漸前行的旅途，猶如教宗方濟各在2020年《讓我們勇敢夢想》一書、及其前兩三年中一再提醒的「走出舒適圈」：去看見，去和與自己不同的人相遇，去體會、充實自己的生命。想要接觸不同的人，需先走出心中的舒適圈。在此，可由既挑戰又和煦的方式，步步開展。

羅爾神父用了「大傳統」的歷史脈絡來看整個基督宗教的智慧，各時代因社會文化背景發展出的神學，產生的後果，以及日常生活的實踐。他在這本書「整合了在東正教、天主教和許多新教支派中都不斷重複並且互相重申的自我更正議題」以顯示什麼是基督信仰的精髓，而各群體又怎樣把自己束縛在有限的認知中，從而落入無益的枝節。

　　不論是從小跟著家人領洗的「老教友」，或者是成年才領洗、一個人去教會的「新教友」，各有所學，卻未必知其所缺，以致為自己所了解的「正確傳統」在教會團體中爭執，有時鬧到分手。

　　在與神、與人相遇的過程中，我們即使出於善意，以有限的理智，是否難免仍會有猜測與誤判呢？羅爾神父試著幫助讀者貫穿歷史、跨越文化藩籬，邀請我們走出個人侷限的舒適圈，放棄控制，以能更深、更廣的看到基督的愛與臨在；從「我」到日益擴大的「我們」。

　　有些人說，孩提時代背誦的教理「天主無所不在，處處都在」，讓他們感覺好像到處都是天主監控的眼睛，讓人帶著恐懼與罪惡感過日子。作者卻讓我們看到，周圍的人與事物，都是充滿基督的愛與我們同在——及時道成肉身（本書譯為「天主子降生」），持續展現——破解各年代的弊病。在閱讀時敞開自己心胸、逐漸擴大接觸圈的過程，若肯鬆開固有觀念，便有機會帶來釋放。

　　羅爾神父流暢地串連起聖經從〈創世紀〉到〈默示錄〉（啟示錄）豐富的章節，讓我們看到萬古常新的基督從起初就臨在，道成肉身不僅是歷史中生於猶太之耶穌，在復活的喜訊後如何以各種方式、各種面貌與我們來往。

　　德日進神父（Teilhard de Chardin,S.J., 1881-1955）所提出的「宇宙化基督」（cosmic Christ）有異曲同工之妙，該論述被禁了幾十年，死後才大放異彩。本書「普世性的基督」和德日進神父的進路不同，羅爾神父自許在天主教會正統的道路上謹慎地尋求突破，避免太過超前以致對同時代的人造成難以消受

的震撼。

　　談到天主女性特質的顯現、耶穌和基督的女性見證人時，他一方面引入教會中一般人未必熟悉的看法，一方面也小心運用資料。在「耶穌是男性、基督是超越性別」的段落中，提及「在大傳統中，一定會有人在意識或潛意識的情況下，以女性的經驗找到方法，把天主子降生的完整意義象徵出來，因而把天主更多的女性特質給表達出來」，帶出索菲亞——神聖的智慧。

　　聖經章節中擬人化的「智慧」讓人感到似乎在講聖神。西元一、二世紀曾有索菲亞是天主的女性面貌的說法（屬未被接納為正統的傳統）。到了1980～1990年代，天主教會一些神學著作已深入討論索菲亞——基督之心——天主的女性面貌，雖未必廣為人知，卻已被正式接受。

　　關於瑪利亞的部分，有時看到一些人對瑪利亞的朝拜，就像是拜神；若被人質疑「你們是拜聖母」，馬上會聽到背熟的正確答案「我們不是拜聖母，因為聖母是耶穌的母親，我們是恭敬她」。表現的行為是在傳遞什麼更深的、自己未必覺察的意思呢？在〈天主女性特質的顯現〉一章中，作者開了一扇門，我們可以有更進一步了解的空間，無論神學的、文化的、心理的層面……都是在基督內嗎？

　　至於對兩位基督復活的見證人的描述非常生動，尤其難得的是在〈宗徒大事錄〉（使徒行傳）中完全未被提過的「宗徒傳講給宗徒們」的瑪利亞瑪達肋納（抹大拉的瑪利亞）、這位曾對十一宗徒傳報耶穌復活好消息的見證人。早先拉巴努斯‧莫魯斯（Rabanus Maurus, 780-856左右）及聖多瑪斯‧阿

奎那（Saint Thomas Aquinas, 1225-1274）就這樣稱呼過她，只是到2016年教宗方濟各及聖禮部才宣佈於禮儀慶祝上提昇她的慶日與宗徒們同等[1]。在此，我們再次重看她深深的愛及與基督相遇的重要時刻。

願本書幫助我們更寬、更廣地體會基督愛的臨在，並有相應的生活實踐。

---

1. https://www.vatican.va/roman_curia/congregations/ccdds/documents/articolo-roche-maddalena_en.pdf

在教會、萬物的行動中與天主同行

耶穌會神父
嚴任吉

　　《基督的奧秘》這個書名本身，是信仰的「宣告」。說明在兩千零二十三年前，誕生在加里肋雅、白冷城的耶穌，意即救主（瑪一21），是天主子降生為人的名字。「基督」為希臘文，希伯來文作「默西亞」意即「受傅者」，表示祂的職位和使命。

　　如同作者在前言中所言：「在他們身上發光的那位『基督』，究竟是誰？顯然基督所代表的不只是納匝肋人耶穌，而是具有更大、甚至是無限的意義。怎會如此？而它又為什麼重要？」作者的主要背景是哲學、聖經神學，他希望用書中細述的內文，成為讀者的導遊，去探索基督和祂對我們整個人、對我們的鄰人、對大自然而言的，救恩轉化實現的樣貌等問題。

　　「道成人身」、「聖言降生成人」、「那普照每人的真光，正在進入這世界：祂已在世界上，世界原是藉著祂而造成的」等是我們的信仰。天主是愛，天主是世界的光，我們許多人並沒有親眼見過天主，但信仰的經驗，一種被天主陪伴、照顧、救助的經歷，引導我們生活在信、望、愛的歸屬感、安全感、幸福感中。信、望、愛是神的本質，也是宇宙、天地萬物的本質。人類的生活，是找到天主，認識祂、喜歡祂，渴望祂；這

是一種過程，希望完全與天主共融與合一，更是基督徒生活的理想。

　　本書不只全面地探索苦難、聖死、復活的基督、祂的逾越奧蹟，更廣泛討論我們基督徒在光榮基督內救恩的生命。而且，作者自詡是以「經驗」而非傳統、教條式的方式講述，協助讀者進入天主子，無限慈悲、寬恕的天父，及轉化、融入生命的聖神。讓我們「經驗」那「永恆的復活」、「永遠的希望與光揮生命」。

　　在牧靈工作方面，我們以前強調原罪與處罰；人類因受原罪的影響，處於誘惑中，容易犯罪，必須悔改，並接受處罰、做補贖。耶穌是人類的「代罪羔羊」，以祂苦難、十字架上的犧牲奉獻，一次而永久性地承擔了我們人類的罪與處罰。但我們基督徒光榮的宿命，應優於任何罪的概念。我們有福稱為「主內的兄弟姊妹」的人，應該學習「彼此相愛、團結一致」，見證天主是永恆的愛。

　　今日的神學，更是正面、積極地說明了我們人類因耶穌基督而救恩生命。耶穌基督苦難死亡、復活的光輝生命，融入人類的過去、現在、未來，貫穿各民族、種族、文化，祂所創造的天地萬物中。因此，雖然我們的生活中免不了困難、痛苦、戰爭、仇恨，但我們相信：復活戰勝了死亡，光明勝過黑暗。基督徒的生活是分享了「永恆的復活，與永恆的希望、愛」。

　　本書有專章探討耶穌的苦難：耶穌為何要受苦？其意義與價值均有研究。然而，生命的本質不再是原罪的誘惑與影響，不再是處罰與受苦受難，而是「原善」，亦即〈創世紀〉中，天主祂所創造的，樣樣說好。既便在原祖父母犯罪後，也預許

將來的救主會戰勝魔鬼。

為現代的讀者，作者提出「天主女性特質的顯現」一章。作者是學者，每段文章後常有引經據典的註解，為讀者是很有幫助的。本書也提供讀者，找到天主的實際「方法」、做「操練」等。本書還有附錄：通往天主的靈修之旅，包含「四種世界觀」、「轉化模式的靈修旅程」兩章。

本書全面、深入地探討了基督的奧秘，包括「從上而下」的陳述：基督「永遠的復活、希望」，參透人間、萬物的現實狀況；還包括「從下而上」的，也是很符合現代思潮的，教導信徒從生活周邊的泥土、草木、動物身上，看到天主的創造之美，因而讚頌天主，找到天主，認識天主。本書含有強烈的環保意識。

基督無所不在，在天地萬物之中。
使每一種生活方式，都有它的意義與價值，
並和基督有著強有力的連接。

|導讀|

復活就是基督在世上的顯現

輔仁聖博敏神學院教師

胡國楨

　　本書是作者羅爾神父在提醒基督紀元第廿一世紀的西方教會基督徒，現在是該在信仰理念及靈修操練上做典範轉移（Paradigm Shift）的時候了。

　　由於基督宗教的西方教會（現有的天主教和新教），在歷史的演變過程中，使得現存之信仰理念及靈修操練上的典範[1]，離初期基督徒社群的信仰理念的典範愈來愈遠。羅爾神父願意藉本書提醒廿一世紀的西方教會基督徒讀者，勿忘基督信仰之初衷，回歸基督信仰之本源。

　　在本書第三章中，羅爾神父提醒讀者：在宗教上的典範轉移，正是耶穌和保祿在他們時代中所發起的。耶穌將猶太教千百年來的信仰理念及靈修操練方法做了一個典範轉移，而促成當時的猶太教中出現了一個新興的小支派，與法利塞派、撒杜塞派、熱忱派（奮銳黨）、厄色尼派等相提並論起來。

　　保祿更把這個猶太教的新興小支派帶出了閃族的世界範

---

1. 至少要從十六世紀馬丁路德宗教改革之後的新教，以及特利騰大公會議之後的天主教開始，直到1960年代的梵二大公會議為止之間四百多年的信仰理念及靈修操作上之典範。

圍，把猶太教的信仰理念及靈修操練方法做了更大的一個典範轉移：不必先接受割損禮成為猶太人，就可直接領受基督徒團體的洗禮，成為雅威（上主）的子民；不必遵守妥拉（梅瑟法律）的條文規範，也可以稱作是聖潔的；這可以說就是基督宗教的濫觴。

❖ 基督信仰核心理念「基督論」的發展歷程

基督宗教的信理神學中有一門課題「基督論」，主旨在說明「耶穌這個人就是基督，祂不但有人性，也同時有著天主性」。這就是基督信仰的核心理念。

根據羅爾神父的研究結果，他認為基督信仰的核心理念可以用「一體四面」的四個基本概念來表達：(1) Manifestation（耶穌死後基督的顯現）、(2) Epiphany（天主的顯現）、(3) Incarnation（天主子、聖言、道、基督的降生）及 (4) Resurrection（復活）。這四個信仰的核心理念是依(1)、(2)、(3)、(4)的順序，在歷史中逐漸發展而來的。最後，發展到以 Resurrection（復活）這概念來表達基督信仰的核心理念，這可以說是最完美的表達，至此就固定下來，沒有再繼續發展了。

直到今天，所有基督徒都肯定「復活」是我們信仰的中心理念。現在，我們就來看看基督信仰理念是如何發展出來的：

(1) Manifestation（耶穌死後基督的顯現）：最初，跟隨耶穌宣講的門徒團體，在那年安息日的前一天，眼見耶穌這個人受苦受難、被釘十字架、死去，也埋葬了。之後，安息日一過了的那天清晨，瑪利亞瑪達肋納（或她與婦女們一起）來到墳墓旁[2]，發現墳墓竟然空了，耶穌的遺體不見了。

　　而後，在墳墓旁或墳墓內有人告訴她（或她們）：耶穌復活了[3]，然後，死去的耶穌就以基督的形象顯現出來了。注意：這時顯現的已經不是生前的耶穌那個人了，否則這是「復甦」，復甦的人（回到死前的生命）最終難免還是要再死的，像拉匝祿一樣（若十一）。

　　這時，基督顯現給她的，雖然就是她在耶穌生前所認識的那個耶穌，可是她（們）卻無法立即認出祂來：瑪利亞瑪達肋納如此（若廿11~17）；厄瑪烏（以馬忤斯）二門徒也是如此（路廿四13~31）；門徒在提庇黎雅海邊時亦是如此（若廿一1~7）。因為此時，所顯現的基督與耶穌生前這個人雖然是同一個實體，但已經完全不一樣了，已經不單純是一個人了。這時的祂，可以穿牆出入、可以同時出現在兩處或兩處以上的地方；等等，這是普通人無法做到的。

　　這時，最早期的基督徒就是以這樣的現象來描述基督信仰的理念，後來的聖經學界稱這樣的現象為 Manifestation，中文或許可譯作「耶穌死後基督的顯現」或「基督的顯現」。但為今天的華文教會的基督徒，這樣的翻譯可能會造成誤解，比較合宜的翻譯是「復活基督的顯現[4]」。

---

2. 若望福音說是她一人前來（若廿1）；瑪竇福音說是她和另一位瑪利亞一起來（瑪廿八1）；馬爾谷福音說她與另兩位婦女一起來（谷十六2）；路加福音則說是她和一群不只三人的婦女一起前來（路廿四1,10）。

3. 瑪竇福音說是從天而降的天使（瑪廿八1）；馬爾谷福音說是一位穿白衣的少年人（谷十六5）；路加福音說是兩個身穿耀目衣服的人（路廿四4）；若望福音則說是兩位穿白衣的天使（若廿12）

4. 注意：為今天的華文教會的基督徒來說，比較合宜的翻譯是「復活基督的顯現」，但是當時最早期的基督徒還沒有「復活」這個概念。

以上所說的是：耶穌死後，基督對認識死前耶穌這個人的人之Manifestation（顯現）。其實今天大部分基督徒都不認識死前耶穌這個人，基督要如何顯現給他（她）們呢？新約聖經所給的例子是保祿宗徒。保祿在前往大馬士革的路上碰到了顯現給他的基督，詳情請讀者自行參閱本書第十五章，羅爾神父講得一定比本人精彩。其實，在今天華文基督徒世界裡，Manifestation這個術語最完整的翻譯應該是「復活的基督在信友心靈中的內在顯現」。

(2) Epiphany（天主的顯現）：在此特別聲明：Manifestation及Epiphany兩字都不是聖經文本中出現的字，而是今天的宗教學者及聖經學者對宗教現象所給的定義。Manifestation用今天基督徒的話來說，就是「復活後基督的顯現」；Epiphany則是一般宗教學上更普遍的一個詞彙，一般英漢詞典譯作「神顯」。

在宗教學上，這個「神顯」泛指一般神明的「顯靈現象」，所有人用肉眼都看得到、用五官都接觸得到的現象。比如說：有兩個人照相，照片洗出來居然有三個人；又比如說，廟宇中的發爐現象；等等。但，這個字應用在聖經中的現象上時，它的準確翻譯應該是「天主親臨時在大自然中所顯現的外在現象」，或譯「天主顯現」。一般說來，天主顯現（或用聖經文本的話說是「天主親臨」）的現象是「雷電交作，濃雲密佈，角聲齊鳴」（請參閱：出十九16；默四6），但也可能是「輕微細弱的風聲」（列上十九12）。

現在回到最初基督信仰理念的發展史：最開始，初期基督徒只知道耶穌死後所顯現給他們的基督，跟生前的耶穌這

個人雖是同一個實體，但並不完全一樣，祂已經有著某些天主性的特質。若然，「耶穌死後基督的顯現」（Manifestation）不正就是「天主的顯現」（Epiphany）了嗎？至此，Epiphany及Manifestation兩現象，在當時基督徒社群中慢慢就成了同等意義了：「耶穌死後基督的顯現」就是「天主的顯現」。

至此，用今天華文教會基督徒的可能說法是：耶穌這個人死後成了有天主性的基督，祂顯現給了瑪利亞瑪達肋納（四部福音的傳統），也顯現給了包括保祿在內的五百多位宗徒（請見：格前十五3~11）。今天聖經學者稱這個說法為「復活基督論」：耶穌這個人在復活之後有了天主性，因而成了基督。這是基督信仰理念中最早出現的基督論。

既然「耶穌死後基督的顯現」就是「天主的顯現」，那麼，「耶穌死後顯現的基督」不就是有「天主性」了嗎？既然耶穌死後所顯現的基督有天主性，祂又跟生前的耶穌這個人是同一個實體，那麼生前的耶穌這個人是否也有天主性呢？

於是，有人說：天主父是在耶穌受洗時對祂說「你是我的愛子，我因你而喜悅」時，就賦予耶穌這個人擁有天主性了（請參閱：谷一9~11），今天聖經學界稱這種說法為「受洗基督論」。又有人說：聖母瑪利亞得到天主寵幸、受聖神庇蔭而以童貞身分懷孕生了耶穌，因而耶穌在受孕誕生之時，就有了天主性（請參閱：瑪一20~23；路一26~38），今天聖經學界稱這種說法為「誕生基督論」。

以上「復活基督論」、「受洗基督論」及「誕生基督論」三種說法，雖然在新約聖經中都有保留下痕跡，但並沒有被後代教會視為定論。「耶穌何時成為基督」的說法，初期教會仍

然在繼續發展中。發展到最後，就有了「先存基督論」的出現。

(3) Incarnation（天主子、聖言、道、基督的降生）：這是來自「先存基督論」的說法。這說法完整呈現在〈若望福音〉的導言中：「在起初已有邏各斯（或譯「聖言」、「道」，也就是「基督」），聖言與天主同在，聖言就是天主。聖言在起初就與天主同在。萬物是藉著祂而造成的；凡受造的，沒有一樣不是由祂而造成的。在祂內有生命，這生命是人的光，光在黑暗中照耀，黑暗決不能勝過祂。」（若一1~5）

這一段顯然在述說天主的創造。天主是如何藉「邏各斯」（聖言、道、基督）創造萬物的呢？答案出現在〈若望福音〉1章14節：「邏各斯」成了血肉（亦即「聖言成了血肉」，或可譯為「道成血肉」），Incarnation就在說明這個理念。

過去華文世界中的天主教把Incarnation這個理念稱作「聖言降生成人」，新教稱作「道成肉身」，似乎暗指三位一體天主（神、上帝）的第二位（或稱「天主子」）直接降生成了耶穌這個人。可是，按照今天聖經學的研究，發現Incarnation所表達的不是聖言直接降生成了人，而是降生成組合成人的「血肉」，也就是降生成構成人之所以為人的基本元素[5]。

羅爾神父根據現今聖經學界的說法而主張：聖經中所說的「聖言（基督）降生」的事件共有三次：聖言降生成為構成耶穌這個人之基本元素的「血肉」，這是祂第二次的降生；祂的第一次降生，則是記述在〈創世紀〉第一章，天主藉聖言從無

---

5. 以往天主教把Incarnation譯作「聖言降生成人」，基督新教譯作「道成肉身」，都是不妥的翻譯。請參閱本書〈前言〉註7（審訂者註）。

中創造出了天地萬物，聖言不是直接降生成了宇宙間萬物的本身，而是降生成了組成萬物的基本元素，因而基督（天主子、聖言、道）可藉萬物顯現給我們；祂的第三次降生，聖經記述在〈宗徒大事錄〉第二章、五旬節聖神降臨時創立的教會，所以我們稱教會是「基督奧體」，我們基督徒都是這奧體的肢體。

Incarnation（天主子降生）信仰理念所表達的「先存基督論」強調：基督從起初就存在，就有著天主性。耶穌並不是誕生時成為基督的（誕生基督論），也不是受洗時才成為基督的（受洗基督論），更不是死後才成為基督的（復活基督論）；祂從起初天主創造天地萬物就已經參與了創世工程，現在還繼續顯現在萬事萬物身上，彰顯基督的奧蹟。

至此，我們可以明瞭：Manifestation（耶穌死後基督的顯現）、Epiphany（天主的顯現）與 Incarnation（天主子降生）三者，其實是同一個事實的不同面向的表達了。

(4) Resurrection（復活）：我們用中文「復活」這個詞來翻譯這個字，可能不太恰當，很可能被人懂成「復甦」，活回死前原來的生命。前幾年，啟示出版社連續出版了羅爾神父的四本靈修書[6]。這四本書的高峰是《不朽的鑽石》，談的是假我與真我的問題，其中心主題在講「復活的奧秘，就是邁向真我的途徑」。因而，復活是個「過程」，其真義乃在「轉化假我成為真我」。書末還附錄有「復活的具體操練方法」。「復活」

---

6. 按照原文出版的順序：《默觀，看見生命的真相》（原文 1999，中文 2012 年 10 月初版）；《放下對立，遇見喜樂的內在世界》（原文 2009，中文 2013 年 2 月初版）；《踏上生命的第二旅程》（原文 2011，中文 2012 年 5 月初版）；《不朽的鑽石》（原文 2013，中文 2015 年 1 月初版）。

的主題也是本書的高峰：其實，復活是個過程。

　　現在，啟示又要出版羅爾神父的新書《基督的奧秘》。這本作品，是羅爾神父在華文世界中從靈修學轉向了信理神學的第一部。本書是在運用信理神學的方法及聖經內容的證據，繼續發揮《不朽的的鑽石》的主旨：復活是個「過程」，要轉化假我成為真我，讓自我回復到天主最初創造時的狀態，也就是讓天主子Incarnation（降生）成為我自身構成的基本元素（基督）彰顯出來，本書第二章到第七章就從各個角度來闡釋這個理念。

　　靈修的操練也就是為了要實現這個走向復活的目標。詳情請讀者自行閱讀第十四到第十六章。第十七章有兩個靈修新典範的操練實例，希望達到在宇宙萬物中都看到基督的境界，這也是本書的中心主題：宇宙間的一切都充滿著「基督的奧蹟」。

❖ **基督宗教神學方法論的典範轉移：從正確實踐出發**

　　回顧基督宗教西方神學研究的發展史：中世紀的文藝復興，將歐洲古代原本依照柏拉圖主義典範的方法論，轉向了依照亞里斯多德主義典範的方法論。亞里斯多德主義重視邏輯理性，強調「正確理論」（orthodoxy），這也是造成十六世紀西方教會大分裂的重大因素之一，每人都認為依照自己的邏輯理性詮釋出的聖經意義才正確，別人都是異端。

　　這時人們對宇宙思維的典範仍與古代人相同，認為人們生活其上的大地是平的，是宇宙的中心，蒼天是在地面之上的一個空間，日月星辰點綴其間，有水環繞著大地及蒼天，水之上是天堂，水之下為陰府（或地獄）。這種宇宙的思維典範，直

到近代的刻卜勒、加利略等人發現：人們生活其上的大地，其實是個圓的球體，它不是宇宙的中心，它是圍繞著太陽在轉的行星之一。至此，天文科學的思維典範開始有了一次大轉移。

近代以來，在神學方法論上帶來第一個典範轉移的，應該從康德（Immanuel Kant, 1724~1804）的「理性批判理論」談起。康德認為：人的理性有三個範疇：(1)「純粹理性」，或稱「邏輯理性」，是用來做推理思考，以形成理論上知識；(2)「實踐理性」，可以控制人的良心及意志力，讓人趨善避惡；(3) 康德稱為「判斷力」，本人認為可以稱之為「屬靈理性」，這是讓人藝術美感、價值判斷方面發生作用的官能。

康德研究發現：「純粹理性」雖然可以得到「正確理論」（orthodoxy），但，無法真正得到屬於天主的知識，最多只能趨近天主的知識而已；但，運用「實踐理性」把事情做對，或（並）運用「屬靈理性」從事靈修操練，必定可以發揮「正確實踐」（orthopraxy）的效果，這才是真正獲得天主知識的好途徑。

梵二之前，教會一直排斥康德的理論，把他的作品列入〈禁書目錄〉之中。不過，梵二之後，神學界已經逐漸接受康德的理論了，不只從邏輯理性出發，以講求「正確理論」的神學家（例如：拉內、貢格等人）受人尊重；同樣，強調從實踐理性出發（例如：解放神學及女性神學），或從屬靈理性出發（例如：巴耳塔撒的戲劇神學），以講求「正確實踐」的神學作品，也都可在神學界中佔有一席之地。

以本人所知：廿世紀後半葉，也就是梵二大公會議之後，把基督宗教靈修學做了典範轉移的幾位先峰人物有牟

敦（Thomas Merton, 1915~1968）、 盧 雲（Henri J. M. Nouwen, 1932~1996）、羅海瑟（Ronald Rolheiser）[7]等幾位神父。前幾年，本人讀了啟示所出版羅爾神父的前四本作品時，就認為他是在廿一世紀初期，把上述幾位先進者的靈修理念做了集大成者。

如今，這本《基督的奧秘》的出版，使他不只是一位基督宗教靈修學的學者了，他已經可以列入信理神學的學者了。先前所說解放神學及女性神學的學者們，只從實踐理性出發談基督論；巴耳塔撒（Hans Urs von Balthasar, 1905~1988）的戲劇神學也只從屬靈理性出發談基督論；而本書則同時運用了實踐理性及屬靈理性做出發點來談基督論。對本人來說，這是一項創舉。

可能本人涉獵得不夠寬廣，可能已經有別的作者做了類似的嘗試，本人沒有接觸到。但，這個神學方法論確實將成為日後做神學的主流，請參閱本書第十六章，羅爾神父指出做神學的方法論，要從「經驗」出發，先做到「正確實踐」，再談理論，這就是神學方法論的新典範。這就是把西方教會從中世紀、經馬丁路德宗教改革、直到梵二大公會議期間，新教只重視聖經，天主教同時強調聖經及傳承，不過他們雙方都只以純粹理性來詮釋聖經及傳承的內容，只做到了「正確理論」。

「正確理論」不一定可以運用到實際的生活中，談理論之前先重視我們的實際經驗吧！這是本書最重要的主旨。

7.羅海瑟作品在光啟出版社的中譯本有：《不安的靈魂：從欲望罪惡感及自我中得釋放》（原文1990，中文2011年7月初版）；《靈魂的渴望：細說基督徒靈修》（原文1998，中文2006年5月初版）；《四碎之燈：重新發現天主的臨在》（原文2004，中文2010年12月初版）。

我將這本書獻給我心愛的十五歲黑色拉布拉多犬——維納斯。在我開始寫這本書的時候，我不得不把牠交給天父。

我不需要道歉，也不擔憂人們評論我對神學的理解不深，或指責這是一種異端謬論，我可以這麼說：我在維納斯身上也看見了基督。

在基督宗教裡唯一真正絕對的奧秘，是神於存在深處
的自我溝通——我們稱之為恩典，然而在歷史中，我
們稱之為基督。

——卡爾·拉內（Fr. Karl Rahner, 1904-1984）

耶穌會神父及神學家

我不崇拜任何物質，但我崇拜物質之神，祂為了我而
成為物質，並屈尊地活在物質中，祂透過物質成就了
我的救贖。我將持續榮耀那些救贖我的事物。

——聖若望·達瑪森（St. John Damascene, 675-753）

神學家、詩人及聖樂家

我們的絕望無法改變事物的現實，也無法破壞宇宙之
舞的喜悅，它一直都在那裡。

——多瑪斯·牟敦（Thomas Merton, 1915-1968）

熙篤會隱修士及靈修大師

前言

————●————

在我們開始之前

二十世紀的英國神秘主義者[1]卡麗爾‧郝思蘭德（Caryll Houselander）在她的自傳《搖擺木馬的天主教徒》（*A Rocking-Horse Catholic*）中，描述一趟在倫敦地鐵裡平凡無奇的旅程，是如何變成改變她一生的景象。我在此分享郝思蘭德所描述的這段驚人經歷，是因為它深刻地解釋了我所稱的基督奧秘，也就是我們所知道的：自古以來，天主就臨在（Divine Presence）

---

1. 當我用「神秘主義者」一詞時，意指經驗性的知識，而不僅是教科書或教條的知識。兩者的不同在於神秘主義者有他們看待事物的整體觀點、他們的連結、他們的普世觀與天人觀的框架，而非只是身為神秘主義者的特殊性。神秘主義者能照實清楚地說明事件的完整形式，也因此他們常能繞過我們所慣用的順序，以不同的方式來看待一個特定的時刻。因此，他們比較接近詩人和藝術家，而非理論性的思想家。顯然，這兩種說法皆能併存。然而自從十七和十八世紀啟蒙運動開始，對這種完整洞見的論述越來越不受重視。神秘主義確實被視為「古怪」（偏離世道）的主義，但也許，其實神秘主義才是所有事件的中心？

於每個人和每個事物之中：

我當時在一輛地鐵上，在一節擁擠的車廂裡，和各式各樣的人擠在一起，有人坐著，站著的人手拉著吊環。簡言之，各行各業的人在一天結束後準備回家。

突然間，我腦海裡浮現了一個異象，就像一幅美妙圖畫那樣生動，基督就在他們每個人身上。我所看見的不僅如此；不只是基督在他們每個人身上，在他們裡面活著，在他們裡面死了，在他們裡面歡欣鼓舞，在他們裡面悲傷——而且因為祂在他們之內，因為他們當時在這裡，整個世界也就在這裡，在這列擁擠的地鐵上；不只是當時的世界如此，也不只是在世界上所有國家的所有人如此，而是對所有已逝的人和所有尚未出世的人來說，皆是如此。

我走到街上，在人群中走了很長的時間。在街道上也一樣，基督在街道的每一邊，在每個路人身上，也在每個角落。

長久以來，我一直被俄羅斯對基督受辱的概念所困擾著，想像著跛腳的基督一瘸一拐地穿越俄羅斯，乞討著祂的麵包；歷經世代，基督可能會再回到世上，甚至會來到罪人面前，因祂的需要贏得他們的憐憫。現在，在這一瞬間，我知道這個夢境是事實、而不是夢，不是虔誠民族的幻想或傳說，也不是俄國人的特權，而是基督在人裡面……

我也看見每個人對罪人應該懷有的敬畏；這個罪實際上是他最大的悲傷，與其寬恕他的罪，不如安慰在他裡面受苦的基督。而我們也該敬畏那些靈魂似乎已死的罪人，因為基督是靈魂的生命。基督在他們之內死亡，他們是祂的墳墓，而在墳墓裡的基督

很可能是復活的基督。

　　基督無所不在；在祂裡面，每一種生命都有其意義，並會影響其他生命。我並非指像我一樣傻的罪人，自覺坦蕩地和墮落之人在世界各處遊走，但基督卻來到他們身邊醫治他們；一個關在自己牢房裡的沉思者從未注視過他們，然而基督在他們裡面，為他們禁食祈禱；基督也許在女清潔工裡面，讓自己再次成為一個僕人；也或許基督是個國王，戴著藏有荊冠的金色冠冕。對我而言，與基督合一是治癒人類孤單的唯一良方，那是生命唯一的終極意義，也是唯一賦予每個生命意義及目標的事。

　　幾天後，那幅「異象」消失了。每當我與另一個人面對面時，那個曾令我震驚的洞察力不再，基督再度隱藏了起來，人們看起來一如往常。的確，在今後的歲月裡，我必須去尋求祂。通常我在別人身上看見祂，但唯有透過刻意尋求與全然的信仰，我更常在我自己身上找到祂。

　　對我和我們而言，問題是：郝思蘭德在同車其他乘客身上看到、在他們身上發光的那位「基督」，究竟是誰？對她而言，顯然基督所代表的不只是納匝肋人（拿撒勒人）[2]耶穌，而是具有更大、甚至是無限的意義。怎會如此？而它又為什麼重要？這就是本書要討論的主題。一旦遇到，我相信這個景象將能徹底改變我們所相信的一切、我們怎麼看待他人以及自己和他們的關係、我們所感知的神有多大，以及我們如何理解造物

2.編者注：本書出現的聖經章節、人名等相關名詞，在每章首次出現時，以天主教、基督新教之通用譯名對照的方式呈現，以便讀者閱讀。另外，為尊重作者的信仰，經文採用天主教思高聖經譯本。

主在我們世界上的作為。

這聽起來像是寄予過高的期望嗎？讓我們回顧一下，郝思蘭德以哪些詞語來形容她看見神視（異象）後所做的改變：

> 基督無所不在
> 與基督合一
> 敬畏
> 每個生命都有其意義
> 每個生命對另一生命都有影響

誰不想體驗這樣的事呢？如果郝思蘭德所看到的異象對今天的我們來說有些太過奇特，那麼對早期基督徒而言肯定不是這樣。當令人狂喜的基督信仰仍具有創造力並廣為流傳時，復活的基督無所不在，而且作為永恆的啟示受到經文[3]與早期教會明確地肯定。

然而，在我們這個時代，這種深刻的觀察模式卻必須以類似開拓工程的方式來達成。在西元一〇五四年，東西方教會大分裂（Great Schism），當西方教會從東方教會分離出來，我們就逐漸失去了對天主（神、上帝）[4]的深刻理解。一直以來，天主是何等令人感到自由並且深愛一切。相反地，我們卻逐漸將天主的臨在（Divine Presence）單單只侷限在耶穌這個人的身上，**而祂也許就像光本身一樣，無所不在，也不受人類的界限所限制。**

---

3. 哥羅森書（歌羅西書）第 1 章、厄弗所書（以弗所書）第 1 章、若望福音（約翰福音）第 1 章、希伯來書第 1 章。

　　本書將以最廣泛、最美妙的方式來幫忙讀者理解最早期基督徒團體中依時間先後順序出現的Manifestation（復活後基督的顯現）、Epiphany（天主的顯現），以及最廣為人知的Incarnation[5]（「聖言成為血肉」；或譯「天主子降生」，而非「天主子降生成人」；或該譯為「道成血肉」，而非「道成肉身」）這三個說法所表達的是什麼樣的信仰理念。其實，以上三個說法根本是同義字，它的最終、最完整的說法，就是Resurrection（復活）。直到「復活」概念形成的時候，基督信仰理念持續發展成不同說法的大門就關上了。

　　東方各正統教會[6]對上述的歷史發展有較廣泛的認知；而在西方教會，無論是天主教或新教，直到現在才開始有了這樣

---

4. 審訂者注：基督宗教至高神中文名字的稱法，真可謂多得五花八門，不勝枚舉。在天主教的文字作品中，最常用的有：天主、上帝（以上二者為意譯）、雅威（從希伯來文直接音譯而來）、上主（由於猶太人不直接稱他們的至上神的名字雅威而用的別名，思高聖經譯作「上主」）。而中文新教世界裡，對這位至上神的稱謂也有很多的爭議，多到無法詳述；但，最常用的是「上帝」及「神」。為尊重本書作者的信仰，本書每提及這位至高神的稱謂時，若上下文脈絡若合適則用「上主」；若不合適則一律稱「天主」，但在每章內的小標題上，及每章第一次出現「天主」時，以及重要關鍵的句子上，則在天主之後加上（神、上帝），讓讀者有所注意。

5. 審訂者注：Incarnation，以往天主教都把這個字譯作「聖言降生成人」或「天主子降生成人」；新教則譯作「道成肉身」。今天的聖經學研究顯示：這些的譯法都不太妥當，甚至是錯誤的。正確的譯法應該如同思高聖經所譯「聖言成了血肉」或「道成血肉」才對。不是「聖言降生成了人」，而是「聖言降生成了組成人的基本元素——血及肉」。所以，本書依此而說，「聖言降生成了耶穌這個人」是第二次「天主子降生」；而，第一次「天主子降生」乃是天地萬物的創生之時，天主是以「聖言」從無中創造出了萬有，聖言成了萬有的血肉（基本元素），所以，我們都可從萬有身上看到聖言，也就是在萬有身上看到基督。這是本書的中心要旨。因此，本中譯本譯作「天主子降生」。

6. 審訂者注：這是相對於西方大公教會而言的說法。西方大公教會，日後發展成為今天的天主教及新教各宗派。

的認識。若望（約翰）在福音裡所寫的「聖言成了血肉」（若望福音1:14）就是這個意思，他用了一個普遍的通稱（古希臘文 *sarx*），是指「構成人之所以為人的基本元素」，而非指一個人的身體[7]。事實上，你有注意到嗎？在若望福音的序章裡（若望福音1:1-18）從沒提到過「耶穌」這個詞，直到最後倒數第二節才終於提到「耶穌基督」！

　　東方（希臘）和西方（拉丁）教會的分裂，是從西元一〇五四年他們相互逐出對方的主教開始。我們不能低估這對福音訊息所造成的損害。一千多年來，我們並不知道有「唯一、聖潔、不可分割」的教會存在。

　　然而，你我可以用一把鑰匙重新開啟這扇更古老的信仰之門，這把鑰匙就是正確地瞭解一個我們許多人常用，但往往太不經意就使用的詞語，這個詞語就是「基督」。

　　如果基督是宇宙中每個「事物」內在所擁有之超性存在的名字呢？

　　如果基督是一切真愛所延展的寬廣空間的名字呢？

　　如果基督指的是一條從內部吸引我們，並推動我們向前的無限地平線呢？

　　如果基督是萬物（在其圓滿之內）的**另一個名字**呢？

　　我相信這就是「大傳統」（Big Tradition）一直試著想表達的。但我們大部分的人都從未接觸到這個**完整**且**偉大的傳統**，

---

7. 克羅森（John Dominic Crossan）在《使復活節復活》（*Resurrecting Easter*）一書中將這觀點說明得更有說服力，這是一份研究報告，關於東西方教會對復活不同的瞭解藝術與描繪。為了引用他富有藝術性、歷史性及考證來說明我試著解釋的神學，我延後出版此書。

我所指的是整個基督身體的智慧，這個長久存在的傳統。這本書特意整合了在東正教、天主教和許多新教支派中都不斷重複並且互相重申的自我更正議題。我知道這是一個遠大的目標，但我們現在還有什麼選擇嗎？如果我們強調信仰的真正本質而非它的偶發事件，實際上這並不難做到。

如果你允許我在接下來的內文中細說，我想成為你的嚮導，去探索關於基督和祂對我們每個人而言的真實樣貌為何等問題。五十多年來，這樣的追尋一直吸引著我並激勵著我。為了和我的方濟會傳統保持一致，我想將範圍如此廣大的主題與對話建立在世上所及的事物中，以便我們能像走在鋪著麵包屑的步道上，像穿越森林一樣地跟隨它：從大自然開始，到一個新生兒和他的父母住在簡陋的馬槽裡；到獨自在地鐵裡的女子；以及最終，來到一個別具意義而神秘的名字，而那有可能也是我們的名字。

如果我個人的經驗能作為某種指標，那麼這本書中的訊息將能轉變你在每天日常中看待事物和生活的方式。這將帶給你現代文明所缺乏、卻渴望的一種深刻而普世的意義。它有可能將基督宗教重新定位為一種自然的宗教，而非一種僅基於特殊啟示、只屬於少數幸運開悟者的宗教。

然而，為了體驗這種新的領悟，我們必須經常以間接的方式，透過等待和練習專注來進行。尤其在我們開始的時候，你得允許書中的一些詞句**保持神秘**（至少在一段時間內）。我知道我們的自我意識常想控制每一步，這樣的閱讀方式可能會讓我們感到不滿與不安，但這正是默觀式的閱讀與聆聽，如此一來，我們才能被帶領到「更大的領域」。

正如英國作家吉爾伯特・基思・卻斯特頓（G. K. Chesterton）曾寫道：「你的宗教並不是你所屬的教會，而是你所生活的宇宙。」一旦我們知道圍繞在我們周圍的整個有形世界和所有受造物，都是上主所隱藏和啟示的所在，這個世界就變成了一個安全而令人著迷的家，並提供恩寵給任何一位深入觀察者。我稱這種深沉而平靜的觀察為「默觀」（contemplation）。

宗教的基本功能是將我們與萬物完全連結（宗教的拉丁文 *Re-ligio* 就是重新締結或重新連結〔re-ligament or reconnect〕之意），這是為了幫助我們從整體看待我們自己和世界，而非只看到局部。真正開悟的人能看見「合一」，因為他們**從合一中向外看**，而非給每件事物貼上優劣、入選或不入選的標籤。如果你認為只有你得到了「拯救」或開悟，那麼在我看來，你既沒有得救也沒有開悟！

基督廣大無邊的概念是不和任何人競爭，也不排斥任何人，而是包含每個人與每個事物（宗徒大事錄／使徒行傳 10:15, 34），並讓耶穌基督最終成為值得舉世尊崇的神的形像。以這樣的角度理解基督宗教的訊息，感知到造物主的愛與臨在深植於被造的世界，如此一來，在思想上所謂「本性」與「超性」的區分自然就瓦解了。如同愛因斯坦曾說：「你只有兩種方式過生活，一種是好像沒有什麼是奇蹟，另一種則是彷彿一切都是奇蹟。」在接下來的篇章中，我將選擇後者！

雖然我的主要學術背景是哲學與聖經神學，但我將借鑒心理學、自然科學、歷史學與人類學等學科來豐富內容。如果能夠，我不希望這是一本嚴格的「神學」書，儘管書中提到許多明確的神學。耶穌來到世上，不是只為了讓神學家理解並做

出正確的區別，而是「願眾人都合而為一」（若望／約翰福音17:21）。祂來是為了讓我們合而為一，「無論是地上的，是天上的，都與自己重歸於好」（哥羅森／歌羅西書1:19）。因此，街上的每位男女，或搭乘地鐵的人，都該能看到並享受這種合一！

在整本書中，你將發現有些語句或一整組句子被特別強調出來，這些句子和我們上一段敘述有關，舉例如下：

基督無所不在。
在祂之內，
每一種生活方式都有它的意義，
並和基督有著強而有力的連結。

我特意在段落中安排這些停頓，目的是想邀請你不斷思考這段落中所提及的概念，專注在這個概念上，直到這個概念充滿你的身體、你的心靈以及你對周圍現實環境的意識，更重要的是你與一個更大領域的核心連結。在每個特別強調的句子上停留片刻，如果有必要，再讀一次，直到你能感受到那個句子所產生的影響，直到你能想像它對世界、對歷史、對你的更大含義（換句話說，直到那些句子對你而言已成了鮮活的存在！）。別太快跳到下一行。

在修道院的傳統中，這種反覆思考並深入文本深處的練習，被稱為「聖言誦禱」（Lectio Divina）。這是一種默觀式的閱讀，這種閱讀方式比用頭腦去理解文字、依字面意思給出答案或解決即時的問題和煩惱，都更為深入。默觀是耐心地等候

空隙被填滿，所以不求很快地結束或得到一個容易的答案，也絕不倉促地下判斷。事實上，要避免太快下判斷。因為，判斷通常伴隨著自我中心與個人對事件的控制，遠勝於以愛為出發點尋找真相。

　　瞭解基督所代表的，比耶穌的姓氏更為深奧。讓我們一起朝著這個方向努力，這對你我而言都是個練習。

每個事物的
另一個名字

第 1 章

——•——

基督不是耶穌的姓氏

> 在起初天主創造了天地。大地還是混沌空虛，深淵上還
> 是一團黑暗，天主的神（靈）在水面上運行。天主說：
> 「有光！」就有了光。
>
> ——創世紀1章1-3節

　　世界上大約有三萬多個各式各樣的基督教派，他們的信徒
都深深地愛著耶穌（至少理論上如此）。他們似乎都毫無困難
地接受：耶穌有著完整的人性，也有完整的天主性（神性）。
許多信徒表達了他們與耶穌的個人關係——也許是因為耶穌如
靈光乍現般親密地顯現在他們的生活中，也許是害怕祂的審判
或憤怒。也有人相信祂富有同情心，並常把祂當成他們自己世
界觀和政治立場的正當理由。

　　然而，基督的概念真是如此嗎？該如何改變上述這些固有

的理念呢？基督只是耶穌的姓氏嗎？還是只是用來表明身分、值得我們全然關注的頭銜？基督的功能或角色，和耶穌有何不同？當伯多祿（彼得）在五旬節後第一次向群眾演說時，他說：「天主已把你們所釘死的這位耶穌……立為主和基督了」（宗徒大事錄／使徒行傳2:36），這段話是什麼意思呢？自從耶穌誕生開始，耶穌與基督不總是同一個人嗎？

為了回應這些問題，我們必須回過頭來問：在創造天地的最初，天主（神、上帝）在做什麼？在宇宙開始之前，天主是完全隱形的嗎？還是甚至有更「以前」的時候嗎？天主為什麼要創造天地呢？天主創造天地的目的為何？宇宙本身是永恆的嗎？還是宇宙像耶穌本身一樣，是在我們知道的時候才被創造出來的？

讓我們承認，我們可能從來就無法知道天主是「如何」或「何時」創造出天地萬物的，而基督宗教想試著回答的問題，大概只是天主「為何要」創造天地萬物。有任何證據可以證明天主「為何要」創造天地嗎？天主在做什麼？是因為有什麼神性的意圖或目標嗎？還是，只是我們需要一位造物的「天主」來解釋宇宙的存在？

長久以來，大多數的傳統都有提供宇宙存在的解釋，而他們通常這麼說：「一切以物質形式存在的東西，都是某種「原始源頭」（Primal Source）的後代，而原始源頭最初只以『靈』的形式存在。」

這個無窮大的原始源頭，將自身倒入有限、可見的形式，創造了萬物——從岩石到水、植物、生物、動物和人類——包括一切我們肉眼可見的事物。從你所稱的天主到有形萬物的這

種自我揭露，就是天主子（即神子，亦為道、聖言）**的第一次降生**（incarnation，或譯「道成血肉」），遠早於基督徒相信發生在耶穌身上、**天主子的第二次降生**。用聖方濟的話來說明這個概念就是：「天主創造天地萬物是第一本聖經，比撰寫第二本聖經早了一百三十七億年[1]」。

當基督徒聽到「天主子降生」時，大部分人想到耶穌的誕生，祂親自顯現天主與人類的完全結合為一。然而，在這本書中，我提及天主子第一次降生是在〈創世紀〉第1章裡所描述的時刻，也就是當天主與有形世界結合為一、並成為存在於萬物內的光時（這就是我相信為何「光」在第一天被創造出來，而它的速度現在被視為一種普遍的常數）。

那麼，「天主子降生」就不單單是指「天主成了耶穌這個人」，卻可指更廣泛的事物了。這也是為什麼若望（約翰）第一次描述天主子的臨在，是採用一個有很廣泛意義的字「血肉」（若望福音1:14）。若望所說的就是郝思蘭德親自遇見的那位無所不在的基督，也就是我們不斷在其他人或一座山、一根草、甚至一隻八哥身上所遇見的基督。

一切所見，都是天主的顯露，沒有例外。不然它還可能是什麼呢？「基督」一詞是希臘文 *Logos*（原意為「所說的話」；《和合本聖經》譯作「道」，《思高本聖經》譯作「聖言」）的原始意義。如同〈若望福音〉中所說「萬物是藉着祂而造成的；凡受造的，沒有一樣不是由祂而造成的」（若望福音1:3）。從

---

1. 如果你想知道這個說法在聖經裡是如何表達的，請見〈羅馬書〉1章20節也是這麼說的。

這個角度看基督，重新架構了我個人的宗教信仰，也為此注入了新的活力，並使我對自己的信仰認知更寬廣。而且我相信，這可能是基督宗教在全球各宗教中獨特的貢獻[2]。

如果你能忽略若望在福音中使用陽性代名詞來描述某些明顯超越性別的事物，你就可以看見，他在一開始（1:1-18）就給了我們一種很神聖的宇宙觀，而非只是單純的神學而已。

早在降生成為耶穌這個人之前，基督便已根深蒂固地存在於萬物之內，形像也一如萬物！聖經裡第一句話是「天主的神（靈）在水面上運行」或「大地混沌空虛」，物質世界的深度和意義（創世紀1:1 及之後）立即變得完全可見。當然，時間在此刻不具意義。基督的奧蹟[3]正是《新約》試圖描述創世第一天所發生的這種肉眼能看見、觀察力（see-ability）能觀察到的一切。

記住，**你並不能直接看見光，而是藉由光，你才能看見其他事物**。這就是為什麼在若望福音中，耶穌基督幾乎自誇地說「我是世界的光」（若望福音8:12）。耶穌基督是物質和靈的結合體，也因此我們自己也能在任何地方把物質和靈結合在一起，並享受這種結合在事物內的圓滿。如果這不是期望過高的話，它甚至能讓我們**像天主一樣看待事物**。

---

2. 這就是為什麼本書的第一部標題為「每個事物」而非「萬事萬物」，因為我相信基督奧秘具體應用在物性，有形物質和肉體。我不認為概念和想法是基督。那些概念與想法也許能很好地傳達基督奧秘，也就是我在此試著傳達的意念。但基督對我來說是指具體「成了血肉」（若望福音1:14）。你可以不同意我的觀點，但至少你能瞭解我在本書中使用「基督」一詞的出發點。

3. 編者注：奧蹟（mystery），富有神聖特性的隱密或神秘之事蹟，是宇宙間很特殊、超乎理智能懂的現象。

　　科學家發現人類眼睛所見的黑暗部分，其實是被稱為「中微子」的微小粒子所充滿，以光的小薄片穿越整個宇宙。顯然，在任何地方，其實並沒有所謂的完全黑暗，即使人類的眼睛認為有。〈若望福音〉裡的描述比我們的理解更為正確，它描述基督為「光在黑暗中照耀，黑暗決不能勝過他」（若望福音1:5）。知道事物內在的光不能被消除或毀壞，這讓人深深充滿希望。

　　如果這還不夠，若望選用一個主動性的敘述「那普照每人的真光，正在進入這世界」（若望福音1:9）來告訴我們，基督奧蹟不是一次性的事件，而是貫穿整個時間、持續進行的過程──如同充滿宇宙的光一樣恆久不變。「天主見光好……」（創世紀1:4）要堅持這個觀點！

　　而後，象徵深化了這個意義，並使其更加緊固。基督徒相信天主從起初就是無所不在的，只不過後來到了時間序列中的某一時刻，才「生於女人，生於法律之下」（迦拉達／加拉太書4:4）。這是基督信仰所做的偉大飛躍（兩大斷崖鴻溝間的跳躍），但並非每個人都願意接受。我們大膽地相信，天主的臨在是澆灌在一個人的身上，那麼天主性和人性就可以被視為在祂內結合為一──因此也可以在我們內結合為一！

　　與其說，是天主子藉著耶穌**來**到世上，倒不如說，是**耶穌從一個被基督所浸透的世界中而來**。天主子的第二次降生，是隨著祂的第一次降生之後而來的，是由於天主與有形受造物之間愛的結合而產生的。如果這個說法對你來說仍然很奇怪，那麼，請先相信我，我向你保證這將加深、擴大你對耶穌和基督的信心。對天主的身分和「這樣的天主在做什麼」之類的問

題，我們需要在思維上重做新的架構才行。還有，如果我們想對本章開頭的問題找到更好的答案，祂可能就是我們所需要的天主。

我的觀點是：當我知道在我周圍的世界是天主所隱藏和啟示的地方，我便再也無法明顯地在本性（Nature）與超性（Super-nature）之間、神聖與世俗之間，做那麼清楚的區分了（在〈宗徒大事錄〉第10章，一個來自天主的「聲音」，對非常頑固的伯多祿將此事說得非常清楚）。我所看見與所知道的每個事物確實就是「宇宙」，圍繞著一個連貫的中心旋轉。這個天主性的臨在尋求連結與交流，而非分離或分裂——**除非是為了將來一個更深刻的結合。**

有了這層理解，對我們在世界上行走的方式、對我們在一天中怎麼對待所遇見的每個人，將會造成多麼大的差異啊！就好像一切看似令人失望和「墮落」的事物，所有與歷史潮流背道而馳的重大挫折，現在都能被看成是整體進步過程中必要的一環，都仍然著迷於天主之愛、並被天主之愛所運用。所有這一切，甚至是那些看似背叛或被釘死在十字架上的事情，都能夠以某種方式成為有用、可用的，而且充滿影響力。否則，我們還有什麼原因、還有什麼方式來愛這個世界？沒有任何事物、任何人要被排除在外。

我所描述的這種整體性，不再受我們這個後現代世界的青睞，甚至被它強烈否定。我總在想，為何理性主義在啟蒙運動中得勝後，我們卻偏好這種不一致的想法。我以為我們已同意一致性，認為某種模式和某些最終含義是好的。然而上個世紀的知識分子卻否定這股偉大整體力量的存在。

　　而在基督宗教，我們所犯的錯是將造物主的臨在僅限由耶穌一人來顯現。我們非常嚴格地篩選眼睛所見，這麼做所造成的後果是大量破壞了歷史與人性。受造物被視 遭受褻瀆、一個美麗的意外，或者只是一個天主所關心的真實戲劇的背景——但祂所關心的總是只有我們自己而已。

　　要讓一個人在褻瀆、空虛或偶然存在的宇宙中感受到神聖，是不可能的。這樣追尋神聖，只會讓我們感到分離且有競爭性，我們會只想變得優越，而非深度的連結或是尋求與更大領域的結合。

天主藉由成為事物本身，來愛著這些事物。
天主愛這些事物，是與事物結合為一，而非排除它們。

　　透過創世的行動，天主將永恆流動的神聖存在，彰顯於有形的物質世界中[4]。普通物質是靈的藏身之所，因此也是天主的身體。坦白說，如果我們像正統猶太人、新教徒和穆斯林那樣相信「一位上主創造了萬物」，那還能是什麼呢？

　　從時間的最初開始，上主的靈就一直透過有形受造物來展現祂的榮耀和美善，〈詩篇〉（聖詠）中的許多篇章都已經明確表達了這一點，說「河流拍著它們的手」和「山岳為喜樂而歌唱」。當保祿（保羅）寫下「只有是一切並在一切內的基督」（哥羅森／歌羅西書3:11）這句話時，他難道只是一個天真

---

4. 請參閱〈羅馬書〉8章19節以下，和〈格林多前書〉11章17節以下，保祿清楚地解說道成肉身的廣泛概念，對我而言非常有說服力。只是我們大部分的人從未聽過這種說法。

的泛神論者嗎？還是他真的已經真切瞭解天主子降生之福音的完整含義了？

天主似乎選擇在我們稱為「有形」的事物之內，以「無形」的方式顯現出來，那麼所有可見的有形之物，都是天主無止境散發的屬靈能量的啟示。一旦一個人有了這層認知，在這世上就很難再感到孤單。

一位具普世性、而又個人化的天主／神

許多經文都非常清楚地表明，基督「從起初」就存在（請參閱：若望／約翰福音 1:1~18、哥羅森書 1:15~20、厄弗所／以弗所 1:3~4），所以基督不能只被侷限於耶穌身上。但，如果將「基督」這個詞與耶穌相連，就像是他的姓氏一樣，而不是把「基督」當成一種使歷史上所有事物著迷於天主臨在的方式，那麼基督徒的這種想法就顯得相當草率。**我們的信仰，就成了有許多狹隘救贖理論中彼此競爭的一種神學，而非所有人都能在尊嚴中生存的普世性宇宙學。**

現在，我們也許比以往更需要一位像持續擴張的宇宙一樣大的天主。否則，受過教育的人將繼續認為，天主只是一個令人驚嘆、本身值得讚賞的美麗世界的附加物。如果耶穌不被描述為基督，我預測會有越來越多人不再積極地反抗基督宗教，而是對它逐漸失去興趣。許多科學家、生物學家和社會工作者根本不需要任何特定的耶穌語言，就尊崇了基督的奧蹟。

天主似乎從不擔心我們是否得到祂的正確名字（參閱：出谷紀／出埃及記 3:14），就像耶穌自己說：別信那「凡向我

說『主啊！主啊！』的人」（瑪竇／馬太福音7:21，路加福音
6:46）。他說，重要的是那些「做對事」的人，而非那些「說
對話」的人。然而，言語的正統性一直是基督宗教關注的重
心，有段時間它甚至允許我們在火刑柱上燒死沒有「說對話」
的人。

這就是當我們只專注在耶穌身上、只專注在和他建立「個
人關係」、只專注在祂能做什麼才能拯救你我免受永恆熾熱的
折磨時，會發生的情況。在基督宗教最初的兩千年內，我們只
將信仰框限在一個有問題、受威脅的對應關係上。如果你相信
耶穌的主要目的只是提供個人得救的手段，這太容易讓人以
為他跟人類整個歷史沒有任何關係——與戰爭或不公義、破壞
大自然、任何我們的自我慾望，或與文化偏見相矛盾的事都無
關。**最終，我們在耶穌名義下，只在散布我們自己民族的文
化，而非以基督之名、傳遞令人感到自由的普世性訊息。**

如果缺乏對世上固有神聖、對生與死的每個微小部分的
感知——我們很難在自己的現實中看見天主，更不用說尊重現
實或保護它、愛它了。我們忽視的後果就在我們周圍，從我們
剝削或傷害人類同胞、可愛動物以及生長物的網絡（土地、水
和空氣）的方式中就可以看出。直到二十一世紀，在教宗方濟
各預言性的文獻《願祢受讚頌》（*Laudato Si*）中，才明確地指
出這一點。但願現在還不算太晚，也希望這能完全克服實際看
法（科學）和整體性看法（宗教）之間不必要的隔閡。他們仍
互相需要。

我在這本書中所稱的「天主子降生的世界觀」，字面上的
解釋是「每個事物」和「每個人」對天主臨在的深刻認知。這

是心理與精神健康的關鍵，也是最基本的滿足和幸福的關鍵。天主子降生的世界觀是調和我們內在世界與外在世界、統一性與多樣性、身體與心靈、個人與團體、神聖與人類的唯一途徑。

在基督紀元第二世紀的早期，教會團體已經開始自稱是「大公性的」（catholic），意思是我們自認為自己具有「普世性」（universal）的特質和訊息。只是後來與東方教會分離後的西方教會自稱「羅馬大公教會」（有別於東方教會自稱的「拜占庭正統教會」）。之後，西方教會就被「羅馬」這個地名給局限了，我們的教會因而失去傳遞這個「不可分割、且具有包容性訊息」的意義。

然後，來到基督紀元一五一七年，西方教會真的需要被徹底改革（Reformation）的當下，很不幸地，我們持續分裂成更多、更小、且具競爭性的獨立團體。關於此事，保祿（保羅）早已警告過格林多（哥林多）信徒，並提出一個應該能阻止我們走向分裂的問題：「基督可以被分裂嗎？」（格林多／哥林多前書 1:13）但自從這句話被寫下來迄今，我們已做了太多、太多彼此分裂的事情了。

委婉地說，基督宗教現在分裂成了許多黨派式的宗派。但，它並不需要持續維持這種分裂的狀態。經過鴻溝式斷層飛躍的完整基督信仰，相信**耶穌和基督一起給了人類一個準確的窗口，讓我們進入到我們稱之為天主的「永恆現在」之境界中**（若望福音 8:58，哥羅森書 1:15，希伯來書 1:3，伯多祿／彼得後書 3:8）。許多人認為，當他們說「耶穌是天主（或神、上帝）」時，他們就已經完成了這個信仰上的鴻溝式斷層飛躍！

但嚴格說來，這種思想在神學上並不正確。

> 基督是天主，而耶穌是基督在歷史中某段時間裡的顯現。
> 耶穌是一位第三者（a Third Someone），
> 不單只是天主也不單只是人，
> 而是天主性和人性結合了的那一位。

　　這是基督宗教獨特的核心訊息，它帶有重大且非常好的神學、心理學和政治含意。但如果我們不能把天主和人這兩個看起來相對的元素放入耶穌基督裡，就無法將這兩個一起放入我們自己身上，或其餘有形世界之內。這是我們到目前為止的主要僵局。耶穌應該是個解密者，但如果不把祂與基督結合，我們可能就失去了基督宗教之所以成為現狀的核心。

　　一位純粹屬於個人的神，會變成特定族群化或感性化的天主；而一位純粹普世的天主，卻又從離不開抽象神學和哲學原則的領域。但我們學會將他們放在一起，耶穌和基督給我們一位兼具**個人與普世**的天主。基督奧蹟從一開始就帶著永恆目的傅抹在一切有形事物上（我們應該不會感到驚訝，從希臘文翻譯而來的「基督」一詞原是從希伯來文 *mesach* 而來，意指「受傅者、受膏者」或默西亞〔彌賽亞〕。當祂一顯現，一切都受傅了！）。

　　許多人仍在祈禱和等待那已經給過我們三次的天主子降生事件：第一次是天主創造了天地萬物；第二次是在耶穌之內「我們聽見過，我們親眼看見過，瞻仰過，以及我們親手摸過的生命的聖言」（若望／約翰一書 1:1）；第三次則持續存在於

受鍾愛的教會團體中（基督徒稱之為「基督的奧體」），它在人類歷史中緩慢地進化（羅馬書8:18以下），而我們仍置身其中。

　　鑒於我們目前意識的進化，尤其是現在可以透過技術性的途徑來解讀歷史的「全貌」。如今，天主若是沒有把人類和宇宙相關連起來，我就會懷疑一個真誠的人是否真能和天主之間保有健康且神聖的「位際」關係。屬於個人的天主，並不表示祂就是比較渺小的神明，天主也不能以任何方式使你變得渺小，否則祂就不是天主了。

　　很諷刺的是，數以萬計非常虔誠的教友正在等待基督的「第二次來臨」，他們大多錯過了第一次──以及第三次！我再說一次：**天主藉降生成各種事物來愛他們**。正如我們剛剛看到的，天主在創造宇宙萬物以及降生成耶穌這個人時，已經這麼做了，並繼續對基督的奧體教會（格林多前書12:12以下）持續這麼做，即使臨在於麵餅和酒這種簡單的食物飲料中，也是如此。

　　令人遺憾的是，我們很大一部分的基督宗教教派正在尋求（甚至祈禱）從上主持續的創造中離開，好讓宇宙萬物走向世界末日（Armageddon），使自己有機會在復活的喜樂中被提升天[5]。這樣的言論錯失了重點，傳播最快最廣的謊言往往是真正的大謊言！

　　本書的主題，是在討論持續演化、且瀰漫在宇宙間的基督

5.編者注：被提（Rapture）是末世論中的一種概念，認為當耶穌再臨之前（或同時），已死的人會被復活高升，活著的人也會一起被送到天上與基督相會。

奧蹟，而我們所有人都參與其中。耶穌屬於個人生活層面、有時間和地域限制的地圖，而基督則是所有時間、空間和生命本身的藍圖。兩者皆顯示了空虛自己和填滿（基督）、死亡和復活（耶穌）的普世性典範，在歷史中不同的時期，這被稱為「聖潔」、「救恩」或只是「成長」的過程。對基督徒而言，這個普世性典範完美地仿傚了基督宗教神學中天主聖三的內在生活[6]，成為我們如何呈現現實的範本。因為萬物是依「天主的肖像和模樣」（創世紀1:26-27）創造的。

對我來說，真正瞭解完整的基督奧蹟，是基督宗教基礎改革的關鍵，只有這樣才能讓我們超越任何想要控制上主，或將上主圍困到我們專屬團體中的意圖。正如《新約》明顯而清楚地指出：「因為他於創世以前，在基督內已揀選了我們……因為我們是由那位按照自己旨意的計劃施行萬事者，早預定了的。」（厄弗所書1:4, 11）以及「就是依照他的措施，當時期一滿，就使天上和地上的萬有，總歸於基督元首」（厄弗所書1:10）。

如果這些都屬實，那麼我們擁有的就是具有神學基礎、非常自然的宗教，**它包含每個人。所有問題在一開始就解決了。**拿下你基督徒的腦袋，猛力地搖一搖，然後再放回去！

耶穌、基督，以及受鍾愛的團體

研究了四年方濟會哲學家和神學家真福若望・董思

6. 請參閱本人之前出版的書《神聖之舞》（The Divine Dance），在這本書的前言，關於這個概念有較完整的討論。

高（John Duns Scotus, 1266-1308），現在我試著表達他所寫關於原始和宇宙的概念：「天主對基督最先的旨意為至高無上天主的事工（*the summum opus dei*）或最至高偉大的工程。[7]」換句話說，天主的「第一個想法」和優先要務，是將天主本身成為可見和可與人分享的。

在聖經中用於這個想法的詞為「邏各斯」（*Logos*，亦即「道」或「聖言」），這個詞是從希臘哲學而來，我將它翻譯成真實的「藍圖」或原始範本。**全部的受造物**——不只是耶穌——都是受鍾愛的團體，也都是與天主一起跳舞的舞伴。萬物都是「天主的孩子」，沒有例外。當你這麼想，萬物還能是其他什麼東西呢？所有的受造物，在某種程度上來說，一定都有造物主的天主性（神性）基因。

不幸的是，在西方出現的信仰理念中，更多的是對某些精神信念與真理的理性認可，而不是**平靜而充滿希望地相信萬物之內都有天主性的存在，不過，整件事正朝著更好的方向前進**。可預期的是，我們很快將理性的信仰（傾向於區別和限制）從愛和希望（因它們的結合而成為永恆）當中分開。正如保祿在他引用的一首讚美愛的偉大詩歌裡說道：「現今存在的，有信、望、愛這三樣，但其中最大的是愛」（格林多前書13:13）。其他的一切都會成為過去。

信、望、愛，是天主的本性，所以也是萬物的本性。

---

7. Scotism entry, Encyclopedia of Theology, ed. Karl Rahner (London: Burns and Oates, 1975), 1548.

> 這樣的德性永不死亡（這就是當我們說「天堂」時所
> 代表的意義）。

這「信、望、愛」三**超德**的每一個，都必須包含其他兩個才真實：愛德總是充滿盼望和信實；望德總是充滿仁愛和信實；而信德總是充滿仁愛與盼望。它們是天主的本性，所以也是萬物的本性。這樣的整體性在宇宙中被擬人化成了基督，而在人類歷史中則成了耶穌。所以天主不只是愛（若望一書4:16），也是絕對的信實和盼望本身。這種信實和盼望的能量，從造物主流向一切受造物，使萬物生長、療癒並創造了每一個春天。

> 沒有一個宗教能包含這種信實的深度。
> 沒有一個種族能獨占這樣的盼望。
> 沒有一個國家能控制或限制這種普世之仁愛的流動。

基督奧蹟有個無所不在的禮物，藏在所有曾經生活過、死亡過，並在即將重生的一切事物之內。

我希望這個願景能變得更加清晰。從某種程度上來說，這個願景如此簡單且是常識，卻很難教導。如果你容許我這麼說，這幾乎是要你忘卻所學，而**學著去相信**你的基督徒常識。基督代表絕對完整，完整的化身，和受造物的整體性，一個好而簡單的比喻。耶穌是像我們一樣的原型人類（希伯來書4:15），向我們展現如果我們能完全投入地生活在其中，一個全人（Full Human）該有的樣子（厄弗所書4:12-16）。坦白說，

耶穌的到來,是向我們展現**如何做一個人,遠超過如何變成一個屬靈的人**,而這個過程看起來仍處在初期階段。

如果沒有耶穌,我們平凡的心智無法想像出我們深厚人性的龐大規模和意義,那些對我們而言實在太多也太好了。但當我們重新與耶穌和基督結合,我們就能開始一項**偉大的想像與工程**。

第2章

——●——

接受你已經被徹底接納

看，我已更新了一切……這些話都是可信而真實的。
已完成了！我是「阿耳法」和「敖默加」，元始和終末。
——若望默示錄（啟示錄）21章5-6節

我實實在在告訴你們：在亞巴郎出現以前，我就有。
——若望福音（約翰福音）8章58節

上述的兩段經文，你覺得是誰說的話？是謙卑的納匝肋人（拿撒勒人）耶穌？還是另有其人？

我們得下個結論，誰在這裡說話，這提供了整段歷史一個偉大和樂觀的情節，而且在這裡，不像是謙卑的加里肋亞（加利利）木匠簡單的發言。「我是元始和終末」，這個聲音來自〈若望默示錄〉22章13節，描述萬物自始至終有個一貫相連的

軌道。第二段來自〈若望福音〉的經文則更驚人，如果耶穌是唯一在此發言的人——站在耶路撒冷最大的神殿裡稱自己為天主（上帝）——那麼當時在場的人真的有很好的理由拿石頭砸死他！

　　儘管我不相信耶穌曾懷疑過自己和天主真實的結合，納匝肋人耶穌在祂的一生中確實沒有以天主身分做出聲明說「我是」，但在若望（約翰）的福音中卻出現了七次。在瑪竇（馬太）、馬爾谷（馬可）和路加的福音中，耶穌總自稱「人子」或只是「某人」（everyman），這個詞總共被用了八十七次[1]。

　　然而，約在基督紀元九十到一百一十年之間寫成的〈若望福音〉中，基督的聲音走到檯面上來了，祂幾乎發表了所有的言論。這幫助我們理解，某些出自耶穌之口、在當時聽起來不合時宜的陳述，像是「我是道路、真理、生命」（若望福音14:6）或「在亞巴郎出現以前，我就有」（若望福音8:58）等這類的話，是不會出自納匝肋人耶穌的口中，祂不像是會用這種方式說話的人。但如果這些是永恆的基督所說的，那麼「我是道路、真理、生命」就是非常合理的聲明，並不會冒犯、威脅到任何人。畢竟，耶穌不是在談論參加、或排斥任何團體，而是在描述一個**所有人類和宗教都必須允許物質與靈性合而為一的「方法」**。

　　一旦我們發現「永恆的基督」是這些章節裡發言的那一位，耶穌所說關於天主本性（和以天主形象所創造的受造物）

---

1. 請參閱關於這個詞更深入的研究報告。華特‧溫克（Walter Wink）所著《人類：人子之謎》（*The Human Being: Jesus and the Enigma of the Son of Man*）。

的陳述，看起來便深深地充滿了希望，為所有受造物帶來寬廣的視野。歷史並非漫無目的，也不只是隨機運作下的產物或朝向世界末日終點的競賽。這是一個美好而普世的事實，並不取決於任何族群擁有獨家的「神聖啟示」。這和一般宗教所採用的小團體類型有多麼不同——在持續擴張的宇宙中，只有少數人在一個小星球上得到救贖，這種關於個人救贖的貧乏概念，還以一條主線劇情圍繞著底格里斯河和幼發拉底河之間的一樁罪行旋轉！

東正教基督徒在最早時期做了信仰的大飛躍，他們相信：永恆基督的臨在確實是透過耶穌本人在說話。天主性（神性）和人性必須以某種方式作為一個整體來說話，如果天主性和人性在耶穌身上的結合是「真實的」，那麼我們就有希望它也可能在我們所有人身上發生。這是耶穌以「永恆基督」身分說話的最大收穫。正如〈希伯來書〉12章2節寫到，祂的確是「信德的創始者和完成者」，相當完美地塑造了人類的旅程。

現在我先做個總結，因為我知道對大多數人而言，這是一個觀點的巨大轉變：

完整的基督宗教故事說：耶穌死了，基督「復活」了——是的，祂雖然仍是耶穌這個人，但現在祂也成了「集體位格」（Corporare Personality），**包含並顯現了所有受造物在祂之內的完整目的與目標**。如同「東正教之父」聖亞大納修（St. Athanasius, 296-373）曾寫下的，當教會本身更具社會性、歷史性和革命性的意識時，「天主就會持續藉由在一個人身上的工作，無所不在地顯現祂自己，如同藉由其他祂所造的受造物；因此，世上沒有一個事物會缺乏天主性與祂的自我認

同。……因此，整個宇宙充滿天主的知識，就像海裡裝滿水一樣[2]」。我這整本書所講的，只不過是亞大納修所寫的這些話的注腳。

東正教有個神聖的希臘字用來形容這個過程，我們西方教會稱之為「天主子降生成人」（incarnation，或譯「道成肉身」）或「拯救」，他們稱為「天主化」（divinization，意思是「人逐漸有了天主性」）。如果這個字聽起來很有挑釁意味，那你就該知道他們的論點建立在〈伯多祿後書〉（彼得後書）1章4節：「祂將最大和寶貴的恩許賞給了我們……為使你們……能成為有分於天主性體的人」。這是基督宗教的核心好消息，也是唯一使人徹底改觀的訊息。

大部分天主教徒和新教徒仍認為「天主子降生」是一次性的，是只發生在一個人身上的單一事件，只和納匝肋人（拿撒勒人）耶穌有關，而非是宇宙性的事件——整個歷史從一開始就浸泡在天主的臨在之中。因此，這隱含了下列意義：

- 天主並不是一個坐在寶座上的老人。天主本身就是一種**關係**，這種天主的多樣性（Divine Diversity）代表祂充滿活力的無限之愛，如同三位一體教義所顯示的一樣（請注意，在〈創世紀〉1章26-27節，兩次使用複數代名詞來描述造物者：讓**我們**……按**我們**的模樣造人）。
- 天主無限之愛的對象，總是包含了天主一開始所造的一切（厄弗所／以弗所書1:3-14），這個連結是固有且絕

2. St. Athanasius, *De Incarnatione Verbi* 45.

對的。《妥拉》（*Torah*，或譯「法律書」、「梅瑟五書」或「摩西五經」）稱之為「盟約之愛」，一個無條件的約定，由天主提供且由天主完成的圓滿之愛（即使我們沒有付出對等的愛）。

- 因此，造物主的天主性DNA存在於所有受造物之中。我們稱之為每個受造物的「靈魂」，其實就是**天主在那個受造物內的自我認同**。它知道自己是誰，並長成那個身分，就像每個種子和雞蛋一樣。因此，我們最好將拯救稱為「復興」（restoration，修復之意）而非大部分人被教導的賞報式行程。單這一點，拯救本身就配稱為「天主的正義」。

- 把天主囚禁在一個賞報式、而非復興式的框架裡，我們就不會有實質的好消息了；它既不好、也不新，只是在歷史中同樣古老、且令人感到疲乏的陳舊故事。我們將天主拉了下來，放到與我們自己相似的層次上而已。

信仰的根本核心所在，是**接受你的已被接納！**不認識創造我們的那位，就無法深入瞭解自己；不接受天主已徹底接納了我們的每個部分，就無法全然接納我們自己。如果我們先接受耶穌的人性與基督的天主性已完美地結合在一起，就很容易理解天主對我們那種幾乎不可能的全然接納了。

先從耶穌開始，再到你自己，最後延伸到其他的每個事物。如同若望（約翰）所說：「從他的滿盈（*Pleroma*，希臘文的豐盛之意）中，我們都領受了恩寵，而且恩寵上加恩寵」（若望福音1:16）；這句話更貼切的譯法是「得體地以恩寵回應恩

寵」。若想要以恩寵結尾，你必須先以某種方式從恩寵開始才行，然後從一而終地以恩寵貫徹到底。或者，如同其他人直接了當地說：「你如何前往，將決定你抵達何處。」

看見了，並不一定會認出來

天主在耶穌身上降生成人的核心訊息，乃是天主性就臨在於「這裡」、臨在我們之內，也臨在於所有受造物之內；而非只臨在於「那裡」、一個遙遠的某處。早期基督徒稱這種新的、可獲得的臨在方式為「主」、為「默西亞（基督）[3]」，耶穌在此有如歷史高速公路上的巨型廣告牌，以個人的方式宣告天主的訊息。就像是天主需要透過某件事或某個人的關係，才能得到我們的關注，而耶穌恰如其分地扮演了這個角色。

讀〈格林多前書〉（哥林多前書）15章4-8節，保祿（保羅）描述基督在耶穌死後如何多次向他的門徒與跟隨者顯現。四部福音書也做了相同的事，描述復活的基督如何穿透門、牆、空間、種族、宗教、水、空氣、時間、所吃的食物，有時祂甚至在兩地同時顯現，但總是和物質界的事物有所互動。

儘管所有的這些記載都描述成基督以肉身方式出現，但祂似乎總是有另一種具體的化身。或者，就像瑪爾谷（馬可）在福音的結尾所寫「耶穌藉了另一個形狀顯現給他們」（馬爾谷福音16:12）。這是一種嶄新的臨在方式，一種新的化身，也是

3.譯者注：宗徒大事錄（使徒行傳）2章36節；思高聖經譯為「天主已把你們所釘死的這位耶穌，立為主，立為默西亞了」。

一種新的敬拜天主的方式。

我認為，這就是為什麼見證復活基督顯現的人，最終都能認出祂來，但通常不是立即就能認出祂。**看見和認出不是同一件事**。這不就是我們生活中所發生的情況嗎？首先，我們看到蠟燭火焰，過了一會兒，當我們允許它保有個體意義或訊息，它就會為我們「熊熊燃燒」。我們看到一個無家可歸的人，當我們向他敞開心房時，他就變成了一個一般人、心愛的人，或甚至是基督。

每個復活的故事，似乎都強烈表明著一種不確定性——無法立刻確認基督在平凡無奇的事物中顯現出來：比如，跟一個陌生人一起走在朝向厄瑪烏（以馬忤斯）的路上時；在海灘上烤魚時；或者以園丁的模樣出現在瑪利亞瑪達肋納（抹大拉的馬利亞）面前時[4]。依聖經記載，上述這些時刻都安排了一種情境，期望、渴望在平凡和物質中看見天主的臨在，我們不必等待超自然的顯現。天主教徒將此稱為「聖事」神學，其中可見和可觸摸的事物是通往無形事物的主要門戶。這就是為什麼教會的每個正式聖事（聖禮）都堅持使用物質元素，例如水、油、麵餅、酒、按手，或婚姻本身的絕對肉體性。

大約在耶穌復活二十年後，當保祿寫信給哥羅森（哥羅森／歌羅西書1:15-20）和厄弗所的教友（厄弗所／以弗所書1:3-14），他已將耶穌單一身體與其他人類相連結在一起（格林多／哥林多前書12:12以下），他也用麵餅及酒所象徵的個別元

---

4. Richard Rohr, *Immortal Diamond,* xxi–xxii, (San Francisco: Jossey-Bass, 2013), and the "mosaic" of metaphors in Appendix B.（中譯本《不朽的鑽石》由啟示出版）

素（格林多前書11:17以下）與宇宙歷史及大自然本身的整個基督（羅馬書8:18以下）相連結在一起。

　　這樣的連結在往後若望的福音開頭中亦有寫到：「在起初已有聖言，聖言與天主同在，聖言就是天主。聖言起初就與天主同在。萬物是藉着他而造成的；凡受造的，沒有一樣不是由他而造成的。在他內有生命，這生命是人的光。」（若望福音1:1-4）；以及「聖言成了血肉」（若望福音1:1-4）。早期的東方教父們，在藝術和神學中都大量採用了這種普遍、集體得救的概念，在西方教會卻沒那麼多。

　　聖事原則是這樣的：**從一個具體的相遇時刻開始，基於這個有形世界，靈魂從那裡開始普世化，因此，這裡的真理也變成了其他地方的真理。**靈魂的旅程以越來越大的圈子進行，融入到「唯一神聖的奧蹟」中！然而，這樣的旅程總是從許多明智之人稱為「特定的羞辱」開始。在那裡，我們必須臣服，即使反對本身似乎一點也不值得我們敬畏、信任或臣服[5]。

光與頓悟

　　你有沒有注意到，若望用「世界的光」這個詞來描述基督（若望福音8:12），而耶穌也用同樣的這個詞來形容我們？例如〈瑪竇福音〉（馬太福音）5章14節說「你們是世界的光」。但，很少傳福音者向我指出這一點。

---

5. Richard Rohr, *Just This,* 7 (Center for Action and Contemplation, 2018), "Awe and Surrendering to It," 2018.

顯然，光不是你能直接看到的東西，而是**藉由它，你看到所有其他的事物**。換句話說，我們對基督有信心，所以我們可以擁有基督的信德。這就是目標。基督和耶穌似乎更樂意充當我們的管道，而不是可證明的結論；如果是可證明的結論，那麼天主降生成人（道成肉身）事件就會發生在相機和錄影機發明之後了！我們需要仰望耶穌，直到我們能夠以祂的眼光看世界。世界不再相信那些「愛耶穌」、但不愛其他任何事物的基督徒。

天主在耶穌基督內，將祂自身的寬廣 —— 深刻而包含一切的世界觀 —— 提供給我們。

這可能就是福音書的重點。在你相信訊息之前，你必須先相信送來訊息的信使，這似乎是耶穌基督的策略。但很多時候，我們以信使代替了訊息本身。結果，我們花了很多時間敬拜信使，並試圖讓其他人也這麼做。很多時候，這種固執變成了虔誠的替代品，而不是真正遵循他的教導——而他確實好幾次要求我們跟隨他，但從沒一次要求我們敬拜他。

如果你注意到下述這段經文，就會看到若望提到一個關於基督訊息非常進化的概念。請注意這裡所使用的動詞：「那普照每個人的真光正在**進入**這世界。」（若望福音 1:9）換句話說，我們談論的不是自然界中一次性的大爆炸，或耶穌一次性的天主子降生成人，而是在繼續繁衍的受造物中，一個正在進行、且持續不斷在進化中改變的事物。天主子降生成人並非只在兩千年前才發生。它在整個時間進行中一直在發揮作用，並且將持續下去。

這一點常用「基督的再臨」這句話表達出來，不幸的是，它被解讀成一種威脅：等著，等到你爸回家就知道了！更準確地說，它應該被稱為「基督的永遠降臨」，這就絕不是威脅。事實上，這是**永恆復活的持續承諾**。

基督是光，使人們能看見事物的圓滿。這種光最確切和預期的效果，是看到基督無處不在。事實上，這是我對一位真正基督徒的唯一定義。**一個成熟的基督徒，在一切事物和每個人身上都能看到基督**。這個定義將永遠不會讓你失望，而且總是要求你更多，讓你沒有理由去抗爭、排斥或拒絕任何人。

這不是很諷刺嗎？基督徒生活的重點，不是去區分出自己與不敬虔的人，而是要與所有人、所有事物都保持徹底連結。這是「天主子降生成人」最終極、最圓滿、最預期的效果——以十字架上的終結為象徵，這是**天主讓一切團結一致的偉大行為，而不是審判**。毫無疑問，耶穌完美地體現了這種觀點，也因此將其傳遞到其餘的歷史中。

這就是我們效法基督的方式，這位善良的猶太人在外邦人中看見並召喚了天主，就像敘利亞的腓尼基婦人和跟隨他的羅馬百夫長一樣；和帝國合作的猶太稅吏；在反對天主的狂熱分子中；在各類的罪人中；在太監、異教占星家和所有「律法之外」的人中。耶穌和信仰與祂不同的人相處時，完全沒有任何問題。事實上，這些「迷失的羊」發現他們對耶穌而言根本沒有迷失，而且往往成為他最好的追隨者。

人類生來就是愛人勝過愛誡律與教條，耶穌充分體現了這種模式。但許多人似乎更喜歡去愛誡律與教條——就好像你真的全都可以做到似的。和梅瑟（摩西）一樣，我們每個人都需

要「面對面」認識我們的天主（出谷記／出埃及記33:11，民長紀／士師記12:8）。請注意耶穌是怎麼說的：「祂不是死人的、而是活人的天主。」（瑪竇福音22:38）因為對祂來說，所有的人都活著！

依我看來，祂活著，使人們更容易相信自己活著，因而與天主有著連結，是的，**相似的人才會互相欣賞**，有人稱之為「形態共振」（*morphic resonance*）。英國文學家與護教家魯益師（C. S. Lewis）為他的一本書取了個真正精彩的書名《直到我們擁有面孔》（*Till We Have Faces*）也提出了相同的進化觀點。

真正唯一、至聖、至公、**不可分割**的教會，已有一千年不存在了，留下許多悲慘的結果。我們已經準備好再次更正它，但這一次我們必須集中精力去涵容一切，如同耶穌明確所做的那樣，而非排除──他從未這樣做過。精確地說，耶穌唯一排除的人，是那些拒絕知道自己和其他人一樣是平凡罪人的人。**他唯一排除的，就是排除本身**。請查證我的這個觀點，你可能會發現我是對的。

想一想，我們所領悟、所知道關於天主的一切，意味著什麼。在天主降生成為耶穌這個人之後，我們可以更容易地想像一位給予和接受的天主、一位與我們有連結的天主、一位饒恕的天主。著名神學家布魯諾‧巴恩哈特（Bruno Barnhart）稱為「基督量子[6]」的啟示，已被民間信仰的神靈、印度教的阿特曼、佛教的教義和猶太教的先知們所看見並尊重。

---

6. Bruno Barnhart, *Second Simplicity: The Inner Shape of Christianity* (Mah-wah, New Jersey: Paulist Press, 1999), part 2, chap. 7.

基督徒在耶穌身上有很好的典範和訊息，實際上，許多外邦人更容易來參與「宴席」，正如耶穌常在關於宴席所用的比喻（瑪竇福音 22:1-10，路加福音 14:7-24）中所說的：「無論壞人好人，都召集來了，婚宴上就滿了坐席的人」（瑪竇福音22:10）。面對天主如此無止境的慷慨，如此不願意建築高牆、嚴陣對外或劃出不必要的界線，我們該做些什麼？

關於這點，我們必須誠實和謙卑：許多有著其他信仰的人，像是蘇菲派大師、猶太先知、哲學家和印度教神秘主義者，他們比許多基督徒更活在與天主神性光輝的相遇之中。為什麼一位名副其實的天主會不關心祂**所有**的孩子呢[7]？在祂的兒女中，祂真的有特別偏愛的嗎？那將會造成一個多麼不愉快的家庭——的確，這**已經**造成了。我們將猶太經典完整而愉快地納入在基督宗教的正典之中，這本應成為基督宗教走向完全包容的明確聲明。我們怎麼會錯過了呢？沒有其他宗教這麼做過。

請記住，天主向梅瑟說：「我是自有者。」（I AM Who I AM：出谷紀／出埃及記 3:14）天主很顯然沒有把自己跟任何一個名字連在一起，祂似乎也不想讓我們將天主本身與任何一個名字連在一起。這就是為何在猶太教中，天主對梅瑟所說的話無法用言語形容、也無法說出天主的名字。

有些人會說，天主的名字在字面上是無法「被說出來的[8]」。現在看來，這一點非常明智，而且比我們意識到的更有需要！

---

7. 請參閱〈智慧篇〉（Wisdom）11章23節至12章2節，在這方面有一段非常出色的經文。

單單這個傳統就告訴我們，該去實踐天主的深切謙卑，祂沒有給我們一個名字，只給了我們純粹的存在——沒有一個特定的名稱能讓我們認為自己「知道」天主是誰，或是去擁有祂，如同擁有我們的私人財產。

基督總是大大超出我們的想像，比任何一個時代、文化、帝國或宗教都要大。祂的完全包容，對任何權力結構和任何形式的傲慢思維來說，都是一種威脅。在最初的兩千年，耶穌本身常受到人類意識進化的限制，並被文化、民族主義和基督宗教自身的文化所俘虜，被白人、資產階級和歐洲中心主義的世界觀所俘虜。到目前為止，我們尚未很好地承載歷史，因為「你們中間站著一個你們不認識的」、「有一個人在我以後來，成了在我以前的，因祂原先我而有」（若望福音1:26, 30）。

耶穌來自中等膚色，來自下層階級，擁有一個男性的身體與女性的靈魂，來自一個經常被人憎恨的宗教，生活在東西方之間的分界線上。沒有人曾經擁有過祂，也將永遠不可能有人擁有祂。

慈愛的耶穌，慈愛的基督

被耶穌所愛，會擴大我們心靈的容量；被基督所愛，會擴大我們的**心智**能力。在我看來，我們需要耶穌和基督來瞭解全貌。一位真正具有變革性的天主——無論是對個人、還是對歷

8. Richard Rohr, *The Naked Now* (New York: Crossroad, 2009), ch. 2. In fact, the holy name YHWH is most appropriately *breathed* rather than spoken, and we all breathe the same way. （中譯本《放下對立，遇見喜樂的內在世界》由啟示出版）

史而言——都需要透過個人和普世來體驗。沒有什麼比這更能完全發揮作用的了。

耶穌已經顯示，如果過於個人化（或過於感性），本身就會有嚴重的局限和問題，因為這個耶穌不是普世的。如果祂變得安逸，我們就會失去全宇宙。歷史清楚地表明，如果我們敬拜耶穌、而不敬拜基督，就會成為一種受時間和文化限制的宗教，甚至隱含種族主義，將大部分人排除在天主的懷抱之外。

然而，我完全相信，沒有任何一個靈魂不被基督擁有，即使在耶穌尚未出世之前的時代也是如此。你怎麼會希望你的宗教、或你的神比這個更渺小呢？

對於那些在聽見耶穌或基督的訊息時，感到生氣、感到受傷、感到被排除在外的人，我希望你在此感受到一個開端——那是一種肯定、一種你也許已感到絕望、且認為永不會聽見的歡迎。

對於那些希望相信天主或神聖世界、但從未能夠以「信仰就是要去實踐」的方式去相信的人來說——本書對耶穌基督的看法對你有幫助嗎？**如果它能幫助你去愛和盼望，那麼它就是真正基督的宗教**。任何受限制的團體都不能聲稱自己擁有這個頭銜！

對於那些愛耶穌的人（也許是帶著極大的熱情和保護），你是否認識到：任何一位名副其實的至上神（天主、上帝），都**必須**超越信條和教派、時間和地點、國家和種族，以及所有反覆無常的性別，延伸到一切我們所見的受苦和享樂的極限？**你的性別、國籍、種族、膚色或社會階層，都不能代表你。**

那麼，為什麼基督徒允許這些臨時的外在戲服——也就是

靈修大師牟敦（Thomas Merton）所稱的「假我」──總是被當作「與基督一起隱藏在天主裡面」（哥羅森書3:3）的真實自我？看來，我們真的不懂我們自己的福音。

你是天主的孩子，而且永遠都是，即使你不相信。

這就是卡麗爾・郝思蘭德為何、或如何能在陌生人的臉上看到基督。這就是為什麼我能在我的狗、天空和所有受造物身上看到基督。這也是為什麼你，無論你是誰，都可以在你的花園或廚房裡、你的丈夫或妻子、一隻普通的甲蟲、在最黑暗的海底人眼無法辨視的一條魚，甚至在那些**不喜歡你、不像你**的人身上，都可以體驗到天主對你純粹的關懷。

這是富有啟發性的光，啟發萬物，使我們能夠看到事物的圓滿。當基督稱自己為「世界的光」（若望福音8:12）時，祂並不是要我們只看祂，而是要用祂完全仁慈的眼睛去看生命。我們看到祂，所以我們能**像祂一樣去看**，帶著同樣極大的惻隱之心。

當你從孤立的「我」，變成一個相互連結的「我們」時，你就已經從耶穌轉移到了基督。我們不再需要背負著「完美的我」的包袱，因為我們「在基督裡」得救了，而且**肖似**基督──也可以說，就是我們在正式祈禱結束時，總是說得很快、但很正確的那句話：「**藉由**基督，我們的主，阿們。」

第 3 章

—•—

在我們之內顯現
──如同我們

從一切轉向一張面容，就是發現自己與一切面對面。
　　──伊莉莎白‧鮑文，《每日熱潮》（*The Heat of the Day*）

　　如果你在教會裡待過一段時間，可能就聽說過〈宗徒大事錄〉（使徒行傳）中講述掃祿（掃羅）皈依的故事。它實際上在整本〈宗徒大事錄〉中出現了三次（9:1-19，22:5-16，26:12-18），以確保讀者不會錯過這個事件曾經是多麼關鍵和有價值，直到現在仍然如此。

　　多年來，掃祿一直野蠻地迫害那些跟隨耶穌的人。在他前往大馬士革的路上，突然間，他被經文中所說的「光」擊倒、並蒙蔽了雙眼。然後，從那光中，他聽到一個聲音說：「掃祿，掃祿，你為什麼迫害我？」

　　掃祿回答：「你是誰？」

他得到了回答：「我就是你所迫害的耶穌。」

掃祿與耶穌相遇的深刻而持久的意義在於，他聽到耶穌說話，就好像耶穌和掃祿所迫害的人們在道德上是對等的。這聲音兩次稱呼**人們**為「我」！從那天起，這令人震驚的逆轉成為保祿（保羅）不斷發展的世界觀，以及他對「基督」激動人心的發現的基礎。

這種根本的覺醒，使掃祿從他心愛、但受種族束縛的猶太教，轉向了一個有普世觀的宗教，以至於他將他的希伯來名字改為拉丁文形式的保祿。後來，對那些他曾經貶低為「異教徒」、「外邦人」或「列國」的人，他自稱為「宗徒」（使徒）和「僕人」（厄弗所／以弗所書3:1，羅馬書11:13）。

保祿（或者是一個他所訓練的學生）說他「被賜給奧秘的知識[1]」，這揭示了「得知天主的各樣智慧，全是按照他在我們的主基督耶穌內所實現的永遠計劃」（厄弗所書3:10, 11）。他形容這段經歷就像有鱗甲從他眼睛裡掉了出來，這樣「他便看見了」（宗徒大事錄9:18）。

在保祿的故事中，我們找到屬靈的原型模式，人們會**從他們以為自己一直知道的事物，轉移到現在他們充分認識的事物**。這種模式早期在《妥拉》中就顯現出來了，當時雅各伯（雅各）在貝特耳（伯特利）的岩石上「從睡夢中醒來」，他說：「我找到它了，它一直在這裡！這就是天堂的大門。[2]」

---

1. 譯者注：厄弗所（以弗所）書3章2節；思高聖經譯為「想你們必聽說過天主的恩寵，為了你們賜與我的職分」。
2. 譯者注：創世紀28章17節：思高聖經譯為「這地方多麼可畏！這裡不是別處，乃是天主的住所，上天之門」。

　　保祿在他的餘生中癡迷於這位「基督」。用「癡迷」這個詞並非太過強烈。在保祿的書信中，他很少直接引用耶穌本人的話（就算真的有，也非常少），相反地，他從一個在路上被蒙蔽雙眼，與神聖臨在進行信任溝通的地方開始寫作。驅動保祿的使命是「證明耶穌就是基督（即默西亞）」（宗徒大事錄9:22b），這就是為什麼我們今天被稱為「基督徒」，而不是「耶穌徒」！

　　保祿在給迦拉達（加拉太）人的書信中描述他的相遇，他寫了最能傳達這件事的一句話。他並不是像你可能期待的說「神向我顯現祂的愛子」，反而是說「將祂的聖子在我之內啟示給我[3]」。這種高度的信任、反省、自知和自信，在當時是相當不尋常的。事實上，我們幾乎看不到任何與之相比的文獻，直到大約基督紀元四百年左右，聖奧斯定寫了《懺悔錄》（*Confessions*），以類似的想法精確地描述了內在心靈的生活。

　　在我看來，這就是為什麼基督宗教的前一千五百年，並沒有對保祿著墨太多──他是如此內在和心靈，而文明仍是如此外在表面化。除了罕見的聖奧斯定和許多天主教隱修士、神秘主義者之外，在十六世紀，需要更廣泛的識字族群和可得到的書面文獻，才能使我們走向一個更加內在和內省的基督宗教，無論是好還是壞[4]。

---

3. 譯者注：迦拉達書1章16節；思高聖經譯為「將祂的聖子啟示給我」。
4. 克里斯特‧斯滕達爾（Krister Stendahl）所著《宗徒保祿和西方的內省良知》。對我來說，這本學術著作是理解過去五百年，如何在很大程度上誤解和個人化保祿信息的關鍵。湯姆‧萊特（N. T. Wright）在他對保祿的非凡研究中進一步闡述這一點。

在原本盲目的靈魂甦醒後，保祿認出自己的真實身分是基督「揀選的工具」，即使他曾經迫害基督的追隨者（宗徒大事錄9:15）。在一個看似自大的舉動中，他不但以十二宗徒之一的身分自居，甚至敢反對他那個時代的猶太領袖和新基督宗教運動的帶領者（迦拉達書2:11-14，宗徒大事錄15:1-11），儘管他在這兩個團體中都沒有官方角色或合法地位。

據我所知，這種自我任命——不是通過血統或任命，而是透過神恩性的認可——除了少數被稱為「先知」或「被揀選之人」的人之外，在這兩個神恩性的傳統中可說是史無前例。如果保祿不是一個徹底的自我陶醉者，那他就真的是「被揀選之人」。真正的先知角色，在本質上是不穩定、甚至是危險的。根據定義，他們不代表體制，而是直接從源頭汲取他們的權威，為的是能批評體制（雖然真正的先知有些罕見，而保祿從不把這個稱號用在自己身上）。

但是，請注意，保祿對真正信仰的主要標準非常不尋常：「你們該考查考查自己，是否仍站在信德上。你們要考驗考驗自己！難道你們自己認不出耶穌基督就在你們內嗎？若不然，你們就是經不起考驗的。」（格林多／哥林多後書13:5-6）這太簡單，也太可怕了！保祿徹底的「降生神學」為所有後來的基督宗教聖徒、神秘主義者和先知樹立了標準。他知道基督必須先在我們的**內在**得到認可，然後才能在**外在**被承認為我們的主和導師。天主（上帝）必須先**在你身上**顯示祂自己，然後才能**向你**完全顯示自己。這裡再度成為形態共振。

重要的是要記住，保祿和我們一樣，從來就不認得降生成人（道成肉身）的耶穌。我們像他一樣，只有從觀察、並尊重

我們自己的人類生命經驗之深度,來認識基督。**當你能夠尊重和接納你自己的悲傷或圓滿的時刻,視其為恩寵來參與天主永恆的悲傷或圓滿時,你才開始認識到自己是這個宇宙身體的參與成員。你正在從「我」轉向「我們」。**

因此,保祿向我們顯示,我們也可以透過自己的**內在心理對話**、或「刻在我們心上的」自然法則,來認識基督的永遠同在。他相當大膽地宣稱,即使是所謂的外邦人,「他們雖然沒有法律,但自己對自己就是法律」(參見羅馬書2:14)。這就是為什麼他對受過良好教育的雅典人說:「『給未識之神』……我就將你們所敬拜而不認識的這位,傳告給你們。」(宗徒大事錄17:23)

保祿很可能從先知耶肋米亞(耶利米)那裡承接了這個想法,他敢向上主的子民獻上「新盟約」(31:31)。但是,這個想法在很大程度上一直沒有發展起來,直到上個世紀的道德神學家們尋求「自然律」——而至今,儘管教宗方濟各深刻理解個人良知,這個想法仍然讓許多人感到震驚。

然而,保祿只是把降生神學的思想帶到其普世性邏輯的結論。我們從他大膽的感歎中看見「只有是一切、並在一切內的基督」(哥羅森/歌羅西書3:11)。如果我今天要寫這個論點,人們會稱我為「泛神論者」(宇宙就是天主),而我實際上是一個「萬有在神論者」(panentheist,意思是神存在於萬物之中,但也超越萬物),就像耶穌和保祿一樣。

在基督之內

保祿以他標語式的短語「在基督之內」(*en Christo*)總結

了他對救恩的整體理解。在他所有的書信中,他一共用了這個
短語一百六十四次,比任何其他單一詞語都還要多。「在基督
之內」似乎成了保祿的代名詞,代表他所參與的充滿恩寵的得
救經歷,也是一條他迫切想和世界分享的途徑。

簡而言之,這個身分意指**人類從未與天主分離**──除非
是出於人類自己的消極選擇。我們所有人,無一例外,都生活
在一個宇宙身分中,已經準備就緒,它正在推動和引導我們向
前。不論我們願不願意、快不快樂、有意識或無意識,我們都
在基督之內。

保祿似乎明白,**孤獨的個人太過渺小、沒有安全感且生命
短暫,既不能承擔「榮耀的重量」,也不能承擔「罪的重擔」**。
只有整體才能承載這種不斷失去和更新的宇宙奧秘。保祿對
「在基督之內」的認識,使他能給上主的普世性故事一個名字、
一個焦點、一份愛和一個必然得勝的方向,因此後代就可以充
滿信任地踏上這趟宇宙和集體的旅程。

我希望你們能學習並享受這句精彩短語的完整意義,因
為它對基督宗教的未來至關重要,即使它仍被困在一個高度個
人主義的得救概念裡,看起來根本不像得救了。我們所有人都
生活在一個共同的身分中,已經就緒,正在推動和引導我們向
前。保祿稱這種更大的神聖身分是「祂旨意的奧秘,是全照祂
在愛子內所定的計劃」(厄弗所書1:9)。今天,我們可稱之為
「集體潛意識」。

每一個受造物──例如:一位照顧孩子的年輕母親;兩
萬種蝴蝶中的每一隻;一個生活在恐懼中的移民;一根草;以
及你正在讀的這本書──都是「在基督之內」和「他於創世以

前，在基督內已揀選了我們」（厄弗所書1:4, 11）。他們還能是什麼？對保祿來說，「**救恩**」**在成為道德或心理訊息（總是不穩定）之前，首先是一個存在論和宇宙論的訊息（是堅固的）。**如果可以的話，請停下來認真思考一下。

你有沒有注意到，在〈馬爾谷福音〉（馬可福音）中，耶穌告訴門徒們要向「所有受造物」或「一切受造物」宣講福音，而非只有對人類（16:15）？保祿確認，當他說「不偏離你們由福音所得的希望，這福音已傳與天下一切受造物，我保祿就是這福音的僕役」（哥羅森書1:23）的時候，他已經這麼做了。在保祿短暫的一生中，他真的跟「天下一切受造物」宣講或者說服他們嗎？當然沒有，但他確實知道，藉由說出這一切都**在基督之內**，他已經向世界宣佈了事物最深刻的哲學基礎——而他大膽地相信，這個真理最終會堅持下去並獲得成功。

我從來沒有與上主分離過，我也不能與上主分離，除了在我腦海中。我希望你能把這種認知帶到愛的意識中！事實上，為什麼不現在就停止閱讀，只是呼吸，讓它沉浸其中。至關重要的是，你要在這種體驗和細胞層面上瞭解這一點——事實上，這是一種真正的認知方式，與理性認知一樣多。它的主要特徵是，它不是二元對立的認知方式，而是開放式的認知方式，它不會像二元論思維那樣快速而明確地下結論[5]。

令人遺憾的是，基督徒沒有保護這種與天主結合為一的根本意識。保祿對基督出色的理解，因為早期基督徒越來越關注

---

5. Rohr, *The Naked Now*, and *Just This* (cac.org, 2017) 一本簡短靈性提示和實踐的書。這兩本書都詳盡闡述了這個關鍵思想。

在耶穌一個人身上,甚至脫離了三位一體的永恆之流,我們的宇宙身分很快就因此消失了,這最終在神學上是行不通的[6]。基督永遠將耶穌牢牢地保留在天主聖三之內,而非只是後來附加上去或隨意地稱天主降生之身。天主聖三論從一開始就將上主視為**關係本身**,而並非只是一位君王。

為了使基督宗教在羅馬帝國合法化,基督徒覺得我們得證明耶穌是獨立的神明。在尼西亞大公會議(Council of Nicaea, 325 A.D.)之後,耶穌被獨立地稱為與天主父「同性同體」(consubstantial),在加采東大公會議(Council of Chalcedon, 451 A.D.)後,教會接受了耶穌的人性和天主性(神性)結合為一的哲學定義。這一切都是真實的,但這種結合為一在很大程度上仍然是遙遠的學術理論,因為我們實在無法理解它與我們實際的人生有何關係。

通常,我們對自己族群或國家的優越性,比我們在全體受造物中的意義更感興趣。我們對現實的看法主要是帝國式的、父權制的和二元論的。事情不是支持我們、就是反對我們,而我們要不是贏家、就是輸家,不是完全的好、就是完全的壞——直到現在,這樣一個小我、和它的個人得救,一直是我們壓倒性的關注重心。這當然就是我們的宗教為何會變得如此專注於順服和一致性,而非專注於任何一種拓展感知的實際之愛。沒有**共享和偉大的故事**,我們都會為了一點理智和安全的理由,退回到私自的個人主義中。

我們缺乏對基督奧蹟的關注,主要例子可以從我們繼續汙

---

6. Rohr, *The Divine Dance.*

染、蹂躪我們所立足和賴以為生的地球的方式中看出。科學現在似乎比大多數宗教更愛護、更尊重物質！難怪科學和商業已成為當今絕大多數人（其中許多人甚至仍然上教堂）主要的意義解釋者。我們基督徒可能沒有認真對待這個世界，因為我們對上主或救恩的概念不包括（或不尊重）物質世界。而現在，恐怕世界也不把我們當一回事。

> 如果集體的一切毫無希望，那麼個人就不可能擁有希望。
> 當整個事情都被視為無法治癒時，那麼個人也很難被治癒。

我們仍試著划出這個漩渦，而且是用一支非常小的船槳！唯有抱持**基督先存性**的概念，我們才能回答這位耶穌「從哪裡來？」和「祂將帶領我們往哪裡去？」這類問題——這正是進入「天主聖三的懷裡[7]」。基督應許過：「我必再來接你們到我那裡去，為的是我在那裡，你們也在那裡。」（若望／約翰福音14:3）這可能是整部《新約》中對得救最好和最簡潔的描述。

宗教上的「典範轉移」

在科學和文化思維中，「典範轉移」（Paradigm Shift）一詞描述了一個人在預設或觀念上的重大轉變。在宗教世界中，我們很少聽到這個詞，那裡的群體預設他們正在處理永恆和不變

---

7. 譯者注：若望福音1章18節：思高聖經譯為「在父懷裡」。

的絕對真理。但很諷刺，宗教上的典範轉移，正是耶穌和保祿在他們時代所發起的——以至於他們看待萬物的方式成了一種全新的宗教，無論這是不是他們的意圖。現在，我們將猶太教這兩千年來的典範轉移成為「基督宗教」。

歷史一直在等待基督徒的思想「轉移」回到最初創造以來一直的真實狀態，這是唯一能使它成為一個普世性（或大公性）宗教的方式。普世性的基督，這真是一個太過巨大的理念，以至於要把兩千年來大部分時間裡所擁有的理念，做個非常非常巨大的轉變。不過，人類還是更喜歡從軼事和歷史的角度來看事情，即使這種看待方式會導致不連貫、疏離或絕望。

每個宗教都以各自的方式在尋找門戶、管道、聖禮，或一個能為迷惑者指點迷津、指向月亮的手指。我們需要有人來示範，並舉例說明：天主子降生（道成肉身）成為一個有形體的普通人，之後經過試煉和死亡，進入不受空間和時間限制的**普世性存在**（我們稱之為「復活」）。大多數人都知道耶穌走過這段旅程，但很少有人知道基督是同類存在物的集體位格和永恆顯現——而「基督」的形象包括我們所有人和所有事物。保祿被這種認知所震撼，這成為他整個訊息的核心。我希望這種典範轉移對你來說，有同樣明顯的效果。

耶穌可以把一個團體或宗教連結在一起。
基督可以將一切的一切都連結在一起。

事實上，基督已經這樣做到了；是我們在抗拒這種整體性，好像我們很享受自己的論點，並把我們自己區隔出來成為特

殊的小團體。然而，在整本聖經中，我們卻得到以下的陳述：

- 萬物都屈伏於他以後⋯⋯好叫天主成為萬物之中的萬有。（格林多前書 15:28）
- 只有是一切、並在一切內的基督。（哥羅森書 3:11）
- 因為天主樂意叫整個的圓滿居在他內，並藉着他使萬有，無論是地上的，是天上的，都與自己重歸於好。（哥羅森書 1:19-20）

　　這不是異端邪說，不是普世主義（unversalism），也不是廉價版本的唯一神論（Unitarianism）。這就是普世性的基督，祂一直都是，祂及時降生成人，並且持續顯現。**如果我們花時間展現基督是如何無所不在，而非證明耶穌是天主，那麼我們對歷史和個人會有更大的幫助。**

　　但偉大的想法需要時間來適應。

一個完全參與的宇宙

　　我不禁想到，後人會給這最初兩千年的基督宗教貼上「早期基督宗教」的標籤。我相信，他們會從理解「宇宙性的基督」當中，發展出越來越多的巨大涵義。他們早已拋棄只有基督徒得救的概念，認為那是一種個人私自撤離的方案，只揀選少數人進入下一個世界。當前的世界大多被認為是理所當然或可以被忽視，除非它可用來謀取我們的個人利益。為什麼抱有這種信念的人會在天堂感到賓至如歸？他們甚至沒有為此操練過！

他們也沒有學習如何在地球上感到賓至如歸。

（在指出這種福音的局限性時，我主要是針對北半球享有特權的、主要是白人的基督徒說話。我一分鐘也不會忘記，在幾乎所有歷史中，大多數人的生活是多麼艱難。對於數以百萬計的人來說，生活一直是、並且仍然是一個「涕泣之谷」，我當然可以理解為什麼只有「對更美好世界的盼望」才讓這些弟兄姐妹有理由一步步向前，再活一天。）

毫無疑問地，你知道今天許多傳統的基督徒認為「普世性」的概念（包括救恩）都是異端。許多人甚至不喜歡聯合國。許多天主教徒和東正教基督徒使用種族界線來決定誰入選和誰沒入選。我發現，對於一個相信「一位上主創造萬物」的宗教來說，這些信念實在很奇怪。

天主和我們現在所知道的宇宙形狀一樣大而神秘——就像幾個世紀以來的意識進化一樣，宇宙以更快速度在不停擴張。怎麼會有人讀到〈若望福音〉17章的全部（甚至一小部分）時，會認為基督或耶穌除了來連結、合而為一之外，還能有別的什麼目的？基督在第21節說：「父啊！願他們在我們內合而為一。」在完整的祈禱中，以多種方式重複了同樣的願望和意圖。我懷疑主基督得到祂所祈求的了！

除了「在基督之內」，保祿還喜歡使用「智慧」、「秘密」、「隱藏的計劃」和「奧秘」等詞彙。他多次使用這些詞彙，假設我們知道他的意思，我們可能會很快跳過它們。大多數人都認為他是在談論耶穌，但這只是部分正確。其實，保祿所謂「奧秘」的直接涵義，就是我們在這本書中所談論的基督。對保祿來說，基督「這奧秘從永遠以來，就是秘而不宣

的」（羅馬書16:25-27）。對於大多數基督徒來說，這仍是一個
保守得很好的秘密。

如同聖奧斯定在他的《訂正錄》（*The Retractions*）中勇敢
指出的那樣：「對於現在所謂的基督宗教，甚至在古人中也存
在，並且從人類一開始就不缺乏。[8]」想一想：尼安德塔人和
克羅馬儂人、瑪雅人和巴比倫人、非洲和亞洲文明，以及幾千
年來遍佈各大洲和孤島上無盡的原住民，只是「我們」用後即
丟的物品嗎？上主真的那麼無用、無聊和吝嗇嗎？全能者是否
在缺乏愛和寬恕的模式中運作？我無法想像：天主的功能要等
東正教徒、羅馬天主教徒、歐洲新教徒和美國福音派人士先出
現，然後天主的愛才能開始發揮作用？

受造物的存在，首先是為了它自身的好處；其次是彰顯
天主的善、多元和仁慈；然後才是為了提供人類作為合宜的
使用。我相信我們這種異常狹小且基於匱乏的世界觀，是促成
無神論和「實用無神論」興起的主因之一，而當今大多數西方
國家卻把它們當作實際運作的宗教。對於一個心胸寬大的人來
說，我們一直以來向人們展示的神真是太小、太吝嗇了，以至
於令人無法相信，也無法以愛回報。

偉大的愛和巨大的苦難

你可能想知道，原始民族和基督宗教出現之前的文明究竟

---

8. Augustine, *The Retractions,* trans. M. Inez Bogan, R.S.M., The fathers of the Church
   (Baltimore: Catholic University of America Press, 1968), 52.

是如何接近天主的。我相信是自從有人類開始，藉由每個人都經歷過**偉大的愛和巨大的苦難**[9]。這是一種普遍和正常轉變的旅程。只有偉大的愛和巨大的痛苦才夠強大，足以奪走我們如帝國般的自我保護，讓我們對超越真實的體驗敞開心房。

基督，尤其是當祂和耶穌同時出現時，帶來關於**普世性的愛和必要的苦難**的明確訊息，這也就是神聖的典範——從天主聖三的三個位格開始，天主既是無休止地傾注，也是不斷地空虛自己，就像水車上的三個旋轉水桶一樣，這個過程使水流永遠地流動——在天主的內在和外在，朝著一個積極的方向流動。

僅因為你對天主沒有使用正確的用語，並不意味著你沒有正確的經歷。從一開始，「雅威」（*YHWH*，耶和華）就讓猶太人知道，沒有什麼正確的話語能包含上主無限的奧秘。以色列的天主之訊息似乎是「我不會讓你控制我，否則你對控制的需求很快就會擴展到其他一切事物上」。

喜愛控制的人試圖去控制他人，他們對天主也這樣做——但真正地關愛事物，總意味著在某種程度上要放棄對它們的控制。**你想創造一個像你一樣的天主——然而，應該是顛倒過來。**你有沒有想過天主比世上任何人都更能放棄控制的權力？說實話，天主幾乎從不堅持控制，而是我們在控制，而天主允許這些控制的事件每天以各種方式發生。天主是如此地自由。

任何一種真實經歷天主的體驗，通常會感覺像在戀愛或像

9. Rohr, The Naked Now, ch. 16.

在受苦，或兩者都有。它將不斷以更寬廣和更深入的方式將你連接到圓滿真實的狀態，「好叫天主成為萬物之中的萬有」（格林多前書15:28）。隨著生活繼續，我們所歸屬的圓圈往往會擴大或縮小（這是我作為諮商師、靈修導師和告解神父，與人們一起工作所觀察到的），我們的關係模式一旦確定，就決定了我們一生的軌跡。如果我們天生多疑、抱持懷疑態度，專注的焦點就會縮小。如果我們總是充滿希望和信任，專注的焦點就會繼續擴大。

讓我再重複一個對我來說非常清晰和基礎的觀點：**你是基督徒的證據，是你可以在其他所有地方都看到基督**。這就是我們在卡麗爾‧郝思蘭德在火車上的經歷中所看到的，也是在耶穌身上所看見的。耶穌在「這些最小兄弟中」（瑪竇／馬太福音25:40），甚至是在他旁邊、也被釘在十字架上的壞賊身上（路加福音23:43）辨認出了天主性。

真實經歷天主，一定會擴大你的視野，而且永遠不會限制它。還有什麼配得上天主呢？你越是超越你的小我，你就越是能夠包容。**在上主之內，你所包容的不會越來越少；而是看到的和愛的越來越多**。耶穌基督說：「一粒麥子如果不落在地裡死了，仍只是一粒；如果死了，纔結出許多子粒來。」（若望福音12:24）

比方說，當你看著你家小狗的臉時，就像我經常看著我的黑色拉布拉多犬維納斯一樣，我相信你也正看見基督另一個天主臨在的化身。當你看到任何一個人、一朵花、一隻蜜蜂、一座山──任何事物──你都看見了天主為了你和你所稱為家的這個世界的愛的化身。

停下來，專注於現在就在你身邊，顯而易見的天主之愛的化身。你必須冒個險！

我希望有更大的理解之光籠罩著你。**任何能讓你以積極方式擺脫你自己的事物（即使是出於實際目的），在那個時刻，都像是天主在為你動工**。不然的話，旅程還能如何開始？你還能如何向前？吸引你前進的不是漫無目的的信仰，而是內在的活力。天主需要一些東西來引誘你走出去超越你自己，因此天主特別使用三樣東西：真、善、美，這三者都有能力把我們拉進一種與天主連結、合而為一的體驗中。

你無法透過思考進入這種榮光與遼闊的視野。從今以後，你必須時不時陷入一種愛與敬畏的關係中，而這種關係通常是經由滲透、仿效、共鳴、默觀和映射來慢慢實現。基督總是白白地給予，就像是一根從另一邊扔來的接力棒一樣。在這個過程中，我們唯一要做的就是時不時地伸出手來接住它。

對保祿和像你我一樣平凡的神秘主義者來說，我所描述的這種觀點是一種相互關係與互惠的體驗。在這種體驗中，我們同時在我們自己的內在和超越我們自己的外在世界中找到天主。我懷疑是否還有其他的方式。臨在不是自己產生的，它總是來自他人的禮物，而信德始終是關係的核心。

天主的觀點無法單獨完成，唯有當一個意識和另一個意識相互作用時，雙方來回互相呼應，主體與主體相遇。臨在是被提供和給予、被喚起和接受。它可以發生在一個肢體動作中、一個安靜的話語或微笑中，或和我們關心的人共享的一頓飯中，在這些與聖神相遇的時刻，我們會突然被一股比我們兩個

人更大的力量所激發，變得更有生命力。

　　去品嘗、觸摸和相信這樣的時刻是如此重要。言語和複雜的儀式在這一點上幾乎只是礙手礙腳。你真正所能做的，就是以你自己的臨在去回應這樣的臨在。在此，根本不需要去相信任何事，只要學會信靠並汲取你自己最深刻的體驗，不論是在你參加任何宗教儀式的之前或之後，你都是每天、且一整天在認識基督。教堂、寺廟和清真寺將開始在全新層面上變得有意義——同時，教堂、寺廟和清真寺也將變得完全無聊和不必要。我向你保證這兩點都是真的，因為你已經被完全接納，也被完全包容了。

第 4 章

——•——

原初之善

人間擠滿了天堂，每一叢普通的灌木都與上帝一起燃
燒；但只有看得見的人才會脫鞋。

——伊莉莎白·巴雷特·白朗寧，

〈奧羅拉·利〉（Aurora Leigh）

在我們位於新墨西哥州的「行動與默觀中心」的後院，
有一棵擁有一百五十年歷史的白楊樹，在草坪上伸展著粗糙的
樹枝。新的遊客立即被它吸引，站在它的樹蔭下，向上望著它
壯大的樹枝。一位園藝師曾經告訴我們，這棵樹可能有某種突
變，導致它巨大的樹幹如此轉彎和扭曲。

有人想知道它是如何站得如此牢固的，它也輕易地成為我
們中心最好的藝術品，它的不對稱之美使它成為我們中心核心
訊息之一的完美範本：**神聖的完美在於，具有包容看似不完美**

的能力。 在我們進來祈禱、工作或教導任何神學之前，它的巨大存在已經向我們宣講了無聲的講道。

你曾在大自然中有過這樣的相遇嗎？也許對你來說，它發生在湖邊或海邊，在山中健行時，在花園聆聽一隻哀唱的鴿子，甚至在繁忙的街角。我相信，當你經歷到這樣的相遇，這種與生俱來的神學幾乎毫不費力地就能使我們成長，擴展我們，並啟發我們。相比之下，其他關於天主的論點似乎都是人工且輕率的。

部分民間信仰已經瞭解到這一點，某些聖經經文也是如此（達尼爾／但以理書3:57-82，聖詠集／詩篇98, 104, 148）。在〈約伯傳〉12章7-10節和38-39節的大部分內容中，雅威（耶和華）讚美了許多奇妙的動物和元素：「幽閉的海」、「野驢」、「鴕鳥的翅翼」，因為牠們與生俱來的智慧，也提醒人類，牠們是更大生態系統的一部分，這個生態系統提供了全方位的教導。天主問：「鷹翱翔，向南展翅，是你的智慧嗎？」答案顯然是否定的。

天主（上帝）並不受人類預設（即我們是萬物的中心）的約束，而受造物實際上並沒有要求或需要耶穌賦予它額外的神聖性。從大爆炸的第一刻起，大自然就揭示了天主臨在的榮耀和良善；它必須被視為無償的禮物而非必需品。耶穌來到這裡，生活在其中，享受生活的所有自然變化，從而成為我們的榜樣和模範。你可以說：「耶穌是榮耀這份禮物的禮物。」

奇怪的是，今天許多基督徒將天主的眷顧只限制在人類身上，很少有人將它延伸到萬物身上。我們與耶穌是多麼不同，耶穌將天主的慷慨擴展到麻雀、百合、烏鴉、驢、田野的

草（路加福音 12:22），甚至「你們的頭髮」（瑪竇／馬太福音
10:30）。這裡沒有吝嗇的天主（雖然祂確實忽略了我頭頂上的
頭髮）！然而，我們在吝嗇什麼，使我們把天主的關心——甚
至是永恆的關心——只保留給我們自己？

如果天主不關心其他一切事物，我們怎麼能想像祂真的在
關心我們呢？如果天主是選擇性地給予祂的照顧，那我們就會
沒有安全感，不確定我們是不是幸運的接受者之一。但是，一
旦意識到存在於所有自然事物中充滿慷慨與創造性的臨在，我
們就可以接受它作為所有尊嚴和價值的內在源泉。尊嚴不是分
配給有價值的人，而是把事物的固有價值建立在它們本質和存
在的基礎上。

偉大的存在之鏈

聖文德（St. Bonaventure, 1221-1274）教導人們**要努力愛上
主，從愛最謙卑和最簡單的事物開始，然後從那裡提升**。他寫
道：「讓我們把攀登的第一步放在底部，將整個物質世界作為
一面鏡子呈現給我們自己，透過它，我們也許能將自己交給上
主，那位至高無上的工匠。」此外，「造物主至高無上的力量，
智慧和仁慈透過所有受造物而閃耀[1]」。

我鼓勵你從字面意思去應用這種靈性的洞見。不要一開始
就試圖愛上主，甚至愛人；先去愛岩石和元素，然後是樹木，
然後是動物，然後是人類。天使很快就會成為一種真實的可能

1. Bonaventure, *The Soul's Journey to God* 1, 9–10 (New York: Paulist Press, 1978), 63.

性，而上主就在短短的一步之遙。

這個做法很有效，事實上，這可能是愛的唯一方式，因為**你怎麼做一件事，你就會怎麼做每件事**。正如〈若望一書〉（約翰一書）中非常直接地說：「假使有人說：我愛天主，但他卻惱恨自己的弟兄，便是撒謊的。」（4:20）最後，你要不是愛著一切，就是你有理由懷疑你所愛的任何事物。這種愛和這種美好被許多中世紀神學家描述為「偉大的存在之鏈」，它傳遞的訊息是，如果你未能在存在之鏈的任何一個環節中識別到「臨在」，整個神聖宇宙就會分崩離析。這真的是「全有或全無」。

上主不只是用聖經、教會或先知開始跟我們說話。我們真的認為上主在一百三十七億年裡根本無話可說，只在地質時間剛發生的新毫微秒才開始說話嗎？難道在我們神聖經典之前的所有歷史都沒有提供真理或權威的基礎嗎？當然不是。天主臨在的光輝在人類眼睛看見或知道它之前，自古以來就一直在發光和擴張。但在十九世紀中葉，面對理性主義和科學主義，教會迅速失去了確定性和權威，儘管天主教徒宣稱教宗「永不會錯」，福音派認為聖經絕對無誤，事實上對大多數早期基督徒來說，這些說法似乎是一種偶像崇拜。

受造物——無論是行星、植物，還是熊貓——都不只是人類故事或聖經的暖身運動。如果我們盡力學會用謙卑和愛來看待自然世界，自然世界就是它自己美好而充足的故事。這需要默觀的練習，停止我們忙碌而膚淺的頭腦一段足夠長的時間，去觀賞美麗、允許真理，並保護它本身固有的良善——無論它是否對我有利、是否取悅了我。

每一份食物和水的禮物、每一個簡單的善舉、每一道

陽光、每一隻照顧幼子的哺乳動物，所有這些都來自這個原始、本質美好的創造。人類注定要知道並享受這個永存的事實——但我們常未能讚美這個事實，或者更糟的，忽視它並認為它理所當然。正如〈創世紀〉中所描述的，創世在六天內展開，只有第七天沒有動靜。天主行動的模式已設定好了：做與不做必須相互平衡，在猶太傳統中稱為「安息日休息」。**所有的默觀都反映出，第七天的選擇和經驗，是依靠恩寵而不是努力。**完全成長意味著時機和演出、行動和等待、工作和不工作。

　　所有其他有情眾生也做著他們的小事，在生死輪迴中佔據一席之地，反映了上主永恆的自我空虛和永恆的注入，並且以某種方式相信這一切——就像我的狗維納斯一樣，牠先凝視著我，然後直視前方，當我們要讓牠睡覺時，牠謙卑地把鼻子放到地上。當然，動物害怕受攻擊，但牠們不受害怕死亡的折磨。然而許多人說，恐懼和避免死亡，絕對存在於每個人的生活中。

　　如果能夠我們認知到自己屬於這樣的生態系統，並有意識地為之歡欣鼓舞，我們就可以開始在宇宙中找到自己的位置。我們將開始看到那樣的景象，如同伊莉莎白・巴雷特・白朗寧所描述的一樣：「人間擠滿了天堂，每一叢普通的灌木都與上帝一起燃燒。[2]」

原善，而非原罪

　　所有宗教真正的基本工作，都是幫助我們認知與恢復一切

2. Elizabeth Barrett Browning, *Aurora Leigh* (New York: C. S. Francis, 1857), 304.

事物中的天主形象。那是正確、深入和充分地反映事物，直到
所有事物都知道它們的身分。一面鏡子的本性是公正、平等、
毫不費力、自然、無止境地反映真實現狀。它不會產生影像，
也不會根據其感知或喜好去過濾影像。真實的鏡像只能喚起已
存在的東西。

我們可以擴大這個鏡像的概念，這給了我們另一種理解
本書關鍵主題的方法。例如，有個天主的鏡子可被稱為「基督
的心智」。基督的鏡子從永恆中完全認識和深愛我們，而且將
這個形像反射回到我們身上。我無法以邏輯方式向你證實這一
點，但我知道活在這共振裡的人們既快樂也很健康。那些不與
周圍事物產生共振、也不回應與報答的人，只會在孤獨和疏離
中成長，總是傾向於某種形式的暴力，即使是對他們自己。

那麼，你是否也看到若望（約翰）這句話的可愛意義：
「我給你們寫信，不是你們不明白真理，而是因為你們明白
真理」（若望一書2:21）。他說的是我們每個人**深植於心的認
知**──如果你願意的話，那是一面內在的鏡子。今天，許多人
稱之為「意識」，而詩人和音樂家可能稱它為「靈性」。先知
耶肋米亞（耶利米）稱它為「寫在他們心頭上」的律法，而基
督徒稱它為「存在於內心的聖神（聖靈）」。對我來說，這些
詞語大多是可以互換的，它們從不同的背景和期望去接近相同
的主題。

在同一封信中，若望非常直接地說：「可愛的諸位，現在
我們是天主的子女，但我們將來如何，還沒有顯明；可是我們
知道：一顯明了，我們必要相似祂，因為我們要看見他實在怎
樣」（若望一書3:2）。我們最終要見到的天主是誰呢？在某種

程度上是存在本身，因為天主是獨一的，根據保祿（保羅）的
說法，「因為我們生活、行動、存在，都在祂內，正如你們的
某些詩人說的：『原來我們也是祂的子孫』」（宗徒大事錄／使
徒行傳 17:28）。

我們與生俱來「與天主的相似性」，取決於天主平等地給
予所有受造物的客觀連結，每個受造物都以獨特的方式攜帶著
天主的基因。歐文‧巴菲德（Owen Barfield）稱這種現象為「原
始參與[3]」。我會稱它為「原始祝福」或「原始純真」（也就是
未受傷害的）。

不管你怎麼稱呼它，「天主的形象」是絕對不變的，人類
無法增加或減少它。我們也無權決定誰擁有、或誰沒有它，到
目前為止，這是我們絕大部分的問題。它是純粹、完整的禮
物，平等地賜給所有人。

但是，當「原罪」的概念進入基督徒的頭腦時，這幅圖畫
就變得複雜了。

聖奧斯定在五世紀首次提出這個想法，但在聖經中從未提
及：我們強調人類生於「罪惡」，是因為亞當和厄娃（夏娃）
吃了「分辨善惡樹」的果子，「冒犯了上主」，上主把他們趕
出伊甸園作為懲罰。這種奇怪的原罪概念，與我們一般對罪的
看法並不相符（我們通常認為罪是個人責任和罪責的問題）。
然而，原罪根本不是我們做的，是**對我們**所做的（從亞當和厄
娃傳下來的）。所以我們有個不好的開始。

3. Owen Barfield, *Saving the Appearances* (Middletown, CT: Wesleyan Uni- versity
Press, 1988), ch. 6.

與此相對的是，世界上大多數偉大的宗教，都是從他們所創造故事中的原初之善（primal goodness）開始的。猶太教－基督宗教傳統在這方面取得了美好的成功，〈創世紀〉告訴我們，天主在〈創世紀〉1章10-22節中五次稱受造之物為「好」，甚至在1章31節稱受造者「很好」。最初對創造的隱喻是一個花園，它本質上是積極、美麗、以生長為導向的，一個需要「耕種和看守」的地方（2:15），在那裡，人類可以赤身裸體地行走而不感到羞恥。

但在奧斯定之後，大多數基督宗教神學從〈創世紀〉第一章的積極景象，轉向〈創世紀〉第三章的較黑暗景象——所謂的墮落，或者我所說的「問題」。基督徒沒有接受上主對人類和創造的總體規劃（我們方濟會稱之為「基督至上」），基督徒縮小了我們對耶穌和基督的形象，我們的「救主」變成了只是一個遲來者，一個對罪這個問題的「答案」，而這個問題大部分是我們自己造成的。這對耶穌來說是非常有限的角色。

拯救我們的是耶穌的**死亡**，而不是他的**生命**！這不是一個小問題。我們所看重的事物的轉變，常常使我們避開了耶穌的生活和教導，因為我們需要的只是他死亡獻祭的事件。耶穌變成純粹的掃蕩罪惡，罪的管理至今仍主導著整個宗教故事。這一點也沒誇大。

在某種程度上，「原罪」的教義是好的和有幫助的，因為它教導我們**不要對我們所承擔的脆弱和創傷感到驚訝**。正如良善是人們與生俱來、彼此共享的，邪惡似乎也是如此。事實上，這是非常仁慈的教導。了解我們共同的創傷，可以使我們擺脫不必要的、個人內疚或羞恥的重擔，幫助我們對自己和彼

此寬容和同情（如果我們願意尋找，通常每個貧乏的神學表述都有光明的一面）。

然而，從歷史上看，原罪的教導讓我們走錯了路——**它以「不」取代了「是」，以懷疑去取代信任。** 我們花了幾個世紀的時間，試圖解決人性核心的「問題」（我們是這樣被教導的）。但如果你是從一個「有問題的預設」開始，你將永遠無法超越這種心態。

從奧斯定在神學上的「不」開始，這個洞只會變得愈來愈深。馬丁·路德（Martin Luther）將人類描繪成「一堆糞便[4]」，約翰·喀爾文（John Calvin）提出「人是全然敗壞的存在[5]」，而可憐的約拿單·愛德華茲（Jonathan Edwards）以譴責新英格蘭人是「憤怒上帝手中的罪人[6]」出了名。難怪基督徒被指責是抱著消極的人類學！

不信任和猜疑的神學表現在各種被誤導的觀念中：一個總是在與自己競爭的世界；對洗禮的習慣性和神奇理解；熾熱地獄的概念；獎勵和懲罰制度；羞辱和排斥所有受傷的人（每個世紀都有不同的定義）；相信膚色、種族或民族優越性。

所有這一切都是以那位的名義進行的，祂說祂不是為「義人」或「有德行的人」而來，而是為「罪人」而來（路加福音15:1-7，馬爾谷／馬可福音2;17，路加福音5:32），並賜給我們

4. Christopher A. Castaldo, *Holy Ground Walking with Jesus as a Former Catholic* (Grand Rapids: Zondervan, 2009), 116.
5. Richard A. Muller, *Calvin and the Reformed Tradition. On the Work of Christ and the Order of Salvation* (Grand Rapids: Baker Acadermic, 2012), 59.
6. Jonathan Edward, "Sinners in the Hands of an Angry God," sermon preached in Enfield, CT on July 8 [74].

「生命，且獲得更豐富的生命」（若望／約翰福音 10:10）。這永遠行不通，而且從來沒有奏效過！

我們慣常是由精英的神職人員來管理罪的神學，當我們由此開始，我們最終會得到一個精神分裂的宗教：耶穌在世上如此仁慈，但他在來世卻施行嚴厲的處罰，在此處寬恕，但此後絕對不寬恕。在這樣的情況下，天主似乎是怪誕的，甚至對偶然的觀察者來說也不值得信任。對基督徒來說，要向自己承認這些可能會很可怕，但我們必須這麼做。我相信這是人們不像以往那樣強烈反對基督宗教的關鍵理由——人們只是不再認真對待它了。

要爬出原罪的洞，我們必須從一個積極和慷慨的宇宙願景開始。慷慨往往受到自身的滋養。**我從未見過一個真正富有同情心或愛心的人，會對人性與生俱來的善沒有基本、甚至深刻的信任。**

基督宗教的故事，必須從對人類和歷史的積極和總體願景開始，否則它永遠無法超越大多數早期人類發展的原始、排他和基於恐懼的階段。我們已準備好進行重大程序修正了嗎？

堅持積極的願景

大腦研究顯示，我們可能天生就專注於問題，而犧牲了積極的願景。人類大腦圍繞著恐懼和問題。我們在事後花很久時間糾結於糟糕的經歷，並花費大量精力來預測未來可能會發生的問題。相反地，積極、感恩和簡單的幸福就像放在加熱的不沾鍋上的乳酪一樣，融化然後立刻滑走。

神經科學家瑞克‧韓森（Rick Hanson）做過相似的研究顯示，我們必須有意識地保持積極的想法或感覺至少十五秒鐘，才能在神經元中留下印記。事實上，整個思維動態被稱為心靈的不沾鍋理論[7]。你可能會說，我們比較受到問題的吸引，而不是解決方案。

我鼓勵你不要簡單地相信我的話，要注意自己的大腦和情緒。你很快就會發現，「消極」是一種有毒的吸引力，無論是工作上的情況、你無意中聽到的帶有犯罪性的八卦，還是朋友生活中發生了不幸的事。能真正擺脫這種傾向是非常罕見的，因為我們大部分時間都被自動反應所支配。

因此，增加真實靈性的唯一方法，是「刻意練習」真正享受積極的回應和感恩的心，而這個好處是非常真實的。通過堅持有意識的選擇，我們可以重新調整我們對愛、信任、幸福和耐心的反應。神經科學稱之為「神經可塑性」。這就是我們增加自由的方式，這肯定是真正靈性的心跳。

大多數人都知道，我們不能帶著恐懼、憎恨、忽視和否認所有可能的威脅和所有其他事物而四處走動，但是很少有人獲得如何避免這種情況的實際教導。有趣的是，耶穌強調內在動機和意圖的絕對重要性，遠高於外在行為，幾乎一半的山上寶訓都在說這個主題（見瑪竇福音 5:20-6:18）。

我們必須——是的，必須——每天、甚至每小時做出選擇，專注於真、善和美。在〈斐理伯書〉（腓立比書）4 章 4-9

7. Rick Hanson, *Hardwiring Happiness. The New Brain Science of Contentment. Calm, and Confidence* (New York: Harmony Books, 2013), xxvi.

節中可以找到對這種旨意的精彩描述，保祿（保羅）寫道：「你們在主內應當**常常**喜樂。」如果你想把這一句寫成田園詩般的「正面思考」，請記住保祿確實是戴著鎖鏈寫這封信的（1:12-13）。他是怎麼做到的？你可以稱之為「心智控制」，我們許多人稱之為「默觀」。

那麼，我們如何先看到、再實踐這種「原善」呢？

保祿再次給了我們一個答案。他說：「現今存在的，有信、望、愛這三樣。」（格林多／哥林多前書13:13）在天主教神學中，我們稱這三種基本態度為「三超德」，因為它們是「分享天主的性體[8]」——由上主白白地給予，或者「注入」到我們的概念中。

在這種理解中，信德、望德和愛德遠比「四樞德[9]」更能定義一個人，「四樞德」是我們隨著年齡增長而學到的各種良好德行。這就是為什麼我不能放棄東正教或天主教的世界觀，因為儘管他們有不少論述都很貧乏，但他們仍然為人類提供了基礎的**積極的人類學**（儘管許多人因為缺乏優良的教理培訓，從未瞭解過梵二後《天主教教理》如何說！）而不僅是提供一場道德價值的競賽，而那總是不穩定和令人沒安全感的。

從一開始，信、望、愛就深植於我們的本性中——事實上，它們就是我們的本性（羅馬書5:5, 8:14-17）。**基督徒的生**

---

8. US Conference of Catholic Bishop, *Catechism of the Catholic Church* (New York: Doubleday, 1995), 538。（審訂者注：這裡的中譯文來自：中文《天主教教理》1812~1829 條，431~435 頁）

9. 審訂者注：四樞德是智德、義德、勇德、節德。見：中文《天主教教理》1804~1811 條，429~431 頁。

活，就是活出我們本來的身分（若望一書 3:1-2，伯多祿／彼得後書 1:3-4），但我們必須喚醒、允許和推動這個核心身分，有意識地對它說「是」，並把它作為一個可靠和絕對的來源[10]。同樣地，「形像」必須成為「相像」。即使是好的神學也很難彌補糟糕的人類學。如果人是「一堆糞便」，即使是「基督的雪」也只是遮蓋它，不會使它消失。

對天主植入給我們的信德、望德、愛德說「是」，在天人關係中扮演至關重要的角色；人的自由很重要。聖母瑪利亞所說的「是」，對天主子降生成人（道成肉身）的事件至關重要（路加福音 1:38）。上主不是不請自來的。如果沒有我們這邊開口，上主和恩寵就無法進入，不然的話，我們就只是機器人。上主想要的不是機器人，而是自由選擇愛、並以愛回應的戀人。在朝向那個至高無上目標的旅程中，上主非常願意等待、勸誘我們。

換句話說，**我們很重要**。我們必須選擇相信現實，甚至相信我們自己的身體，也就是最終要信任自己。不信任自己無疑是我們經常犯的罪之一。然而，有這麼多講道者告訴我們**永遠不要**相信自己，**只要**相信上主。這實在太二元論了。一個不信任自己的人，怎麼可能知道該如何信任呢？信任就像愛一樣，是一體的（順便一提，在歷史中，關於這一點，「信任」可能是比「信仰」更有用和更能描述的詞彙，「信仰」這個概念已變得過度濫用、理性化、甚至平庸了）。

在實際排序中，當我們能夠發現、並擁抱深植於我們內在

---

10. 在《不朽的鑽石》書中我有詳細說明。

的這三種態度或美德，我們就找到了自己的原善：

> 信任內在的一致性本身。「它總有某種意義！」（信德）
> 信任這種一致性是正面的，並朝著好的方向前進。（望德）
> 信任這種一致性包含了我，甚至定義了我。（愛德）

　　這是靈修生活的基礎。我們有能力做到這種信任和順服，這是人類良善和聖潔的客觀基礎，它需要我們日復一日地重新選擇，以免我們繼續滑向憤世嫉俗、扮演和造成受害者，然後還一起自憐。沒有哲學、政府、法律、常理可以完全提供或承諾我們這種態度，但福音可以，而且確實做到了。健康的宗教有能力為我們提供人類良善和尊嚴令人信服且具有吸引力的基礎，並向我們顯示建立在此基礎上的方法。

　　在每個時代和文化中，我們都看到了種族主義、性別歧視、恐同症、軍國主義、容貌歧視和階級主義等倒退。這種模式告訴我，除非我們認為尊嚴從一開始就是由天主普遍而客觀地給予的，否則人類會一直認為這是由我們來決定的。然而悲慘的歷史顯示，不能相信一個群體會把價值和尊嚴分給另一個群體。我們的標準往往是自我參考用的，因此具有高度的偏見，無權勢的弱勢團體總是輸家。即使美國光榮的《獨立宣言》指出「造物主賦予所有人某些不可剝奪的權利」，到現在為止，占大多數的白人也沒有立即平等地分配這些權利。

　　我們只能依靠**與生俱來的原善和普遍共有的尊嚴**，使地球和所有生物繼續前進。只有如此，我們才能建設，因為基礎是

牢固的，而且本身是優質的。當然，這就是耶穌告訴我們「相似一個建築房屋的人，掘地深挖，把基礎立在磐石上」（路加福音6:48）的意思。當你以「是」（或積極的願景）來開始，你比較有可能帶著慷慨和希望繼續前進，也有更大的機會以更大的「是」來結束。套一句耶穌的話來說，試圖建立在「否」之上，就是「建立在沙子上」。

如果說，我們這後現代世界似乎高度受制於憤世嫉俗、懷疑主義和它所不相信的事物，如果我們現在生活在一個後真相的國家，那麼我們「信徒」至少要為社會文化朝向這個可悲的方向承擔部分責任。**對壞的事物作出最好的批評，仍然是較好的做法。**對立的能量只會創造更多相同的能量，要解決所有的問題，首先必須以積極和總體的願景來引導。

我們必須重新建構基督宗教的救恩理念，從**原善**的真正起點開始建構。我們必須把耶穌這個包容的救主重新喚回，希望祂不再是一個充滿排他性的法官。希望祂真正是能將歷史故事凝聚在一起的基督，真正是宇宙的阿耳法（阿爾法）和敖默加（歐米茄）。然後，歷史和每個人都可以生活在集體安全和有保障的成功中。有些人會稱這才是救恩的形態。

第 5 章

———◆———

愛就是意義

要知道，愛就是它的意義。

誰向你透露這一點？愛。

他透露了什麼？愛。為什麼？為了愛。

留在這裡面，你會知道更多相同的事。

——諾理奇的朱利安，《演出》（*Showings*）

對接受過古生物學和地質學培訓的法國耶穌會神父德日進（Pierre Teilhard de Chardin, 1881-1955）來說，愛正是宇宙的物理結構。

這是一個非常大膽的聲明，特別是對一個科學家來說。但對德日進神父來說，重力、原子鍵、軌道、週期、光合作用、生態系統、力場、電磁場、性、人類友誼、動物本能和進化都透露了一種能量，這種能量正在吸引所有的事物和生物相互吸

引，朝著越來越複雜和多樣性的方向發展——然而諷刺的是，它也在更深層次上走向統一。這種能量很簡單，就是**許多不同形式的愛**（你可以使用其他詞語，如果它們更適合你）。

在這一章中，我想談談關於愛的基本力量，以及耶穌（同時也是基督）如何讓我們看見愛，並更完全地參與其中。

關於天主（上帝），愛告訴了我們什麼

愛，可以稱為萬物對萬物的吸引力，是一種通用語言和潛在的能量，就算我們盡最大努力去抗拒它，它仍會不斷顯現出來。

愛是如此簡單，以至於很難用語言來教導，但當我們看到它時，我們都知道它。畢竟，沒有印度教的、佛教的、猶太教的、伊斯蘭教的或基督宗教的愛的方式，沒有衛理公會、信義宗或東正教經營慈善廚房的方式，沒有同性戀或異性戀的虔誠方式，也沒有黑人或白人擁有盼望的方式。當我們看到愛時，我們都知道是正向流動，就像當我們感受到拒絕和冷漠時，我們也都知道。其餘的一切都只是標籤。

當我們真正「陷入愛中」的時候，就會走出我們渺小、個別的自我，與另一個人結合，無論是交往關係、簡單的友誼、婚姻或任何其他信任關係。你有沒有刻意和一個獨自站在派對邊上的人交朋友，也許是一個對你沒有吸引力的人，或者與你沒有共同興趣的人？這將是天主之愛流動的一個小而真實的例子。不要認為它微不足道。這就是流動的開始，即使相遇不會當場改變任何人的生活。為了超越我們心胸狹隘的單一性，我

們必須向外擴展自己，我們的自我總是認為這是一種威脅，因為這意味著我們要放棄自己與他人的分隔、放棄我們的優越感和控制權。

男人在這方面似乎特別困難。多年來，我有幸主持了許多婚禮。其中有三次，當我準備讓夫妻交換誓言時，新郎居然暈倒在地上，但我從未見過新娘暈倒。對於受到良好保護和限制的男性自我來說，沒有什麼比「直到死亡才將我們分開」這句話更大的威脅了（我相信女性也有她們的阻礙）。這也許就是為什麼這麼多的文化創造了各種入門儀式，教導人們如何信任、放手和順服[1]。

愛是一種自相矛盾。它通常涉及做出明確的決定，但在其核心，這不是思想或意志力的問題，而是**心甘情願允諾和交換的能量流，無需付出回報**。當然，天主之愛就是這種人類之愛的範本，而人類之愛是與天主之愛相遇的不可或缺的學校。如果你從未體驗過人類的愛——達到犧牲、寬恕和慷慨的地步——你將很難接近、想像、甚至體驗天主的那種愛。相反地，如果你從來沒有讓天主以祂深刻和微妙的方式愛你，你將無法知道怎麼以你的能力用最深刻的方式去愛另一個人。

愛不斷地為所有相關全體的福祉創造未來的可能性——尤其是當事情出錯時。愛允許和容納人類經驗中的一切，無論是好的還是壞的，**沒有其他東西可以真正做到這一點**。沒有。愛不可阻擋地向下流動，繞過每一個障礙，就像水一樣。愛和水

---

1. 詳情請見我的書：*Adam's Return: The Five Promise of Male Initiation* (New York: Crossroad, 2004).

不尋求更高處，而總是尋找較低處。這就是為什麼寬恕往往是愛在行動上最有力的表現。

當我們寬恕時，我們承認有些事情其實需要寬恕（一個錯誤、一個冒犯、一個差錯），但我們不是回到生存模式，而是讓冒犯方不再需要被懲罰或相互指責。透過這麼做，我們見證了**永遠復活和永遠充滿愛**的基督，祂總是「在你們以先往加里肋亞去，在那裡你們要看見祂」（瑪竇／馬太福音28:7）。不寬恕，就等於生活在重複的過去中，無法放手。寬恕是廣大的靈魂，沒有它，就沒有未來或創造性的行動——只有一直重複舊的故事，記住傷害，越來越抱持受害者心態，對所有相關人員的指控不斷增加。

對愛的渴望和準備，就是最終的自由和未來。當你被納入天主之愛的廣闊空間時，就無法容忍人類的懲罰、復仇、輕率的判斷或呼籲應受報應。我們在復活的基督身上看不到這種狹隘的思想，即使在祂被拒絕、背叛和殘酷死亡之後——甚至在祂的核心圈子、或在整部《新約》中，我們都看不到。我真的無法想像比這更大、更寬廣的生活方式。耶穌的死亡和復活改變了歷史的遊戲規則，因此，我們會依照他的一生來標記日曆上的日期，也就不足為奇了。

> 被釘在十字架上並復活的基督，
> 利用過去的錯誤來創造積極的未來，
> 一個救援而不是報應的未來。
> 祂不會消除或懲罰錯誤。
> 祂將它們作為轉化之用。

由這種愛所形塑的人是堅不可摧的。

寬恕可能是天主的良善在人類身上產生最好一面的最佳描述。

覺醒

在最好的情況下，宗教幫助人們將這種基本的天主之愛帶入不斷增長的意識中。換句話說，與其說是清理，不如說是覺醒。早期宗教往往側重於清理，也就是決定誰符合道德行為和宗教信仰的要求。

但是，耶穌拒絕執行、甚至不關心他認為次要的問題（例如安息日、儀式律法、守貞守則、入門資格要求、債務法則等等），從而破壞了整個機制。祂看它們只是「人類的誡命」，它們太常取代愛了（見瑪竇福音 15:3, 6-9）。或者，正如祂在另一個地方所說的那樣：「你們經師和法利塞假善人！因為你們捐獻十分之一……卻放過了法律上最重要的公義、仁愛與信義；這些固然該作，那些也不可放過。」（瑪竇福音 23:23）清理是覺醒的結果，但我們大多數人都本末倒置。

難怪猶太同胞必須殺死耶穌，就像今天許多天主教徒希望消滅教宗方濟各一樣。一旦你覺醒，就像耶穌和教宗方濟各一樣，你會知道清理是一個持續的過程，不同的人有不同的時程表，圍繞著許多不同的問題和非常不同的動機。這就是為什麼愛和成長需要辨別力，而非強制的執行力。

涉及到實際的靈魂工作時，大多數監督和服從的嘗試，基本上都是無用的。我花了大半輩子的時間作為一名聽告解的神

父、諮商師和靈修導師，才能在這方面保持誠實，而且對人們有真正的幫助[2]。單純的服從，對真愛而言，通常是繞道而行。服從通常是關於清理，而愛是關於覺醒。

在這一點上，至少在美國，顯示出我們的文化意義似乎已經縮小到這樣：**一切都是為了贏**。然後，一旦你贏了，它就變成了消費。在當今美國的生活秩序中，我看不出其他更深層次的哲學。就其本身而言，這樣的世界觀不能很好或長期地滋養靈魂，更不用說要提供意義和鼓勵，或產生愛和充滿靈性的團體。

為了深入瞭解更賦予生命的世界觀，我們可以看看聖經和智慧的聖徒，如諾理奇的朱利安，我以她寫下的「愛就是它的意義」開啟這一章。依我多年來對宗教人士和非宗教人士的諮商經驗，大多數人需要一個愛的對象，成為保持他們快樂和心智健全的泉源。這種愛的對象成為我們的「北極星」和道德的指南針，也成為我們以快樂和充滿希望的方式一步步向前的理由。

所有人都需要某人或某事來連結我們的心與腦。愛透過創造焦點、方向、動機、甚至快樂來成為我們的立足點——而如果我們在愛中找不到這些，我們通常會試圖在仇恨中找到它們。在今日，你是否看到了人們這種需求未能得到滿足的後果？我看見了。

我常看到年輕父母積極、專注、為了目標而感到幸福地辛勤工作。他們的新生兒成為他們的北極星，他們非常清楚地知

---

2. 詳情請見我的書《踏上生命的第二旅程》（中譯本為啟示出版）。

道為什麼每天早上要醒來。這就是上主給的本能，我們可稱之為「敬拜的需要」，意思是生活中需要一個首要的焦點、方向和目的，或者希伯來經文所描述的「除我之外，你不可有別的神」（出谷紀／出埃及記20:3）。

為人父母和家庭是學習「愛的本能」的主要學校，而且永遠都是。它們是基本的容器，在其內，靈魂、心智、身體、甚至思想都可以蓬勃發展。因此，我們離開一個家庭只為了創造另一個家庭。我曾在監獄工作了十四年，我看到囚犯甚至試圖在監獄裡建立家庭。那裡許多人堅持叫我「父親」，叫他們最好的朋友「兄弟」！對於安全的基礎和反射的需求從未停止。

人類似乎想要或需要某個事物（或某個人）讓我們可以全然付出自己，某個能使我們感情集中和專注的東西。正如蘇菲派詩人和神秘主義者魯米（Rumi）所說，我們至少需要一個地方，在那裡我們可以「跪下來親吻地面[3]」。或者正如法國修士艾洛伊‧勒克萊爾（Eloi Leclerc, 1921-2016）優美地釋義聖方濟（Francis）所言：「如果我們知道如何敬拜，那麼沒有什麼能真正擾亂我們的和平。我們將在如大河般的寧靜中環遊世界。但前提是我們得知道如何敬拜。[4]」

當然，敬拜是對完美事物最終的回應。但愛的本質在於：它也教會我們如何把自己奉獻給不完美的事物。你可能會說，**愛是敬拜的訓練場。**

---

3. Coleman Barks, tran., *The Essential Rumi* (New York: HarperCollins, 1995), 36.
4. Eloi Leclerc, *The Wisdom of the Poor One of Assisi,* trans. Marie-Louise Johnson (Pasadena, CA: Hope Publishing House, 1992), 72.

「愛讓我這麼做！」

在某些方面，我們投射感情的對象是任意的，可以從對高爾夫、一間乾淨的房子、你的貓，或者渴望為自己培養某種聲譽開始。的確，對象的廣度最終將決定愛的廣度，但天主會使用任何事物來讓你開始、專注並繼續堅持。只有極少數人真正以天主作為開始這段旅程的對象。這完全是意料中的事。**天主不會與現實競爭，而是與現實充分合作。**

所有人類所愛的、所全神貫注的、有熱情的事物，都可以啟動泵浦，我們大多數人只有及時啟動，才能發現愛的第一個也是最後一個來源。天主顯然是謙卑的，似乎並不在乎是誰或是什麼事物得到了這份功勞。無論是什麼，只要能為你引發愛的流動——在那個當下與愛相遇，對你來說**那就是天主**！我不會在沒有神學基礎的情況下這麼說，因為我的天主聖三信仰告訴我：天主本身就是關係。聖三的三個「位格」的名字並沒有他們之間的關係那麼重要。這就是所有力量的所在。

根據福音書中關於耶穌醫治的記載，我們發現，誰得醫治、誰不得醫治，明顯地缺乏邏輯。經文中沒有任何記載說是否治癒取決於這個人的價值。有時，接受醫治的患者自己並沒有要求醫治，耶穌必須問他們是否想要被醫治（若望／約翰福音5:6）。但不知何故，在這些記載中，耶穌能在某些人身上**完成天主性（神性）電力的循環**，有時他醫治了他們的身體，也總是醫治了他們的靈魂。

不要誤以為這種電流是從耶穌流到被醫治的人身上。耶穌一直拒絕被歸納為神蹟的創造者，他從惡名和聲譽中逃脫。

這就是為什麼在治癒人之後，祂從不說：「我以神奇的力量治好了你。現在加入我的宗教吧！」相反地，他通常會這麼說：「你的信德救了你，現在平安去罷！」（瑪竇福音 9:22，馬爾谷／馬可福音 5:34，路加福音 8;48）我認為人類比較喜歡神奇的宗教，它把所有的責任都放在神明「執行」或「不執行」上，而成熟和轉化的宗教要求**我們**參與、合作和改變。天主跳的舞總是和一位舞伴共舞的雙人舞。

耶穌讓被醫治的人重新依靠他們自己，從不讓他們對他產生依賴或相互依賴，以免他們因而無法得到自己的力量。所有人都必須學會從自己內在的**聖神**（聖靈）中汲取靈感，從長遠來看，那是唯一能幫助他們的東西。耶穌給了他們勇氣，讓他們信任自己的「內在基督」──而不只是信任自己的外在表現。去重讀福音書，看看這一點是否屬實！

> 你可以說，「永恆的基督」是天主能量進入這世界的超導體。耶穌降低了他的歐姆（電阻單位），這樣我們就可以透過一般人類的媒介接受並處理天主的愛。

為了完成**天主之愛**的循環，我們經常需要一個敬畏的時刻、一個喚起電傳導的人、一些我們可以深深尊重的事物（或者可以稱之為「父親」、「母親」、「戀人」或只是「美好」）。只有這樣，我們才能找到勇氣和信心，從我們這邊完成上主的迴路。這就是為什麼人們知道他們不單單是「選擇」了愛；他們是陷入愛中、允許愛，然後接受愛的強烈力量。你參與這個流程的證據通常看起來是兩面的：**你失去了控制，同時找到了愛。**

當伯多祿（彼得）熱情地告訴耶穌：「你是默西亞，永生天主之子。」耶穌接著告訴他，「血肉之軀」（意思是依人類的邏輯或憑著我們自身的努力）無法讓你得出這個結論，「因為不是肉和血啟示了你，而是我在天之父[5]」。

同樣地，當我看到我一生中試圖去愛的人事物時，我不得不說：「是他們讓我這麼做的！」正是與生俱來的善、內在的美、脆弱、深刻的誠實，或從另一邊而來的慷慨的聖神（聖靈），把我從自己身上抽出來，走向它們。在非常真實的意義上，我沒有「開始」愛他們，相反地，愛是從我身上被拿走的，愛是從我身上被他們拉了出來的！

> 恩典就是當我們允許它而不是抗拒它時，事物自然的愛的流動。任何切斷或限制那份愛之迴路的事物，就是罪。我們時不時都會犯罪。
> 然而，偶爾的停電可以幫助你理解到你有多需要這份不勞而獲的愛，並深深地依賴它。失敗是這個迴路的一部分！

在天主的雙人舞中移動

讓我進一步引用德日進神父的著作《神的氛圍》（Divine Milieu），請記得，人類不會輕易投資事物，除非這些事物以某

---

5. 瑪竇福音16章16-17節。另見羅馬書8章28-29節，保祿（保羅）說，是「合作者」、「因為他所預選的人，也預定他們與自己的兒子的肖像相同，好使他在眾多弟兄（和姐妹）中作長子」。

種方式將他們包括在內：

> 天主不會將祂自己作為一個完全完整並準備好被擁抱的物件，獻給我們這種有限的存在。對我們來說，祂是永恆的發現和永恆的成長。我們越是認為我們瞭解祂，祂就越揭示自己全然不是這樣。我們越是認為我們抓著祂，祂就退得越遠，並把我們拉進祂自己的深處。[6]

這很符合我自己對天主的體驗。天主與人的愛情確實是一種互惠的舞蹈。有時，為了讓我們向前走，另一方必須退開一點。退後只是片刻，目的是把我們拉向他或她——但當時的感覺並非如此。我們感覺自己的伴侶正在撤退，或者只是感覺像在受苦。

上主也創造了「撤回」，正如許多神秘主義者和聖經所說的「隱藏他的臉」。上主創造了一個真空的空間，只有上主才能填滿。然後，上主等待著看我們是否會相信我們的夥伴——也就是祂，祂最終會填補我們內心的空間，而我們內心的空間現在已變得更加寬敞和易於接受。

這是黑暗的中心主題，是必要的懷疑，也是神秘主義者所說的「上主撤回祂的愛」。他們知道，像痛苦、沮喪、無用的感覺——這些上主沉默的時刻——往往是上主對我們與祂建立親密關係的深刻信任和邀請（當全世界震驚地發現，德蕾莎修

---

6. Pierre Teilhard de Chardin, *Divine Milieu* (New York: Harper & Row, 1965), 139。（審訂者注：《神的氛圍》中文本，由鄭聖沖神父譯，台北光啟出版社 1996 年初版二刷）

女經歷多年的心靈黑暗和在世俗看來像是憂鬱症的情況時，顯示了人們對這一點認知甚少。但事實絕非如此）。

我必須在此對你誠實地談論我自己的生活。在過去的十年裡，我幾乎沒有靈性上的「感受」，既不感到安慰，也不感到孤寂。大多數時候，我不得不簡單地選擇去相信、去愛和信任。人們單純的善良和感激之情在我內心產生了短暫的「好的感受」，但即使感受到這種善良，我仍不知該如何堅持下去。它就像不沾鍋上的乳酪一樣從我的意識中滑落！

> 但是，上主獎勵我的方式就是讓祂獎勵我。
> 這就是我們稱之為恩典的神聖雙人舞：
> 我正在做，但我也沒有在做；
> 它正在對我做，但也是由我所做的。
> 隨著時間，我們會漸漸辨認出，在舞蹈中帶領的那個
> 總是上主。

什麼樣的天主會只從外面推，而不從裡面吸引呢？然而，這就是我們大多數人被教導的片面的天主，所以現在世界上許多人都拒絕了祂。

當我們談到基督時，是在談論一個不斷增長的相遇，而不是一個固定的包裝，它是全然完整的，而我們必須原封不動地接受。在靈魂內在的旅程中，我們遇到了一位與我們最深的自我互動的天主，祂使人成長，允許和原諒人的錯誤。正是這種給予和接受（而且我們知道將會持續給予和接受）使天主像**戀人**一樣真實。祂透過持續增加自由——甚至是失敗的自

由——從內在展開你的人格。愛不能以任何其他方式發生。
這就是為什麼保祿（保羅）在聖經中高聲說：「基督解救了我
們。」（迦拉達／加拉太書5:1）

　　再次記住，**天主藉由成為你來愛你**。當你在自我指責和進
行防禦性的內心對話時，祂站在你這邊。天主愛你，把你的錯
誤變成恩寵，持續地把你以更大的樣子還給自己。當你受了誘
惑而感到羞恥或自我憎恨時，天主與你同在，而非反對你。如
果你所信任的人從沒為你這麼做，那麼你很難感受或信任這樣
的愛[7]。但你必須在細胞的層面上去體驗這種愛，至少一次（記
住，唯一能將你與天主分開的是「你與天主分離」的這種想
法！）。

　　每一個試圖描述上主的行為或看似不作為的行為，總是
關乎一段關係、關乎人與人之間、關乎愛——並且完全包含了
你。在基督的奧秘中，這種管理整個物質世界的合一之愛，讓
我們瞭解到，如果不是你最看重的事物牽涉在內，你就永遠無
法體驗上主。這很難想像，不是嗎？

　　那些懷疑基督奧秘的人從未要求過這種體驗，或者他們需
要足夠的愛才能要求它。而那些開口祈求的人總是知道，也因
此得到（瑪竇福音7:7）：「你們縱然不善，尚且知道把好的東
西給你們的兒女，何況你們在天之父，豈不更將好的賜與求他的
人。」（7:11）人類的愛是「試跑」，**天主的愛**永遠是目標。但它
只能建立在所有人際關係的墊腳石上——然後包含他們全部！

7.事實上，一直到最近，威脅和懲罰還是相當普遍的育兒方法，這當然無濟
　於事。

接受愛，讓我們知道確實有一個給予者。甚至，要求愛的自由，也是接受的開始。因此，耶穌可以理所當然地說：「你們求，必要給你們。」（瑪竇福音7:7-8）

祈求是從你這邊打開管道。
你的祈求只是接受這個提案。
第一個動作總是來自天主。

第 6 章

—●—

神聖的整全

的確，我的生命是一長串的傾聽，
對我自己、對別人、對上帝，都是如此。
　　　　——伊迪・賀樂孫，《被打斷的生活》
　　　　　　　　（*An Interrupted Life*）

　　伊迪・賀樂孫是一位年輕的猶太女性，於一九四三年在奧斯威辛集中營遇害，她為我們所有人提供了一個非基督徒見證普世基督奧蹟的重要例子。

　　在被納粹囚禁之前，伊迪一直是一個相當現代的女性，她不懼怕談論生死，也不懼怕談論性和其他感官的快感，就像她最終面對死亡一樣。雖然她不是基督徒，但以對基督徒的最佳詮釋來說，她具有基督徒的高度靈性。她是個極端的現實主義者，不自憐，而且擁有一種幾乎不可能存在的自由，她沒有責

備、憎恨或將內心的焦慮投射到其他地方的需求。

我不想偏坦她，但我認為，伊迪是神學家卡爾・拉內（Karl Rahner）會稱之為「匿名基督徒」的人，比我所認識的大多數基督徒都更能解開天主子降生（道成肉身）的潛在奧秘。這樣的人，比基督徒所想像的要多得多，儘管他們並不需要「匿名基督徒」這個稱謂。

隨著納粹開始對猶太人的種族滅絕運動，伊迪的未來變得越來越不確定，她在日記中反覆呼求上主，她並不認為上主是外在的救世主，而是**在她內心可以扶助和餵養她的力量**。她尊敬並愛上了這股看似無能為力的力量（這就是被釘在十字架上的耶穌的精確涵義）。聽聽這些她對上主所說話語的力量：

> 唉，對於我們的情況，關於我們的生命，祢似乎無能為力。我也不要求祢負責。祢無法幫助我們，但我們必須幫助祢並捍衛祢在我們裡面的居所，直到最後。[1]

在她被送到奧斯威辛集中營前不久，她寫了一封信給在威斯特伯克（Westerbork）臨時難民營裡的一位摯友，她以我在上一章中談到的信、望、愛為出發點，寫道：

> 不管如何，你總是以同樣堅定的信念結束：生活畢竟是美好的，有時候事情出錯不是上主的錯，原因在於我們自己。而那就

---

1. Etty Hillesum, *Etty: The Letters and Diaries of Etty Hillesum, 1941–43* (Grand Rapids: William Eerdmans Publishing, 2002), 488.

是一直伴隨著我的信念，即使是現在，即使我即將和全家人一起被打發去波蘭。[2]

在另一個地方，她寫得十分令人費解，好像她是個與我們不同種的人類：

在鐵絲網後面的這兩個月，是我生命中最豐富、最有強烈情感的兩個月。在這兩個月裡，我最高的價值觀得到了如此深刻的印證。我學會了去愛威斯特伯克臨時難民營。[3]

像這樣的反思（尤其是考慮到當時的情況），使伊迪成為我們對「神聖的整全」完全深刻的表達，如同聖文德（Saint Bonaventure）所說的，這是一種「對立的巧合」。一個平凡的人該如何實現這種對立的結合——比如內在的接受和外在的抵抗、強烈的痛苦和完美的自由、我的小我和無限的天主、感官慾望和強烈的靈性、責怪某人的需要和不責怪任何人的自由？伊迪·賀樂孫像我研究過的幾個人一樣，展現了這種能力。這樣的人要不是人類意識和文明的先鋒，就是精神錯亂。他們肯定遠遠超越了任何正式的宗教。

伊迪·賀樂孫的例子僅僅顯示基督的另一個功能：一個普遍存在的「聲音」呼召萬物，使它們自己**變得完整和真實**。從表面上看，天主在這個方向上的兩個主要工具似乎是偉大的愛

2. 同上，608。
3. 同上，520。

和巨大的苦難——而偉大的愛往往導致巨大的痛苦。

　　生命中最大的諷刺是，基督的聲音總是透過那些看似不完整、又不真實的事物來傳達，並且與它們緊緊相伴！天主堅持要把看似消極的事物納入其中。毫無疑問，天主允許苦難。事實上，**天主似乎不是透過消除障礙，而是藉由使用它們來引導我們走向我們自己的整全之路。**

　　大多數的小說、歌劇和詩歌都以各種方式傳達了相同的訊息，但當我們在自己渺小的生命中體驗到它時，仍然會感到震驚和失望。但除了愛和痛苦（這兩者總是付出或經歷再多都永遠嫌不足夠）之外，我看不出人類有其他方式可以重新調整、重置或改變生命的路線。我們為什麼要這麼做呢？

製造整全的本能

　　著名的瑞士精神科醫師和精神分析學家卡爾‧榮格（Carl Jung, 1875-1961）對他的基督宗教傳統抱持高度的批評態度，因為他沒有在他認識的基督徒身上找到太多的轉變——他稱之為「製造整全[4]」（whole making）。相反地，他看到的是一種宗教傳統，這種傳統已經變得注重外在、道德主義，在實際改變人或文化方面都無效。他自己的父親和五個叔叔都是瑞士改革宗的牧師，榮格發現他們都是不快樂和不健康的人。我不確定他這種看法的確切證據是什麼，但顯然這讓榮格感到幻滅。他

---

4. John P. Dourley, *Paul Tillich, Carl Jung and the Recovery of Religion* (New York: Routledge, 2008), 171.

不想成為像他生命中的那些宗教人士一樣。

　　然而，榮格既不是無神論者，也不是反基督宗教者。他堅持認為，我們每個人都有內在的「上帝原型」或是他所謂的「製造整全的本能」。上帝原型是你的一部分，它透過深刻接受真實、平衡對立、對自我單純的同情心以及識別和原諒自己陰暗面的能力，驅使你走向更大的包容性。對榮格來說，我們所有人都該接受，這樣的整全不應與任何所謂的道德完美相混淆，因為道德主義與自我和否定內在弱點緊密相連。我非常同意他的看法。

　　在榮格對父親和叔叔們的批評中，他認識到許多人已成為他們所崇拜的懲罰性上主所反映出來的樣子。一位寬恕的上主使我們能夠從壞中辨識出善，從所謂的完美或理想中認識到壞事。**任何將上主視為專制或懲罰性的觀點，都會可悲地阻止我們承認這些表面上矛盾的看法**。這將讓我們否認真實的自我，迫使我們生活在自己生活的表面。

　　如果上主是一個令人羞恥的人物，那麼我們大多數人自然會學會否認、轉移，或將這種羞恥傳給其他人。如果上主是一個虐待者，那麼懲罰性和道德主義的社會就會被徹底驗證有效。那樣一來，我們又回到了「解決問題」的宗教，而不是使人得到醫治和轉變的宗教。

　　對榮格來說，整全是關於和諧與平衡，是一種保持運作而非排除運作的方式。但他認為這種意識是昂貴的，因為人類更喜歡透過各種形式的否認、道德化、成癮或投射來處理生活中的緊張。榮格說，在一九三〇年代的歐洲，這塊所謂基督宗教的大陸，有太多打壓、否認和投射的黑暗素材，以至於另一場

大戰幾乎不可避免。可悲的是，他的預測最終完全正確。

我不認為榮格有觸及我對耶穌和基督所做出的區別。更有可能的是，他會像現在大多數人一樣互換使用這兩個詞。但是，如果我對他的理解是正確的，他的上帝原型可以教導我們一些關於基督奧蹟的重要訊息，並使我們參與其中。他明白，**通向整全的整個旅程，必須包括那些我們通常拒絕接受的負面體驗**（也就是所謂的「十字架」）。 在這一點上，榮格比那些稱他為反基督宗教的批評者更像一個基督徒。

我們內在的偉大聲音

為了跟隨自己的整全之路，伊迪·賀樂孫和卡爾·榮格都信任並傾聽上主在他們最深處**自我**的聲音。許多受過教育和見多識廣的人不願意屈服於這種間接的、顛覆性和直覺性的認知，這可能就是為什麼他們過分依賴外在的律法和儀式行為來實現他們的靈性目的。他們不知道其他客觀和紮實的事物。

我們大多數人都不願意將直觀的真理、內在創造整全的本能、感覺上太像我們自己的**思維與感受**稱為「上主」，即使那個聲音促使我們走向同情而非仇恨，寬恕而非怨恨，慷慨而非吝嗇，大器而非小器。但想想看：如果天主降生（道成肉身）是真的，那麼上主當然是透過你自己的思維對你說話！正如聖女貞德在法官指責她是自己想像下的受害者時，她那出色的回答：「天主還能用什麼其他的方式對我說話呢？」

我們當中的許多人都被訓練，只將這些內心的聲音視為情感、宗教薰陶下的產物，或是一種心理操縱，因而抹滅它。也

許有時是這樣，但通常不是。天主所說的話似乎被放在現代和後現代人的尊嚴之下。諷刺的是，這句話只對了一半。賀樂孫如此尊敬內心的聲音，而榮格體驗到我們通常隱藏起來、最深沉的自我，那是我們大多數人都不會去的地方。它確實在理性意識「之下」說話，一個只有謙卑之人（或受過訓練的人）才知道該怎麼去的地方。

有一次，榮格寫道：「我的朝聖歷程是爬下一千級梯子，直到我終於可以向這個地球上渺小的人類伸出友誼之手。[5]」榮格，一個被認為是不信上主的人，知道任何經歷上主的真實體驗，都需要大量的謙卑和誠實。驕傲的人不能認識天主，因為天主不是驕傲的，而是無限謙卑的。記住，物以類聚！結合謙卑和耐心的尋求，是最好的靈修實踐。

這就是擁抱基督奧蹟變得極為實用的地方。**沒有基督從中斡旋，我們將受到誘惑而過分強調上主與人類間的距離和區別**。但是，由於天主子降生，超性永遠嵌入本性中了，使得這種把二者區分開來的做法本身就是個錯誤。這有多好？這就是為什麼像聖奧斯定、聖女大德蘭和卡爾·榮格這些人，在發現自己的靈魂時，就等同於發現上主。這需要我們用生命中大部分的時間和很多生活經驗，來信任和允許這樣的一個過程。但當它到來時，那感覺像是**擁有一種平靜和謙卑的能力，可以默默地相信自己，同時也相信上主**。這難道不是我們都想要的嗎？

---

5. *C. G. Jung Letters, vol. 1*, selected and edited by Gerhard Adler (London: Routledge, 1972), 19, n. 8.

　　如果你能相信並傾聽這個內在的天主形象、這種創造整全的本能，或者我在前幾本書中所說的「真我[6]」，你將帶著你最好、最大、最善良、最包容的自我向前行（我還應該加上「你最富有同情心的、最不能滿足的自我」，因為靈性旅程邀請我們進入我們永遠無法完全探索到的無限深度！）。正如奧斯定所說：「一個暫時性的東西在我們擁有它之前就被愛了，當我們得到它時，它就變得毫無價值，因為它無法滿足靈魂……但越熱烈地愛著永恆，就會獲得越多。靈魂在品嘗過永恆之後，就會發現它更珍貴。[7]」我很確定，這就是驅使伊迪・賀樂孫更深入、更向前探索的原因。

　　靈性的滿足以自身為食，它們自己成長，創造整全，最終成為它們自己的回報。雖然物質的滿足肯定不是壞事，卻會有上癮的傾向，因為它們不但沒有讓你變得整全，反而是反覆地提醒你，你自己是多麼不完整、貧乏和空虛。正如酗酒者常這麼說：你的「成癮讓你越來越需要那些起不了作用的東西」。

　　然而，靈性的滿足通常會以物質、具體和出神的形式傳達給我們。具體的形式是好的和必要的，但不要太快誤以為它是「肉體的」。區別就在於我們如何與這些事物相遇。如果我們能夠滿足於享受、觀察、參與它們，它們就會帶給我們持續的快樂，它們就是為人解惑的那隻指向月亮的手指。但是，一旦我們試著佔有、捕捉或「擁有」月亮或任何物質的東西，把它拉到我們的自我控制中，它就會以某種方式受到汙染。社會科學

---

6. 請參閱：《不朽的鑽石》（啟示出版）。

7. Augustine, *On Christian Doctrine* 1. 38.42, in *Readings in Classic Rhetoric* (New York: Routledge, 2008), 184.

家說，打開實體禮物的興奮感，會在幾分鐘內消失。

　　事實上，你不能只為自己消耗屬靈的恩賜，你必須溫柔而微妙地接受上主所有的話語，這樣你才能溫柔而微妙地向別人講述這些話。我甚至會說，任何過於虛張聲勢、過度保證、需要控制人或令人印象深刻的話語，都**不是上主在你裡面的聲音**。我希望我沒有在這裡這麼做。

　　如果任何想法感覺過於苛刻、羞辱或貶低自己與他人，那不太可能是上主的聲音。相信我，那只是**你的聲音**。為什麼人類經常做出完全相反的假設，認為那種羞辱的聲音總是來自上主，而恩寵的聲音總是一種想像？這是一條弄巧成拙的（或說是「魔鬼般的」更貼近？）路徑。然而，作為一位聽告解神父和靈修導師，我可以確認這種破碎的邏輯是普遍的規範。

> **如果某件事帶著恩寵臨到你，可以透過你帶給別人恩寵，你可以相信那是上主的聲音。**

　　試著為自己做這件事——甚至可以大聲說出來。這只能靠操練來達到效果。最近一位來探望我的聖潔之人是這麼說的：「我們必須傾聽支持我們的聲音。我們必須傾聽鼓勵我們的聲音。我們必須傾聽敦促我們的聲音。我們必須傾聽活在我們內心的聲音。」我個人被訓練成**不去**相信這些聲音，以至於我經常聽不到天主對我說話的聲音，聽不到林肯總統所說的「我們本性中更好的天使[8]」。

---

8. Abraham Lincoln, "First Inaugural Address," March 4, 1861.

　　是的，一個自戀的人可能會濫用這樣的建議，但一個真正愛天主的人會在這樣的對話中成長茁壯。這就是天主為了與祂建立富有成效的愛的關係所承擔的風險——而我們也必須承擔。要相信天主在我們內心的聲音，需要很大的勇氣和謙卑。聖母瑪利亞充分體現了她對大天使加俾厄爾（加百列）重要而又自由的信任：「願照祢的話成就於我罷。」（路加福音1:38）而她只是一個未受過教育的猶太少女。

　　大多數基督徒被教導要厭惡或承認我們的罪，甚至在我們認識到罪的真實情況之前就要這麼做。但是，如果你學會仇恨自己，用不了多久，就會表現出對他人的仇恨。這恐怕就是基督宗教裡普遍的現象，這給歷史帶來了巨大的代價。**除非宗教引導我們走上一條有深度又誠實的道路，不然許多宗教實際上對靈魂和社會都是相當危險的**。事實上，「速食宗教」和所謂的成功神學都是避開上主的最好方法。

　　我們必須學會如何識別積極正向的流動，並將它與我們內心消極的抵抗區分開來。我認為這需要數年時間。**如果一個聲音來自指控並導致指控，那麼它就是「控告者」的聲音**——這是聖經中「撒旦」這個詞的字面意思。羞辱、指責或責備根本不是天主說話的方式，而是我們說話的方式。我從聖人們和神秘主義者那裡學到，以及我曾讀過、遇見和聽說過的都是，天主絕對是非暴力的。這麼多聖潔的人看法相同，他們是不會錯的。

第 7 章

——●——

前往美好之處

我來是為把火投在地上，我是多麼切望它已經燃燒起來！
——路加福音 12 章 49 節

　　到目前為止，我們主要專注於萬物核心中普世性更深刻的現實。我們將這個超性的現實稱為基督奧蹟，它顯示自己的方式，是化身為萬物的本性（大自然）、化身為歷史上的耶穌，甚至化身為你和我。這位基督熱情且不間斷地以一種高度個人化的方式來愛我們，對每個靈魂採用獨一無二的詞彙來吸引我們走向完整。

　　在這一章中，我們退後一步問：**這一切將走向何處？如果「基督在你內」是起點，那麼我們所有人的最終目標是什麼？是整個宇宙都在其完整之內嗎？還是說，我們「接近終了的偉大地球」真的走向世界末日了嗎？**在這個難以捉摸、豪無方向

和理想幻滅的時代，我幾乎想不出比這更令人擔憂的問題了。

為了達到最終的結果，我將從改變的承諾以及改變的本質開始談論，之後，我會從秩序到混亂、再到最後的重整，來描述這個改變（詳見附錄二）。

內在變化的過程

在本章最開頭，我引用了耶穌在地上投下火的大膽概念，這是我最喜歡的比喻之一。我喜歡火的形象，不是因為它表面上的破壞性，而是它可以作為轉變的自然象徵——字面上來說就是形式的轉變。農民、林業工作者和原住民都知道，火是一種更新的力量，即使它可能也具有破壞性。西方人傾向認為它僅僅具有破壞性（這可能就是為什麼我們不能真正理解地獄或煉獄的隱喻）。

耶穌非常清楚地相信改變。事實上，他口中第一個公開的詞語，就是希臘文的祈使動詞 *metanoeite*，字面意思是「改變你的想法」或「超越你的思想」（瑪竇／馬太福音3:2, 4:17，馬爾谷／馬可福音1:15）。不幸的是，在第四世紀，聖熱羅尼莫（St. Jerome）將這個詞翻譯成拉丁語 *paenitentia*（悔改或懺悔之意），引發了許多道德內涵，從那之後影響了基督徒對福音書的理解。

然而，*metanoeite* 這個詞是在談論**思想、世界觀或處世方式的根本性改變**，而且是行為上的特定改變所帶來的必然結果。最常見的誤解就是本末倒置，我們認為自己可以改變一些外在因素，但我們潛在的世界觀往往仍然是完全自戀和自我參

照的。

這種誤解促使基督宗教的訊息變成外在的、清教徒式的、基本上是停滯不前的概念，而這種概念一直伴隨我們至今。信仰變成了可以透過強制執行、賞罰式的、從外在而來的要求，遠遠超過心靈和思想的實際改變——耶穌將其描述為「隱而不露，你父在暗中看見，必要報答你」（瑪竇福音6:4, 6, 18）的某件事。

耶穌在他的道德教導中，總是強調內在的動機和意圖。他使宗教變成是關於內在改變和「心裡潔淨」（瑪竇福音5:8），而不是人們能看見的有形之物，或是任何會產生社會回報或懲罰的事物。這個觀點使宗教在最有可能變得腐敗和被人操縱時，得以趨向完善。

改變的內在過程是一切事物的基礎，甚至對我們的身體而言也是如此。想一想：如果你身體的下一個傷口永遠無法癒合該怎麼辦？我自己經歷了幾次手術，隨著時間的流動，我的身體總會照顧好它自己，這讓我感到安慰。醫治的奇蹟來自內心；我所要做的就是等待和信任。

然而在宗教中，許多人更喜歡神奇的、外在的、一次性的處置，而不是透過失去和更新的普遍模式來得到成長與治癒。這種普遍模式是生命以不斷更新的形式生生不息的方式——諷刺的是，這得透過各種死亡才能完成。這種模式讓我們大多數人感到失望和恐懼，但生物學家和物理學家卻不那麼覺得，他們似乎比許多神職人員（認為死亡和復活只是關於耶穌的教義）更能理解這種模式。

恐怕我們當中的許多人都未能尊重天主展開未來、抵達此

一目標的過程，這通常包括某種形式的老我、舊我的死亡。實際上，我們最終總是會抵制和反對我們很想要的東西。令人感到諷刺的是，我們經常以向天主祈禱的名義這麼做，好像天主會保護我們不用走上這個完善我們的過程一樣！

天主**保護我們進入並穿越死亡**，就像天父對耶穌所做的那樣。當這一點尚未明確時，基督宗教會保護和理想化現狀，甚至更進一步，保護他們所想像的美好過去——至少到目前為止，它保留了我們的特權。安逸的人們傾向於將教堂視為一間古色古香的古董店，在那裡他們可以敬拜老舊事物，作為永恆事物的替代品。

沒有非政治性的基督宗教。拒絕批評政治上的制度或現狀，就是完全支持當前的政治現實——這是一種偽裝得很好的政治行為。像彼拉多一樣，許多基督徒選擇在人群面前洗手，宣稱自己是無辜的，並與他一起說：「你們自己負責罷。」（瑪竇福音27:24）彼拉多保持他的純潔，而耶穌付出了代價。想要前往美好之處，意味著我們**必須和壞的事物一起經歷，並且無法將自己置於它之上或與它分開**。總之，沒有一個完美純潔的基礎可以站立，為此奮鬥則是一場自我的遊戲。然而，彼拉多綜合症在真正的基督徒中很常見，通常他們採取的形式是排斥他們所認為的罪人。

耶穌強烈反對這種對過去的熱愛和一個人獨善其身的完美，他巧妙地引用〈依撒意亞〉（以賽亞書）29章13節來說明這一點：「這民族只在口頭上親近我，嘴唇上尊崇我，他們的心卻遠離我，他們對我的敬畏僅是人們所傳習的訓誡。」我們當中的許多人似乎認為上主真的「回到了那裡」，在舊時代宗

教的美好時光裡，上主真的是上主，每個人都是快樂和純真的。許多人就是被宗教的幻覺所吸引，這種錯覺在今天的許多「大型教會」中也相當流行。

所有的改變都是個人與內在的，任何對制度、特權、國家或宗教的外在批評，都不可能來自耶穌。當耶穌第一次宣佈「改變你的想法」時，他立即向他的門徒發出挑戰，要求他們離開他們的工作和家庭（馬爾谷福音1;20，瑪竇福音4:22）。改變想法對社會產生了直接和重大的影響，也導致年輕的猶太男子對於職業和家庭（兩者被稱為兩頭穩定保守的聖牛）產生了完全的質疑。耶穌沒有告訴他們應該更頻繁地去教堂或相信祂是上主。你有沒有注意到，耶穌從來沒有熱烈地談論核心家庭、職業或工作？你可以查證看看。

天主如何保持萬物的美好與更新

所以，當我們為本書的第一部作個結論時，讓我們談談天主（上帝）如何保持萬物的美好與更新——這意味著要一直前往一個更美好的地方。我知道有些基督徒可能對此猶豫不決，在這裡，我用來幫助大家理解的詞彙是「進化」。天主不斷從內而外地創造事物，所以它們永遠嚮往、發展、成長，並為了變得更好而改變。這是祂投在地上的火，也是祂注入所有生物體內的生產力——從內部以既定的程式生長，也從外部透過吸收陽光、食物和水而生長。

如果我們把永恆的基督奧蹟視為「時間」開始的象徵「阿爾法點」（Alpha Point），那麼我們可以看到，歷史和進化確

實從一開始就具有智慧、計劃和軌跡。**復活的基督**出現在歷史的中間，向我們保證天主正帶領我們前往一個美好且正面的地方，這和被釘上十字架所代表的意義恰恰相反。

天主從一開始就引導著我們，但現在祂將我們納入祂所展開的過程中（羅馬書8:28-30）。這是提供給我們人類的機會，乘坐這列基督火車的人注定是「新人類」（厄弗所／以弗所書2:15b）。基督既是大爆炸初期的**天主性（神性）光輝**，也是吸引我們進入積極未來的**天主性吸引力**。因此，我們陷入了個人的愛中——**來自愛，走向**更具包容性的愛。這是基督敖默加（歐米茄）！

也許你並不覺得萬物需要有任何的形式、方向或最終目的。畢竟，許多科學家似乎並沒有提出這樣的終極問題。進化論者觀察證據和數據，說宇宙顯然正在展開和擴張，但他們並不知道最終目標為何。然而，基督徒相信最終目標確實有其樣貌和意義——這是從創造開始的方式中所揭示的「非常良善」！一切向上升起的事物似乎都會匯集在一起。聖經中具普世性和永恆的基督站在時間的兩端，這個象徵是試圖向我們保證，我們所知道的世界清晰而完整的軌跡，是意識的展開，「一切受造之物都一同嘆息，同受產痛」（羅馬書8:22）。

《新約》有著清晰的歷史感，以一種既進化又積極的方式運作。例如，請看耶穌關於天國的許多比喻，這些比喻和成長、發展的語彙高度相關。他常用種子作為生長的隱喻：玉米穗的成長、雜草和小麥一同生長，以及酵母的生長。他關於「天主的國」的比喻，幾乎總是關於發現、知道、感到驚訝、體驗期望的落空、角色和地位的改變。這些概念都不是停滯不

變的，總是關於美好的新事物應運而生。

　　為什麼我認為這如此重要？坦率地說，因為沒有它，我們對自己、對他人都會變得非常不耐煩，尤其是在挫折中。人類和歷史都在緩慢發展。在對來訪的客人表示歡迎之前，我們期待他們出現在家門口時已經完全改變、變得聖潔。但成長的語言卻說，較適當的做法是等待，並且相信「改變你的想法」或意識的改變只能隨著時間而來到——而這種耐心最終會成為愛的樣貌。

　　沒有它，教會就變成了僅在執行法律和要求，「宗教領袖」不再是天主羔羊的看守者，而只是告知羊群們應該成為守衛、言語的警察，以及神聖古董店的古董商。沒有進化的世界觀，基督宗教就不能真正理解，更不用說培養、成長或改變，也不知道如何尊重和支持歷史發展的方向。

恩寵的故事

　　現在，我在辦公室裡看到一個標牌，上面寫著「生活不一定非要完美才能精彩」。邁向成熟的步驟似乎總是（也必然是）不成熟的。它們還能是什麼呢？好的父母很久以前就知道了這一點，樞機主教若望・亨利・紐曼（John Henry Newman）傑出地捕捉到這一點，他寫道：「活著就是改變，要達到完美就是要經常改變。[1]」

---

1. John Henry Newman, *An Essay on the Development of Christian Doctrine* (London: James Toovey, 1845), 39.

任何所謂的「好消息」都需要揭示一個可以信賴的普遍觀點，而非一個偶爾才會正確的排外模式。這也許就是為什麼基督宗教與猶太教的分裂是不可避免的，儘管耶穌或保祿（保羅）從來都沒有打算這麼做；這也是為什麼在第二世紀初，基督徒團體已經自稱是有著「大公性」或「普世性」的社群了。在他們意識到之前，他們就已經有了這個信念：天主為了全人類的福祉，正帶領整個歷史走向更大、更廣泛、更好的地方。

然而，在耶穌和保祿之後，除了偶爾有尼撒的額我略（Gergory of Nyssa）、亞他那修（Athanasius）、宣信者馬克西姆（Maximus the Confessor）、聖方濟（Francis of Assisi）這些神學家之外，最被廣泛接受的基督宗教版本，似乎和宇宙、受造物、自然、甚至歷史都沒有關係。我們的信仰通常不會談論未來，除了審判和啟示以外。這不是引導歷史前進的方法，也沒有辦法為人類帶來希望、目的、方向或喜樂。

當基督宗教允許它本身被受到文化限制的耶穌所牽制，與任何表明不包含永恆基督的信仰緊密相連時，就是將基督宗教置於一個有限和不穩定的地位。若沒有一個能為所有受造物提供恩寵和關懷的普世性故事，耶穌就顯得渺小而無能。天主的關懷必須是對所有生物；如果祂創造出的水、樹木、動物和歷史本身皆為偶然的、瑣碎的、用完一次即可丟棄的，那麼這位天主根本就不關心所有的受造物。

但恩寵不是遲來的，不是偶爾給一群少數人的附加物；天主的恩寵和生命也不是幾千年前耶穌來到世上之後，幾個幸運的人在聖經中找到祂時才出現的。天主的恩寵不能是只隨機分配給少數有德行的人用來解決問題的工具——否則它根本不是

恩寵（如果你想用三句簡潔的經文來總結恩寵根本的涵義，請
參閱〈厄弗所書〉2章7-10節）！

善的足跡

幾年前，一個斯堪地那維亞的脫口秀節目主持人問英國生
物學家兼激進的無神論者理察・道金斯（Richard Dawkins）：
「關於進化論最常見的誤解是什麼？」道金斯的回答是：「最大
的誤解是認為進化論只是一個隨機性的理論。顯然，進化論不
可能只是一個隨機性的理論。如果進化論只是一個隨機性的理
論，它不可能解釋為什麼所有的動物和植物都如此美麗……而
且都透過精心設計。」道金斯指出，即使是達爾文本人也不相
信隨機性：「達爾文所做的，是發現了隨機性唯一已知的替代
方案，他認為那是大自然的選擇。[2]」

是的，他實際上就是這麼說的！道金斯為一些人所謂的
「智能設計」敞開了大門，但我們不要為措辭而爭吵。由於這
場爭鬥，許多受過教育的人不再想與宗教人士交談，也不想使
用我們的用語。因此，我們今天捲入了文化戰爭的死胡同，參
戰的每一方都根深蒂固地隱藏在象徵性的用語後面。

我所知道的是，創造論者和進化論者不必是敵人。進化論
者確切地想說宇宙正在發展，而基督徒可以確切地堅持宇宙正
在發展的個人意義。我們給生命和物質現象一個積極而確定的

---

2. Richard Dawkins, "Richard Dawkins on *Skavlan*," *Skavlan,* YouTube, December 2015, https://www.youtube.com/watch?v=e3oae0AOQew.

終點，我們稱之為「復活」，同時也解釋了一路上所經歷的許多痛苦和死亡，我們稱之為「釘在十字架上」。這確實是一個重大而宏偉的願景，它解釋了很多，但也帶來了很多額外的包袱，因此我可以明白為什麼理性和有科學頭腦的人通常會反抗它。

然而，相信耶穌從死裡復活，並不是信仰上的飛躍。**事實上，復活和更新是萬物可觀察到的普遍模式。**我們不妨使用非宗教術語，如「春天」、「重生」、「治癒」、「寬恕」、「生命週期」、「黑暗」和「光明」。如果天主子降生（道成肉身）是真的，那麼以多種形式復活是完全可以預期的。或者套用愛因斯坦先前的那句話：不是只有那個單一事件是奇蹟，而是整件事都是奇蹟！

這一點值得我們暫停一會兒。

> **每當你吸氣，你都在重複將靈魂帶入物質的模式，也就是在重複第一個受造物「亞當」成為人的模式。**
> **每次你呼氣，你都在重複將靈魂回歸物質宇宙的模式。**

從某種意義上來說，每一次呼氣都是一次「小的死亡」，因為我們付出了鼓舞世界的代價。

簡單的呼吸塑造了你作為一個人的整體使命感。你像基督一樣，是天主子降生的化身，使物質和靈魂連結、合而為一了。比我們所相信或所完成的任何事情都更重要的是，我們所有人如何在空間與時間中繼續這項使天主子降生的奧秘——無

論我們有沒有意識到或快不快樂。

如果天主子的降生是真實的,那麼復活就是其必然的結果,而且不只是在耶穌這個人身上發生的一次性異常現象。這就像西方對復活的理解,認為它需要被證實——然而它並不能被證實。**復活的基督不是一次性的神蹟,而是在短期內很難看到的普遍性啟示。**

基督徒該做的工作,並不是要弄清楚復活的方式或時間,而是要弄清楚復活**到底是什麼!**把復活的方式和時間留給科學界和天主自己來說明吧!真正的基督宗教和真正的科學,都持有以成長和發展為中心的轉型世界觀。雙方有各自努力的方式,都與一些神聖的計劃合作,天主(或稱為神、上帝)是否能得到正式的承認,可能並不那麼重要。正如榮格在他門口刻下的字所說:「無論祈求與否,上帝都在。[3]」

> 天主從一開始就是匿名工作,這一直是一項內在的秘密工作。
> 聖神(聖靈)似乎在地下工作得最好。當祂出現在地面上時,人類開始為此而戰。

你可以稱這種恩寵為內住的聖神,或只是朝著合一的方向進化(我們稱之為「愛」)。天主不與任何人競爭,「天主使一切協助那些愛他的人」(羅馬書8:28)。每當我們充滿愛地向前

---

3. G. G. Jung, *Letters*: 1951–1961, vol. 2, ed. G. Adler (Princeton, NJ: Princeton University Press, 1975), 611.

踏出一隻腳，天主就會使用它、支撐它，並祝福它。我們的動機根本不需要披上宗教的名義。

　　愛是維持宇宙的能量，使我們走向復活的未來。
　　我們甚至不需要稱它為愛、天主或復活，因為它會完成自己的工作。

偉大的逗號

第 8 章

———●———

做與說

……由童貞瑪利亞誕生，祂在比拉多執政時蒙難……

———宗徒信經

如果你常參加比較重視禮儀傳統的敬拜儀式，你可能已熟記〈宗徒信經〉（Apostles' Creed）的開端：

我信全能的天主父，天地萬物的創造者。我信父的唯一子，我們的主耶穌基督。祂因聖神降孕，由童貞瑪利亞誕生，祂在比拉多執政時蒙難，被釘在十字架上，死而安葬。祂下降陰府……

但是你有沒有注意到，在「由童貞瑪利亞誕生」和「祂在比拉多執政時蒙難」之間存在著一個巨大的飛躍？只用了一**個簡單的逗號**，就可以把這兩個事件連接起來，這真像是在兩個

斷崖之間飛躍了過去一樣，又好像在說：耶穌從出生到死亡之間所說和所做的一切，就只有這麼一個小小的間隔而已！

　　這個被稱為「偉大的逗號」（Great Comma）所造成的間隔，肯定會引發一些嚴重的問題。難道耶穌生平那些年裡所說、所做的所有事情，在我們的信仰上都不重要嗎？它們沒有什麼可「相信」的價值嗎？難道只有他的出生和死亡很重要嗎？這種間隔差距是否可在某種程度上做這樣的解釋：基督宗教在仿效耶穌的實際生活和教導這方面，往往只留下令人悲傷的記錄？

　　〈宗徒信經〉中還有其他明顯的疏忽。它被認為是基督宗教最早的正式信仰宣誓。可惜，它沒有一次提到愛、服事、希望、「弟兄姊妹中最小的」，甚至沒有提到寬恕——真的一點也沒有。可以說，這只是一個願景和哲學性的聲明，並沒有提及任何關於使命的聲明。

　　在〈宗徒信經〉中，我們有兩次被提醒上主是全能的，但我們沒有看到任何地方提及上主也是**全然受苦或全然脆弱**的（儘管它確實宣稱耶穌「受難……死了，被埋葬」）。〈宗徒信經〉強調理論和神學，但不強調實踐——這使我們的神學界走上了至今仍在遵循的這條路。

　　〈宗徒信經〉連同後來的〈尼西亞信經〉（Nicene Creed）都是重要的神學總結和歷史文獻，但是當我堂區的信眾在每個星期天匆忙地唸完〈信經〉時，我驚訝地發現，它似乎對人們日常行為的實踐幾乎沒有用處，人們甚至不感興趣。我希望我是錯的，但我對此深感懷疑。

　　這兩式〈信經〉都揭示了歷史上基督宗教關於「天主（上

帝）是誰」和「天主在做什麼」的設想。它們重申了一個停滯不變的宇宙，以及一位與我們每天所關心事物相去甚遠的天主。此外，兩式〈信經〉都透顯出：對耶穌本身或我們人類的現實生活不太感興趣。相反地，二者都描繪了宗教體系想要的：一位看起來強大、穩定且能掌控一切的天主。二者中既找不到「轉過另一邊臉頰」的耶穌，也找不到任何像基督一樣的簡單生活方式。

你可能想知道，為什麼我要用這些歷史和神學上的瑣事來讓你費心。原因如下：

當我們的傳統選擇了生活在停滯不前的神話世界中的帝國基督時，將會把基督宗教的信仰和理解框在一個非常小的盒子裡。這兩式〈信經〉裡所描寫的基督都不接地氣——沒有連接在真實、具有歷史性、有血有肉的納匝肋（拿撒勒）人耶穌身上。相反地，祂全是心智，只有一點點心靈；全是靈性，幾乎沒有肉體或靈魂。我們的唯一使命，僅僅是不斷宣信我們的願景和神哲學嗎？有時看起來就是這樣。這就是當權力和帝國接管訊息時，就會發生的情況。

你知道官方教會的前七次會議（東西方教會都接受的）全都是由君主所召開或主持的嗎？這不是一個小問題。君主和政府往往對愛、服務或非暴力的倫理不感興趣（但願不會發生這種事），當然他們也不會對寬恕感興趣，除非它以某種方式幫助他們保持權力。

對於所有試圖在沒有基督的情況下認識耶穌的人來說，許多教會的核心教導都提供了一個無形的基督，以及沒有任何真正人性的耶穌。這是幾個世紀以來教義和藝術表現的常態。在

聖經學者若翰‧多明尼克‧克羅森（John dominic crossan）對
復活圖像於東西方教會所代表意義的精湛研究中，他如此描述
道：「藝術在任何時刻都是人們對真正相信之事的內心情感表
現。[1]」

　　關於復活圖像所代表的意義，我們有兩種截然不同的神
學。西方教會宣稱，耶穌是作為單一個體「從死裡復活」；東
方教會則至少從三個方面來看待它：踐踏地獄、集體領導走出
地獄，以及基督提升全體的人性。這是完全不同的訊息。但在
西元一〇五四年之後，我們對彼此瞭解甚少，因為每一方都認
為對方才是異端。也許這就是我們二元論（而非默觀式）的思
維和實踐所帶來最糟糕的歷史結果。西方教會只留下在同一篇
〈宗徒信經〉中的一句話「祂下降陰府」，但沒有人真正明確知
道這句話意味著什麼。

　　在本書的後半部分，我想討論的是，對基督的理解如何以
各種方式徹底改變我們的信仰實踐之道。對我來說，光有資訊
幫助不大，除非它也啟發和「磨練」你的生活。在方濟會的神
學中，**真理總是為了愛，而非為了真理本身的絕對結果**——那
經常會變成對意識形態的崇拜。換句話說，任何一個好的想
法，如果不涉及身體、心靈、有形世界以及我們周圍的人，就
會更傾向於解決神學上的問題和理論，而不是對人和團體的真
正醫治。諷刺的是，對人和團體的真正醫治才是耶穌所做的一
切！

　　「治療」這個詞，直到一九七〇年代才重新回到主流的基督

---

1. *Crossan and Crossan, Resurrecting Easter,* especially 153ff.

宗教詞彙中[2]。即便如此，依我個人經驗得知，這個詞仍然被廣泛抵制。在天主教傳統中，我們一直把治療身體病痛的聖事推遲到生命的最後時刻，將儀式稱為「終傅」（Extreme Unction，如今已正名為「病人傅油聖事」了），我們顯然沒有意識到，耶穌為受苦的人在整個生命期間都提供了免費的醫治，而不只是當成讓他們進入下一個世界的「極端」措施。

你不會從官方教條中猜到這一點，但歸根究柢，做比說更重要。耶穌顯然更關心佛教徒所謂的「正行」，也就是基督宗教中的「正確實踐」（orthopraxy），而不是正確的言論，或甚至是正確的思想。你可以在〈瑪竇福音〉（馬太福音）21章28-31節中關於兩個兒子的比喻裡，非常清楚地聽到這個訊息：一個兒子說他不會去葡萄園工作，但後來他去了，而另一個兒子說他會去，但實際上並沒有去。耶穌告訴他的聽眾，他比較喜歡那個說錯話、但實際上有去工作的人，而不是那個說了正確的話、但不行動的人。我們怎麼會錯過這個訊息呢？

人類現在需要的是一個像我們一樣的、具有歷史意義、與現實生活相關、有形而具體的耶穌；一個祂活著時的生平事蹟比祂的死亡更能拯救你的耶穌；一個我們可以實際效法的耶穌，祂為整體人性（fully human）的意義設定了標準。而偉大的基督，大到足以將所有的受造物連結在和諧的一體中。

在本書以下的篇章中，請容我向你獻上這樣的耶穌和這樣的基督。

---

2. 參見弗朗西斯‧麥克努特（Francis McNutt）所著的《療癒》（Healing）。我在一九七〇年代與弗朗西斯一起工作，親眼目睹了許多層次的療癒。就像在福音書中一樣，它引起了「信徒」的恐懼、抵制和否認。

第 9 章

——●——

事物的深度

總有一天，基督宗教將在地球上再向前邁進一步。它將
擁抱完整的人，擁抱他的全部，而不是像現在所做的那
樣，只有一半，只擁抱靈魂。

——尼可斯‧卡山札基，

《向古希臘彙報》（*Report to Greco*）

當我觀看天主教徒在彌撒中領聖體時，我注意到有些人
在拿了麵餅和酒後，轉向祭台或聖體櫃，鞠躬或曲膝跪拜以示
尊重——彷彿耶穌基督還臨在於那裡。我想知道他們是否錯過
了剛剛發生的事！難道他們沒有意識到，感恩聖事已經把耶穌
基督的天主性（神性）生命完全轉移到**他們自己身上了嗎**？他
們自己現在就是活生生的、可移動的聖體櫃，就像約櫃一樣，
是天主臨在的象徵。這對他們來說是否太難以想像？看起來，

這樣講對他們來說是不是太冒昧、太不可思議了呢？看來是這樣。

　　同樣，我認識許多福音派人士，他們「接受耶穌進到他們的心裡」，但仍然覺得每週五晚上有必要再次「得救」。難道他們不相信，只要他們真正順服並重新連接到他們的源頭，就會發生真正的轉變嗎？可以理解的是，我們大多數人開始這趟旅程時，都假設天主（上帝）「在天上」，而我們的工作就是超越這個世界去尋找「祂」。我們花了很多時間試圖去「天上」，卻錯過了天主在耶穌裡的一大飛躍，已經來到「我們這裡」了。我們的許多敬拜儀式和宗教努力在靈修上試圖往上，卻搭乘了往下的電扶梯。

　　我懷疑，「在天上」的心態，是大多數人開始進行靈修探索的方式。但是，一旦真正的內在旅程開始，一旦你知道在基督裡，天主永遠在克服人與天主之間的鴻溝，基督徒的道路就不再是攀登和力求表現，而是下降、放手和忘卻所學。認識耶穌、愛耶穌是要成為整全的人，經歷創傷和一切，而不是提升所謂的靈性或認為我們可以保持不受傷（「自我」一點也不喜歡這種根本性的轉變，所以我們不斷回到外在表現模式，試圖擺脫這種混亂的化身，而非從中學習。這就是最早期的宗教）。

　　耶穌從我們平凡、有限的生活環境中出現，為世界提供了一個充分體現愛的鮮活例子。對我來說，就是保祿（保羅）所說，耶穌是「生於女人，生於法律之下」（迦拉達／加拉太書4:4）這句話的真正意義。在耶穌身上，天主成為我們狹小而溫馨世界的一部分，進入了人類的極限和平凡——在祂最初的三十年裡，祂的天主性一直默默無聞，基本上是看不見的。

在祂的一生中，耶穌自己沒有花時間攀登，卻是花了很多時間下降，「使自己空虛，取了奴僕的形體，與人相似，形狀也一見如人」（斐理伯／腓立比書2:7）、「是一位在各方面與我們相似，受過試探的」（希伯來書4:15）和「因為他自己也為弱點所糾纏」（希伯來書5:2）。在本章中，我想談論這樣的一條道路，以及它對你我意味著什麼。

天主的地圖

耶穌的一生，行走過、享受過，也遭受過人類一生整個旅程中的痛苦；祂告訴我們：我們也能夠、也應該這麼做。祂的一生，在各個階段都在逐漸彰顯天主子（神子）臨在的奧蹟——從隱藏的天主性，到充滿愛和問題的正常成年生活，穿插著一些耶穌顯聖容和啟蒙的時刻，所有這些都導致了光榮的升天和最終的回歸。正如〈希伯來書〉4章15節所說：「因為我們所有的，不是一位不能同情我們弱點的大司祭，而是一位在各方面與我們相似，受過試探的，只是沒有罪過。」

我們不需要害怕自己生命的深度和廣度，也不用害怕這個世界要給我們、或要向我們索取的事物。在我們試圖以某種理想化的純潔或更高尚的名義，太急著想超越這一切之前，我們被允許深入瞭解自己的經歷，從中學習，並允許自己下降到事物的深處，甚至是我們的錯誤之中。**上主隱藏在深處，甚至是我們罪惡的深處。如果我們停留在事物的表面，就看不見祂。**

請記住，懷疑的多默（多馬）和復活的耶穌的相遇（若望／約翰福音20:19-28）並不只是一個關於相信復活的故事，而

是關於相信某人可以**同時受傷和復活**的故事！這是完全不同的
訊息，但仍迫切地被人們所需要。「把你的指頭伸到這裡來。」
耶穌對多默這麼說（20:27）。而且，就像多默一樣，我們所有
人都確實同時受傷和復活。事實上，這可能是整本福音書的主
要牧靈訊息。

在前面幾章，我寫到偉大的愛和巨大的痛苦（包括療癒和
受傷）是很普遍、且總是使人轉變的契機，因為它們是唯一強
大到足以帶走自我保護和裝腔作勢的兩種經歷。偉大的愛和巨
大的痛苦會把我們帶回到天主面前，痛苦通常會緊隨著大愛而
來，我相信這就是耶穌親自帶領人類回到上主面前的方式。它
不僅僅是一條復活獎賞的道路，也是一條包含死亡和受傷的道
路。

聖文德教導說：「基督身為人類，與所有受造物都有共同
之處。祂與石頭共用存在，與植物分享生命，與動物分享感
覺，與天使分享智慧。[1]」聖文德這麼說，是想在神學上重視聖
方濟的深刻經歷，據我們所知，聖方濟是第一個被記錄下來、
用家族稱謂來稱呼動物、元素、甚至自然力量的基督徒：「姊
妹，大地母親」、「風弟兄」、「水姊妹」和「火弟兄」。

在這個被創造的世界中，聖方濟感到完全的自在。他把可
見世界中的所有事物都看作現實無盡動態的有效象徵，這個世
界就是天堂的劇院和訓練場，在今生，我們已經可以獲得小規
模的天堂。**你現在所選擇的，你以後會得到**——這聽起來似乎

---

1. Bonaventure, *Sermon I, Dom II in Quad.* (IX, 215–219), trans. Zachary Hayes, "Christ
   Word of God and Exemplar of Humanity," *The Lord* 46.1 (1996): 13.

是聖人的領悟。這不是對以後天堂寄予恬靜的希望,而是當下活生生的體驗。

我們不能跳過這個世界,或者跳過它的傷口而去愛天主。**我們必須透過世界、在世界裡面、與這個世界同在、甚至因為這個世界**來愛天主。這是基督宗教應該發起、宣揚和鼓勵的,也是耶穌所塑造的。我們被造是為了愛和信任這個世界,「叫他耕種,看守樂園」(創世紀2:15),但出於某種悲傷的原因,我們寧願強調以下三節經文的陳述,說我們應該「治理」大地(1:28),在一代人之內,我們成為殺害自己兄弟的凶手(創世紀4:8)。我想知道這是不是我們原罪的另一種形式。

上主在創造中「使自己空虛」(斐理伯書2:7),然後我們人類花了大部分時間,為了我們自己的目的和利益,創造系統來控制和征服受造物,顛倒了上主的模式。

不要誤會,以為我的意思是只相信你眼睛看得到的東西,或是純粹的唯物主義。我所說的是:**去觀察、觸摸、關愛有形之物和具有啟發的宇宙(即使在其受苦狀態中)**是健康的靈修和真正靈修發展的必要起點。死亡**與**復活才是一切事物的深度,而非死亡**或**復活。停留在事物的表面,總是會錯過它所帶來的訊息——甚至會錯過我們罪惡的表面含意。

耶穌邀請多默和所有懷疑者進入一種「可感知的」宗教,一種將「觸及人類痛苦和磨難」轉化為同情和理解的宗教。對於大多數人來說,僅僅觸摸他人的傷口可能像是一種外在的善行;我們沒有意識到它完整的預期效果是改變我們,就如同這個舉動可能改變他們一樣(沒有跡象顯示耶穌改變了,只有顯示多默的改變)。

　　人類的同情心是打開心靈空間最好和最簡單的方法，使我們活在自己的身體內。上主從未打算讓大多數人成為哲學家或神學家，但上主確實希望所有人都代表上主的**同情心**和**惻隱之心**，就算需要一段時間才能達成也沒關係。

　　我們的核心訊息值得再次重複：**上主透過成為事物來愛它們。我們透過延續同樣的模式來愛上主。**

永遠且唯一的天主子降生

　　基督宗教獨特的王牌總是、也永遠是天主子降生（道成肉身）。這就是為什麼每個世紀以不同名稱受到譴責的，都是試圖否認天主子降生的異端，或者用令人陶醉的唯靈論或虔誠的浪漫主義來破壞它。這種傾向通常被稱為「諾斯底主義」（Gnosticism）。我有時想知道，教會如此譴責它，是否因為我們在潛意識中很欣賞這種理念，或我們自己就是潛意識中的諾斯底主義者。

　　「在那裡譴責它，而不是在這裡擁有它」是權力機構的運作方式及共同策略，但正如智慧詩人溫德爾·貝里（Wendell Berry）告訴我們的那樣：「我們需要的就在這裡。²」人類已經厭倦了像共產主義和納粹主義這樣支配一切的大型社會計劃，也厭倦了不允許在經驗中驗證或確認無形靈性的存在。他們太常隱藏權力和控制，混淆、分散我們對眼前事物的注意力。但

2. Wendell Berry, "The Wild Geese," in *Collected Poems* (Berkeley: North Point Press, 1984), 155–156.

當我們在耶穌的福音中強調「在外面」而不是「在裡面」時，
我們和他們所做的事是一樣的。

舉例來說，我們堅持從字面上相信「童貞女所生的耶穌」
是非常好的神學象徵，但除非它轉化為神貧、準備接受呼召和
人類脆弱的靈性意義，否則它在很大程度上只是像〈依撒意
亞〉（以賽亞書）所卜說的「僅是人們所傳習的訓誡」（29:13），
它「拯救」不了任何人。同樣地，只在理智上相信耶穌從死裡
復活是一個好的開始，但直到你震驚地意識到被釘十字架和復
活的耶穌，是一個關於全人類、甚至整個宇宙旅程的寓言之
前，它都只是一個無害的故事（如果它沒傷害你的話），這樣
的信仰會讓你和世界都停滯不變。

現在，我們正在接觸和獲得更多進入事物深處的技能，
並在那裡找到了天主的靈。無論是通過心理學、訓練有素的
靈性知識、九型人格、邁爾斯－布里格斯性格分類法（簡稱
MBTI）、悲傷與喪親治療，還是諸如整合理論或荒野訓練[3]等
其他方式，這些工具都幫助我們以前所未有的方式來檢視、信
任我們的內在與深度。

我生命中最深刻的靈性體驗之一發生在一九八四年，在一
次由心理治療師艾拉·普羅歌芙（Ira Progoff）帶領的寫作靈修
營中。在俄亥俄州代頓舉行的靈修營中，普羅歌芙指導我們私
密地書寫，寫了幾天非常人性化、但很普通的問題。我記得我
第一次與自己的身體對話，與尚未走過的路途對話，與具體事

---

3. Walter Wink, *Unmasking the Powers: The Invisible Forces That Determine Human Existence* (Philadelphia: Fortress Press, 1986).

件和人物對話,與我自己過去所做的決定對話,諸如此類。

我瞭解到,如果那個安靜的空間、問題本身和空白頁面沒有擺在我面前,我可能永遠不會知道我內心隱藏著什麼。普羅歌芙博士幫助我和許多其他人獲得了緩慢流下的眼淚和快速的祈禱,最後通常是感到強烈的幸福和感激,因為我發現了我從來不知道的內心深處。至今我仍會重讀四十多年前我所寫的一些東西,作為自我鼓勵和療癒,而這一切都來自我的內心!

今天,我們擁有自由和許可,以及人類歷史上很少有人擁有的邁向深度的工具。如果我們不使用它們,那將是多麼可惜。最佳的出路是我們要先**走進去**。我們唯一可以**信任**上主的方式,是我們**往下**走進深處。自古以來,這一直是人們進入信仰的基本預設,但如今,這種內在的旅程、進入信仰的基本體驗,通常被認為是「真正的宗教」所附帶的。

允許「進入」和「往下」

如果你認為我過分強調經驗,那麼請記得,耶穌和保祿(保羅)都更信任自己經歷天主的體驗,而不是他們自己猶太教的現狀。這種深切的信任,使保祿在「是否應該要求外邦皈依者接受猶太人的割禮」的問題上,反對了伯多祿(彼得,被認定的第一任教宗),而且是「當面」反對他(迦拉達書2:11-13)。

保祿和他的事工夥伴巴爾納伯(巴拿巴)很快向耶路撒冷早期基督宗教的所有領導團隊重複了同樣的論點(宗徒大事錄/使徒行傳15:1-12),並進一步堅持此論點要包括整個外邦人

世界（也就是我們大多數人）。

除了保祿在大馬士革路上和在那之後**所經歷的一切**，他們這樣做沒有任何權威的正當性。保祿不只一次拒絕割禮（見迦拉達書 5:12），就像我否認洗禮的重要性一樣。耶穌為他的門徒在安息日工作的做法辯護（瑪竇／馬太福音 12:1 及以下），就像我說週二的彌撒和週日的彌撒同樣好一樣（當然，事實確實如此，除了星期日是教會團體約定好的敬拜時間，那是歷史性的共識）。「你憑什麼權柄作這些事？誰給了你這種權柄？」祭司和民間的長老這樣問耶穌是有正當性的（瑪竇福音 21:23）。我必須承認，我可能也會問耶穌和保祿同樣困難的問題。

毫不誇張地說，《新約》中的信仰，實際上是由兩個人深深地依靠他們跟隨天主道路的內在經驗而寫成的，儘管完全主導他們的意識堅持不同的觀點。那他們是如何逃脫這些主觀意識的呢？答案是，在他們的一生中，他們基本上沒有逃脫，直到後來，聖徒和學者才看到耶穌和保祿運用他們自己傳統中最深層的來源，為了連接更廣大的世界而徹底重構了這個傳統。他們像所有的先知一樣，是「激進的傳統主義者」。**你只能透過從內部釋放來長期重塑事物——透過他們自己選擇的可信靠來源。**局外人幾乎沒有權力或能力來重塑任何事情。

所有傳統和傳統主義者都在尋找神聖的物品、地點、事件和人來建立他們的權威，這很正常、也很好。一旦找到了這樣的基礎，我們就會前往朝聖、抄寫經文、參觀聖墓、創造習俗，直到它們成為神聖不可侵犯的傳統。我們親吻聖岩、繪畫藝術、創造神聖的建築、真誠地哭泣，並獻身於**絕對**的象徵。

但這些圖騰、儀式、墳墓（在我們的例子中，或許是空的墳墓）和聖地，只是讓我們走上這條道路的早期路標。另一方面，天主子降生的全部奧蹟並不僅僅指向事物，而是指向事物的**深度**、事物的圓滿、事物的靈魂，以及一些人所說的「事物的天使」。

神學家兼聖經學者華特・溫克（Walter Wink）在他的《揭露權力》一書中提出了一個非常令人信服的案例，即這種關於受造物與生俱來的神聖直覺，正是神聖文本中在談到「天使」時所指的[4]。溫克相信，天使是**事物內在的精神或靈魂**。當我們尊重事物的「天使」或靈魂時，就是尊重它的內在精神。

如果我們學會了如何關注事物的靈魂——看到元素、動物、地球、水和天空的「天使」——那麼我們自然而然就可以透過存在鎖鏈回到最終的那一環，許多人稱之為上主。不要浪費時間去解構你對穿著飄逸洋裝、長著翅膀的美麗生物的原始信念。如果你這樣做，你就嚴重錯過了他們所指向的是什麼。**我們需要的是重建，而不是繼續解構**。然後，你就會看到天使無處不在。

我在本章中要說的是，必須有一種方法，讓你**既處在這裡，又處在這裡的深處**。耶穌是「這裡」，而基督是「這裡的深處」。在我看來，這就是天主子降生的本質，也是默觀的恩賜。我們必須學會愛和享受事物的本來面目，在它們的深度上，在它們的靈魂上，在它們的圓滿中。默觀是「第二次的

4. Walter Wink, *Unmasking the Powers: The Invisible Forces That Determine Human Existence* (Philadelphia: Fortress Press, 1986).

凝視」，透過它，你可以在一個更大的框架中看到事物的特殊性。你知道它，是因為它帶給你的快樂，這遠超過它在金錢、權力或成功方面為你所做的任何事情。

有兩件藝術品給了我這種默觀的洞察力。第一個是我在紐倫堡美術館看到漢斯‧庫爾姆巴赫（Hans Kulmbach）的畫作。他在一幅耶穌升天巨幅畫作的最頂端，描繪了一雙耶穌的人類雙腳。畫布的大部分都是宗徒像，他們的眼睛跟隨著基督移動，彷彿那兩隻腳要從畫的頂部離開，進入靈性的領域。這個影像對我產生了奇妙的影響。我發現自己也越過畫作看向美術館的天花板，我的目光被吸引到別處，去尋找畫作所隱含的訊息。

這是一個真正的宗教時刻，它同時把我帶到了畫作之外，回到了我所站立的展間。這是在集體意義上理解基督的另一個例子，不僅是祂的升天，也是我們的升天。看看像〈哥羅森書〉（歌羅西書）2章11-15節和〈厄弗所書〉（以弗所書）2章4-6節這樣的經文，注意它們是如何清楚地以過去式和集體意識呈現救恩的。為什麼我們從來沒有注意到這一點？

第二件藝術品，是位於義大利亞西西大教堂上層的聖方濟的青銅雕像。這座雕像由匿名雕塑家所創作，聖方濟雕像以非常不尋常、幾乎令人震驚的敬畏和驚奇的神情凝視著泥土。聖神（聖靈）總是被描繪成從上面降臨，但在這裡被描繪成從下面而來——甚至到了隱藏在泥土中的程度！

我每次回到亞西西時，都會去看這座雕像，但我擔心大多數人會錯過它，因為它很小，而且放在教堂的一邊——就像基督本身的訊息一樣。正如同〈依撒意亞〉所說：「祢真是隱密

的天主。」(45:15)天主隱藏在灰塵與泥土中,而不是從雲端降落。這是個重大的換位。一旦你知道「天主子降生」的奇蹟已經成為宇宙的本質,你會情不自禁地感到既快樂又聖潔。我們最重要的所需就在這裡!

這兩件藝術品從不同的角度將兩個世界結合在一起。然而,在這兩個圖像中,**都是由聖神帶頭改變地方**。也許藝術家比許多神學家更容易接近這個奧祕?右腦往往比左腦更快、更容易到達那裡,而我們卻讓左腦思維的人接管了我們的教會。

如果你不能先在石頭、植物、花卉、小動物、麵餅和酒中看到它們的原始形式,尤其是不能敬拜你自己身上這個客觀的天主形象,我懷疑你是否能在你的同胞中看到天主的形象(*Imago Dei*)。這是整體、全人的調整,一趟靈性之旅。**它最終抵達之處,是全有或全無;是先在這裡,而後是每個地方。**

尊重、敬佩、崇敬

這種視角的改變,自下而上,由內而外,可以採取宗教語言或完全世俗語言的形式。文字不是現實本身(或如德國人所說的「事物本身」〔*Ding an sich*〕)。當我們看到「尊重」(respect)這個詞時,都知道它的意思(re-spect＝看第二次)。我們都知道崇敬(reverence),因為它軟化了我們的目光——**任何引起尊崇或敬畏的事物,都是「基督」或當時為我們受傅(受膏)的那一位**,即使透過的管道可能看起來是一位敬業的研究科學家、一個清理海灘的老人、一個為鄰居加倍付出的女性、一隻

渴望舔你臉頰的熱誠小狗，或者廣場上一隻飛起的鴿子。

　　所有以第二種默觀的凝視來看待事物的人，以及所有以尊重的眼光看待世界的人，即使他們沒有正式的宗教信仰，他們也都是基督，或是**在基督裡**。他們可以時時時刻自由地尊重眼前的一切，因此，正如多瑪斯‧牟敦所說：「到處都是天堂之門。[5]」

---

5. Thomas Merton, *Conjectures of a Guilty Bystander* (Garden City, NY: Doubleday, 1966), 142.

第 10 章

——◦——

天主女性特質的顯現

今後萬世萬代都要稱我有福;

因全能者在我身上行了大事,他的名字是聖的。

——路加福音1章48-49節

　　在這簡短的一章中,我將冒一些風險。但我相信這是值得
的,因為對許多人來說,這可能會帶來最重要的突破。

　　我是一位男性,所以我自己對女性的看法和所知當然有
限,但這是一個如此關鍵且經常被忽視的主題,我必須邀請我
們所有人更正、並尊重女性智慧,這往往與男性智慧有**性質上**
的不同。我將從我自己與母親(我是她的最愛)、我的姊妹、
多年來與許多女性朋友和同事相處的經歷中汲取經驗,還有從
我與上主相遇的一些本質來討論。我希望藉著這種觀點,可以
邀請你相信你自己與天主的女性特質相遇的經驗。對許多人來

說，這是一個全新的開端，因為他們總是錯誤地認為天主（上
帝）應該是男性。

　　雖然耶穌的性別顯然是男性，但基督（天主子／神子，亦
即聖言、道）卻是超越性別的，因此我們可以預期，在大傳統
中，一定會有人在意識或潛意識的情況下，以女性的經驗找到
方法，把天主子降生的完整意義象徵出來，因而把天主更多的
女性特質給表達出來──就像聖經本身經常做的那樣[1]。

　　每當我去歐洲時，我總是會因為「有那麼多教堂以耶穌之
母瑪利亞的名字來命名」而感到震驚。我想，在我去過的每個
法國城市都建了一間「某某聖母」教堂，有時甚至在一個小鎮
上就建了兩三間。這些教堂中有些宏偉而華麗，但大多數都非
常古老，它們通常賦予人尊重和奉獻的靈感，即使對非信徒而
言也是如此。然而，作為一個天主教徒，我有時也在想這些基
督徒是誰，他們似乎比耶穌更尊敬瑪利亞？畢竟，《新約》中
很少提到瑪利亞。難怪新教改革者對我們東正教和天主教如此
關注瑪利亞，會有這麼強烈的反感！

　　為什麼基督宗教的前一千四百年，無論是東西方教會，
都會愛上這位看似很普通的女性？我們給她起了名字，比如：
誕神之女（希臘文 *Theotokos*）、天主之母（Mother of God）、
我等之母（法文 *Notre Dame*、德文 *Unsere Liebe Frau*、西班牙

---

1. 在十六世紀之後，當西方人變得更加理性和有文化時，我們大多數人都停止
   了象徵性、寓言性或類型化的思考。但是，在這樣做時，我們失去了一些非
   常重要的東西，即我們對上主和我們自己的靈性、直覺和非理性的理解。我
   們大大縮小了領域，實際上減少了內在宗教體驗的可能性。聖經成了不學習
   文學如何「運作」的藉口。天主教徒可能用了比較多的象徵，新教徒因而反
   對，使得他們在象徵的使用上顯得貧乏。

文 *Nuestra Señora*）、童貞聖母（西班牙文 *La Virgen*）、天上元后（Queen of Heaven）、七苦聖母（Our Mother of Sorrows）、永援的聖母（Our Lady of Perpetual Help），以及歐洲幾乎每個村莊或聖地的聖母。

顯然，我們在這裡面對的不僅僅是一位女性，而是一個基本的象徵（或者借用卡爾・榮格的語言，一個「原型」），是一個匯集大量無法用邏輯傳達涵義的形象。如果它不是以某種方式根植於我們人類的集體潛意識中，就不可能會如此廣泛、長時間地出現。如果輕易摒棄這些傳承，那將會是很愚蠢的一件事。

在神話的想像中，如果你允許我這麼說，我認為瑪利亞直觀地象徵著第一次的天主子降生——或說她是大地之母（我並不是說聖母瑪利亞是第一次的天主子降生的對象，而是說她成了天主子降生的自然原型和象徵，特別是在藝術方面，這也許就是為什麼聖母瑪利亞在西方藝術中至今仍是最常見的畫作主題）。

我相信聖母瑪利亞是基督奧蹟的主要女性原型，這個原型已經以智慧女神索菲亞（*Sophia*）或神聖智慧的形象表達出來了（見箴言8:1及以下，智慧篇7:7及以下），並在〈默示錄〉（啟示錄）12章1-17節中以一位「身披太陽，腳踏月亮」的女子之宇宙性象徵出現。索菲亞和〈默示錄〉中出現的女子，都無法與納匝肋（拿撒勒）的瑪利亞相提並論。不過，她們三位在很多方面，都拓寬了我們對天主女性特質的理解。

榮格認為，人類在藝術中產生了「靈魂需要的內在形象，以便看到它自己並允許它產生自身的轉變」。試著數一數全世

界的藝術博物館、教堂和家庭中，有多少幅畫作展示了一個穿著華美的女性獻上一個通常赤身裸體的男嬰，讓你（和女性們）都心懷敬慕之情。這個無處不在的形象在靈魂層面上說了什麼？我認為它看起來像這樣：

- 第一次天主子降生（創世工程）象徵了聖言顯現在索菲亞、這位美麗、女性化、多彩而優雅的瑪利亞身上。
- 她總是無條件地把這位天主子，把這位如此脆弱、以赤裸裸方式降生的嬰兒小耶穌獻給我們。如此，瑪利亞成了第一次天主子降生在最初的受造世界（大地）之中的象徵。
- 接著，她把第二次天主子降生成人的耶穌交給我們，同時自己留在後台；將重點始終放在孩子身上。
- 如此，大地之母呈現出她靈性的兒子，這是天主子降生的前兩個階段。
- 女性的接受能力，交出了她說「是」的成果，並邀請我們也奉獻出我們自己的「是」（yes）。
- 這帶來了整全，許多人感受到靈魂獲得極大的滿足。

我希望你不要把這種思路寫成時髦的女權主義，或者只是試圖處理那些因為罪惡的父權制而離開基督宗教的人的問題，又或者是教會未能承認和尊重女性對天主的理解。我們總是有女性的化身，事實上它是第一次的天主子降生，甚至更應該說是：它朝著包括我們所有人的方向發展！**瑪利亞就等同於我們所有人，接受了天主的恩賜，也交出了我們的禮物。**我們喜歡她是因為她是我們之中的一員——而**不是**天主！

我認為基督紀元的第一千年時期的基督徒們，能從直覺和寓言的層面上瞭解到這一點。但，到了新教急需改革的時期，我們能看到的只有「但她不是天主」。這個觀點完全正確，但是我們就再也不能用整全的眼光去看了。我們應該要看得更清楚，看見「她就是我們！」這就是為什麼我們愛她，也許在還沒完全明白原因的情況下就愛著她（大部分人比較容易想像「無條件的愛」是來自女性和母親，遠勝過來自男性），我不得不這麼說！

在許多瑪利亞的形象中，人類看到了我們自己的女性靈魂。我們需要在她身上看到自己，並與她一起說：「因為他垂顧了她婢女的卑微，今後萬世萬代都要稱我有福。」（路加福音 1:48）

我確實意識到了這其中的危險性，我也承認，實際上許多天主教徒可能由於許多現實的理由，而把瑪利亞當成了天主。儘管如此，我邀請你們思考一個更深層、更微妙的訊息。我常說，許多天主教徒對瑪利亞的神學理解很貧乏，但對她的心理學觀點卻極佳：**人類喜歡、需要並相信我們母親給我們的禮物——養育我們、總是原諒我們，這也是我們想要從天主那裡得到的。**

多年來，我與男性團體的合作使我確信這一點。事實上，越是男子氣概和父權制的文化，對瑪利亞的熱愛就越大。我曾經數過，在美國德州牛仔之鄉的一個天主教堂裡，有十一張聖母瑪利亞的照片。我認為，這是一種文化在無意識中試著平衡自己的表現，但往往不怎麼成功。同樣地，聖母瑪利亞給天主教會中的女性一個站在主導地位的女性形象，藉此來和所有在

前面遊行的男性做個平衡！

　　人類在每個文化和時代都一直在接受基督，而女性最自然地被想像為天主禮物的接受者：想想維倫多夫（Willendorf）、厄弗所（以弗所）、君士坦丁堡（Constantinople）、拉溫納（Ravenna）、加爾默羅山（Mt. Carmel）、黑色聖母（Black Madonnas）、瓦倫西亞（Valencia）、沃爾辛厄姆（Walsingham）、瓜達盧佩（Guadalupe），直到世界上的每個國家，最終都有自己的女性形象，一個接受基督在她的體內（而不是在她的腦中！）的人。

　　我們還要注意這個相當普遍的代名詞「我們的」，我們總是說「**我們的聖母**」，而不是「**我的聖母**」。這是一個肯定的表現，我們正在處理一個集體人格（一個即代表整體）以及對拯救的集體理解。這與「我們的主」或「我們的天父」相同。我從來沒聽過官方儀式的祈禱文說「我的耶穌」或「我的主」。在我們後來對整個福音信息加以個人化之前，至少在歷史悠久的教會中，天主和瑪利亞總是被視為一種共同的體驗。

　　我發現一件很有趣的事，男性神祇往往來自天上，而且通常與太陽、天空、力量和光有關。但在大多數神話和童話故事中，女性神祇往往來自大地或海洋，通常與生育、纖細敏銳、良好的黑暗面以及養育有關。除了德語以外，人們總是說「太陽哥哥」和「月亮姊姊」！

　　如果「創造」確實是第一次的天主子降生和「第一本聖經」（羅馬書1:20），如果母親確實在孩子之前，那麼，物質、世俗、具體的象徵符號，在思想、藝術、傳統中被認為是「大地之母」（從來不是「父」）也就不足為奇了。從這種直觀出

發，基督宗教的前一千四百年，東方和西方很容易移情到瑪利亞身上，她總是穿著色彩美麗的飄逸服飾，經常由耶穌加冕，不再是一位樸素、貧窮的納匝肋少女。

另一個重要、而不出自聖經的議題，是人們普遍相信瑪利亞的身體在她死後被帶到天堂（梵蒂岡在一九五〇年宣佈該定斷信理之前，進行了實際調查，他們發現，大多數天主教世界在沒有正式教導的情況下，已經相信這是真的，被稱為「信仰意識」〔sensus fidelium〕。這是我知道的唯一例子）。在聖經中找不到關於瑪利亞升天的記載，但早在四世紀時他們就已經在基督徒當中這樣流傳。

當梵蒂岡正式確立這項定斷信理時，榮格認為此一確認是「二十世紀最重要的神學發展」，因為它宣稱**女性的身體**永遠存在於永恆的領域！於是，男性天主形象的神殿永遠女性化了，更重要的是，它宣稱了人類的身體（而不僅僅是靈魂或精神）可以走向天主化的過程。這是非常重要的。

無論我們喜歡與否，瑪利亞象徵了將物質和靈魂、女性母親和男性孩童、地球和天堂，兩個不同的世界結合在一起。我想，我們無意識地接受了這些訊息。許多人有意識地與它抗爭——在我看來，這是他們自己的損失。現在，世界上很多人認為基督宗教是無可救藥的父權制。

對天主說「是」

重點是，在某些方面，許多人對聖母瑪利亞的認同比對耶穌的認同要多，正因為她**不是**天主，而是我們**對天主說「是」**

的原型！沒有一個英雄行為歸功於她，只有信任本身。**單純的存在，而不是作為**。

從她第一次對天使加俾額爾（加百列）說「是」（路加福音 1:38），到耶穌誕生這件事本身（2:7），再到她在耶穌十字架旁最後的「是」（若望／約翰福音 19:25），以及她完整參與火熱、多風的五旬節（見宗徒大事錄／使徒行傳 1:14，她是唯一在聖神第一次降臨時被唱名的女性），瑪利亞在福音敘事的關鍵時刻一再出現。她是**每個女人**和**每個男人**，這就是為什麼我稱她為第一次的天主子降生在創世工程大地上的女性象徵。

聖母瑪利亞是成就人類永遠需要基督降生到世上的**偉大的「是」**。連披頭四的保羅‧麥卡尼（Paul McCartney）也在他的歌曲〈順其自然〉（Let It Be）中讓這個想法永垂不朽，儘管他唱的是他自己的母親瑪利亞：

聖母瑪利亞來到我面前，
說出智慧的話語，「順其自然」。

這就是為什麼自基督紀元第一個一千年以來，人們都如此愛她。在聖母瑪利亞身上，我們看到天主絕不能強加給我們，天主絕不會不請自來。

如果基督和耶穌是天主正在做的事情的原型，那麼聖母瑪利亞就是**如何接受天主正在做的事情、並將它傳遞給其他人**的原型。在藝術領域，她總是將耶穌獻給觀賞者，或邀請我們來到耶穌面前。在一九五〇年代，天主教徒常說「透過瑪利亞獻給耶穌」。再說一次，這是很貧乏的神學，但對許多人來說，

卻是非常有效的心理學和教學法。

在瑪利亞身上，人類對天主說了我們永恆的「是」。
一個不能不去做的「是」。
一個壓倒我們許多「不」的集體的「是」。

這就是為什麼瑪利亞通常被稱為「新厄娃」（新夏娃），她取消了第一個厄娃集體的「不」，而且在藝術作品中，她總是被描繪為踩著那條誘惑厄娃的蛇（創世紀3:15）。

今天，我們目睹了社會各個層面對成熟女性的巨大憧憬——從我們的政治到經濟，在我們的心理、文化、領導模式和神學中，都可以看出這點。所有這些層面都變得過於好戰、競爭、機械性，也變得不默觀。我們完全地失去了平衡。

女性往往不得不在幕後，間接而秘密地工作。然而，她們的工作仍然可以產生深遠的影響。我們看到聖母瑪利亞纖細而敏銳的恩寵、耐心和謙卑，當她在加納（迦拿）的婚宴上悄悄地說「他們沒有酒了」（若望福音2:3b），似乎完全確信耶穌會從那裡著手處理（若望福音2:5），而耶穌的確這麼做了！

就像基督奧蹟本身一樣，**有深度的女性**常常在地下和陰影中工作，並且從那個職位上創造更令人陶醉的訊息。雖然教會和文化經常不承認**女性在神職界中**的角色、職位和正式權威，但女性繼續在宇宙和個人層面上行使不可思議的力量。

在美國的天主教會，大多數人認為，信仰文化大多是由修女傳遞給我們，而不是由神父傳遞給我們。女性的力量具有深刻的關聯性和象徵性——也因此具有轉化性——其方式是男性

無法控制、甚至無法理解的。我懷疑這就是為什麼我們如此害
怕它。

第 11 章

———•———

這是我的身體

生命就是，你註定要拒絕命運，直到你同意死亡。
——威斯坦·休·奧登，《暫時》（*For the Time Being*）

在我擔任神父的五十年裡，我想我已經主禮過數千次感恩聖宴（也稱為彌撒、感恩聖事、主的晚餐）。我不能說這是我生活的中心，儘管主持彌撒確實給了我許多美妙的機會，來為不同環境和文化的人服務，我也希望在那裡宣講生動的話語。

大多數情況下，那是如同一般天主教徒常說的，一種「共融」的真實體驗——與天主和天主子民的共融，也經常與我自己共融。我瞭解並接受感恩聖事（聖餐禮）的正統神學，也樂於為教友們所提的意向祈禱；不過，當他們傳達了錯誤訊息時，我也經常更正他們。這一切都很好，這是我的工作和信仰的一部分，我將它們視為理所當然。

　　但幾年前，一個令人信服的新信息進入了我的思想、心靈和身體。我意識到，耶穌不是說「這是我的靈，為你而捨」或「這是我的思想」，他反而非常大膽地說「這是我的**身體**」，對於一個靈修導師、天主的人來說，這似乎是一種過於具體和冒險的表達方式。事實上，耶穌如此坦誠的宣告確實震驚了第一批聽眾，正如若望（約翰）所說的那樣：「從此，他的門徒中有許多人退去了，不再同他往來。」（若望／約翰福音6:66）不知為何，「聖言成為血肉」（或「天主子降生」）似乎總是被當成羞於啟齒之事，對我們來說「太過」了，以至於我們不知該如何處理！

　　對於大多數人來說，將我們的身體「給予」另一個人，意味著某種親密、非常私密的事情，而且通常跟性行為有關。耶穌知道這一點嗎？他為什麼要這麼說話，把他的靈性訊息降到如此「血肉」的層次？

　　耶穌堅持地說：「因為我的肉，是真實的食品；我的血，是真實的飲料。」（若望福音6:55）坦白說，即使在今天，這話聽起來也有點令人反感，甚至有同類相食（人吃人）的意思。若望在這裡使用的詞「*sarx*」（希臘文，指的是：讓人慘不忍睹的「血肉」），與保祿（保羅）在他的書信中用來形容「靈」（思高聖經譯作「神」，聖神的「神」，不是天主的意思）的反義詞「肉」是同一個字。若望並沒有使用更溫和優雅的「身體」（*soma*）一詞。這點令我相當驚訝。

　　我開始意識到，耶穌獻上他的身體，正是**給我們他身體完全的人性，而不是他屬靈的天主性（神性）**！他令人震驚地說「吃我的肉」，吃是一種基本的肉身行為，是比思考或說話更基

本和原始的行為。保祿（保羅）後來在他的書信中以消極的方式呈現肉體的人性，而耶穌則是以積極的方式呈現。

由於我的教育背景，我知道耶穌的話語在神學上的區別，也知道它在闡釋上應該意味著什麼：他賜給我們他完整的耶穌基督自我——天主性和人性美妙的共生關係。但這裡所提的方法、媒介和最後所傳達的訊息，都是有形、可食用、可咀嚼的，沒錯，是可消化的人肉。許多古代宗教描繪了神祇食用（或當作犧牲被獻在祭壇上的）人或動物，然而耶穌顛覆了宗教和歷史，他邀請我們想像上主**把祂自己作為我們的食物**！

進一步說，我們之中有些人可能知道該如何接受另一個人，但是該怎麼接受上主呢？這是大多數人在靈性旅程的早期無法冒然嘗試的，除非能以一種高智商的方式。在我們的心裡，很難相信自己值得天主的恩寵，這可能就是為什麼我們創造出了智力和一些道德的理由來不信天主，或將自己和他人排除在感恩聖事之外，拒絕領聖體。

在羅馬禮的彌撒儀式中，人們來到祭台之前都會公開地說：「主！我當不起你到我心裡來。」那麼我們這些站出來領聖體的人，就應該假裝我們確實當得起。每個人都知道的訊息是：「當不起的人」（有各種不同的定義）不應該站出來！這個非常複雜的矛盾訊息，就在禮儀的核心。

然而，天主教儀式有一個很有幫助的部分，就是我們對「真實臨在」的正統信仰。這意思是，耶穌以某種有形的方式存在於聖體麵餅中。這讓領聖體的人做好準備，體驗我喜歡稱之為與上主之間所做的「肉身交流」（carnal knowledge），因為上主通常被認為是精神體。看來，只有心智認知是不夠的，因

為它沒有包括心或靈魂。

如果把不同意這種看法的人，視為「不值得」領聖體，就會產生錯誤。實際上，你真正參與或「值得」領聖體的唯一先決條件，就是**你自己的臨在能力**。這不只是在頭腦中完成，「臨在」是一種獨特的能力，它包括身體、心靈和思想，以及我們所說的「靈魂」。愛情從來不會只在腦海中發生。

只有臨在才能瞭解臨在。
我們的真實臨在，讓我們得以知曉天主的真實臨在。

當耶穌說出「這是我的身體」這句話時，我相信祂不只是在說祂面前的麵餅，而是在說整個宇宙，在說每一個有形的、物質的、被聖神（聖靈）充滿的事物。耶穌堅持的聲明和我們重複的回應在所有的受造物中回響，然後一同融入一塊麵餅中。

你知道嗎？麵餅和酒，以及所有的受造物，似乎比人類更容易相信自己的身分。他們知道他們是**基督的聖體**，即使我們其他人抵制這樣的想法。當我們在祭台前唸出這段神聖的經文時，我們是在對麵餅——和教友——說話，這樣我們就可以將基督的聖體帶給「一切受造物」（馬爾谷／馬可福音 16:15）。正如聖奧斯定所說，我們必須以基督聖體餵養上主的子民，直到他們知道，他們就是他們所吃的基督聖體！他們也是他們所喝的基督聖血[1]！

---

1. Augustine of Hippo, "Sermon 227," *The Fathers of The Church: A New Translation, Volume 38,* Trans. Mary Sarah Muldowney (New York: Fathers of the Church, 1959), 196.

老實且不誇張地說，我的狗維納斯在十五年間教會了
我關於「真實臨在」的事，比任何神學手冊都還要多。維
納斯總是在尋找我、並充分享受我的陪伴，這教會了我如
何與人同在，也讓他們與我同在。牠總是那麼渴望和我在
一起，即使我在半夜吵醒牠，讓牠和我一起去探望病患。
從字面上來說，牠為我樹立了如何與天主同在的榜樣，並瞭解
上主是如何必定與我同在，就像〈聖詠集〉（詩篇）中所記載
的：「看，婢女的眼目，怎樣注視主婦的手。」（123:2）維納
斯的眼睛總是定睛在我身上。要是我能一直對牠忠誠、熱切和
順從就好了。但，是牠教會了我怎麼做。

天主子降生在整個宇宙中

似乎吃掉他的肉身還不夠，在我們舉起聖杯、對所有苦難
的人類說話時，耶穌藉著添加醉人葡萄酒的象徵意義，將我們
推向更遠、更可怕的方向。「這是我的血。」耶穌說，接著他
吩咐我們：「你們拿去喝吧！」

請你在這裡停頓片刻，走到教堂外面，試著跳出教會對感
恩聖事的教導。請記住，在當時，對猶太人而言，與血液接觸
在儀式上通常被視為不潔。是只有我這麼認為，還是這開始讓
人有吸血鬼德古拉的感覺了？是事情本來就應該如此，本來就
應該令人反感和震驚，不是嗎？

我從研究男性的入門聖事儀式（male initiation rites）中學
到的一件事是，活潑而令人驚訝的儀式是唯一具有心理效果的
儀式，比如象徵性的浸入水中、挖自己的墳墓、赤身裸體在灰

爐中翻滾，甚至是現在被認為已過時的入門聖事儀式——主教在堅振禮儀中賞教友一耳光（這真的很令人震驚且難以置信）。太過平淡的事情對心理的影響都很小，至少對男性來說是這樣，但我猜想對女性而言亦是如此。

在重複而無害的典儀和改變生命的宗教禮儀之間，存在著真正的區別。學者們說，典儀通常用於確認和慶祝現狀，並且否認事物的陰暗面（想想七月四日的國慶遊行），然而真正的宗教禮儀則提供了另一個宇宙，在那裡陰影被正視（想想真正的感恩聖事）。**在教堂裡，恐怕我們大多是在舉辦「典儀」。**大多數我所參加過的彌撒都是肯定現狀，很少揭示、甚至經常否認教會、國家或文化中的陰暗面。

許多神秘靈修學者及解放神學學者都更進一步肯定：邀請我們把葡萄酒當作**耶穌的聖血**來喝，就是邀請我們在身體上與「流在地上的一切義人的血，自義人亞伯爾的血，直到你們曾在聖所與全燔祭壇間，所殺的貝勒基雅的兒子則加黎雅的血」（瑪竇福音23:35）共融在一起。這些是《希伯來聖經》（也就是基督徒的《舊約聖經》）中提到的第一起也是最後一起謀殺案。

在感恩聖事中喝下基督的血，你就有意識地將自己與世界上所有不公義的苦難相連結，從開始到結束。無論過去和現在，哪裡有苦難，那裡就有上主的憐恤和同理。耶穌說：「這是我**全部**的血！」這讓受害者成聖，也為所流的血賦予最終的完整意義。

當我面對一群教友說出同樣這番話，看著他們對這個信息似乎不感興趣的時候，我經常想到這一點。**將其視為奇蹟，根**

本不是真正的訊息。我能理解為什麼我們如此頻繁地舉行感恩聖事，這個訊息對心靈是如此震撼，對我們的驕傲和個人主義的挑戰又是如此巨大，以至於我們要用一生的實踐和極度感受人性的脆弱才能融入其中，作為每一件事的模式——而不只是這件事。

麵餅和酒共同代表宇宙的基本元素，它們也享有並傳達著天主子降生（聖言成為血肉）的臨在。為什麼我們這麼反抗這個訊息？真正舉行感恩聖事的教會，本應率先辨識出物質「基督化」的集體性、普遍性、肉體性的本質。我們必須繼續為人類提供這種奇妙的同質療法，它為我們**製造問題**，也為我們提供**治療方法**。

雖然天主教徒確切地肯定耶穌在地球上這些物質元素中的**真實臨在**，但大多數人並沒有意識到他們所肯定的涵義為何。麵餅和葡萄酒在很大程度上被理解為**排外性的臨在**（exclusive presence，意思是：不是教友，就不給他領聖體）；而實際上，它們完整的功能是在傳達真正包容性的臨在（inclusive presence），這真是令人震驚啊！

一個真正的信徒正在吃著令他或她害怕看到和害怕接受的東西：**無論在其本質上還是在其痛苦上，宇宙都是上主的身體**。

正如教宗方濟各所堅持的那樣，感恩聖事的麵餅和酒不是對完美者的獎賞，也不是對良好行為的獎勵。它們是人生旅途中的食物，也是病人所需的藥品。我們來到聖壇前領聖體不是因為我們當得起，而是因為我們都受了傷，且在某種程度上都是屬於「當不起」的人。耶穌說：「不是健康的人需要醫生，

而是有病的人。」（馬爾谷福音2:17）人們不禁想問：我們怎麼
會這麼成功地錯過這個核心訊息呢？客觀上來說，是上主給了
我們價值！

「為你而捨的」

在最後晚餐中，耶穌多次重複的另一個重要短語是「為
你們」。在瑪竇（馬太）、馬爾谷（馬可）和路加的記載中，
還有在保祿（保羅）的書信中都是如此（格林多／哥林多前書
11:24及以下）。耶穌說，我的身體「為你們而捨」、「為你們
損壞」，我的血「為你們而流」。

任何曾經享受過魚水之歡的人都知道，這種快感不僅來自
身體的感覺，還來自對方，特別是對方想和你——**為你**赤身裸
體，在你**之內**感到高興，取悅你。你總是問：「在一起的渴望
為什麼是我？」你希望對方說：「因為我愛你！」這就是猶太
神學家馬丁·布伯（Martin Buber）所提出，最重要和非常具體
的「你我關係的體驗」（I-Thou experience）。

在我們默觀中心的一位年輕女職員告訴我，她認為女性
的生理周期讓女性從自身經歷和從生物細胞的層面上，對這
種經歷特別能理解。因為她們每個月都為生命流血，在分娩時
也貢獻出血和水，就像耶穌在十字架上所做的那樣（若望福音
19:34）。這樣的說法當然我是給予肯定的！

「水和血」一直是讓我感到衝擊的象徵意義，但也許對女
性來說則不然，因為她們知道分娩的代價。耶穌把「血代表不
潔」的傳統整個顛倒過來，他使血代表**聖潔**，甚至把血作為與

天主的相接點，這是多麼大膽和令人震驚啊！光這一點就值得寫成一整本評論，而且這應該是一種像遭電擊槍電擊的體驗，所有真正的聖事禮儀都應該如此。

同樣地，「相互渴望」也是感恩聖事預期要帶給我們的影響。

我們知道耶穌喜歡稱自己為「新郎」（若望福音3:29，瑪竇福音9:15），在他最早所行的宣講事工記錄之一，就是在婚宴歡慶時（若望福音2:1）用水釀造了一百五十加侖的酒，讓婚宴能順利進行至尾聲！我們也知道，描寫情愛的〈雅歌〉以某種方式納入了聖經，其中關於結合的意象，從最早的幾個世紀開始，就讓神秘主義者感到彌足珍貴。然而，後來的基督徒對談論人的身體感到相當拘謹和羞恥，而上主卻如此快樂地透過耶穌呈現人的身體，在感恩聖事中如此自由地將耶穌的身體賜給了我們。

感恩聖事是與心靈的相遇，透過我們獻出自己的臨在來體認天主的臨在。在感恩聖事中，我們超越了單純的言語或理性的思考，去了那個我們不再談論奧秘的地方；我們開始咀嚼聖體。耶穌沒有說「想想這個」或「盯著這個看」或甚至「敬拜這個」，相反地，他說「吃下這個」！

我們必須將我們的認知轉移到身體上、細胞上、所參與的事物上，從而達到結合為一的層面。我們必須繼續吃喝這個奧秘，直到有一天，在一個不設防的時刻，我們恍然大悟：「我的天，我真的就是我所吃的！我就是**基督的聖體**。」從今以後，我們可以信任並允許這個自我們存在的第一刻起就一直存在的事實。正如我之前提到的，感恩聖事應該像一把電擊槍那樣運

作，而不只是舉辦一個漂亮的儀式。在我們赤裸裸的存在中，有尊嚴和力量流過我們——這也發生在其他每個人的身上，儘管大多數人都不知道。

這種身體意識足以引導和增強我們整個信仰生活的力量，而僅僅同意或只說出這些話，永遠不會給我們帶來所需的震驚**來吸收天主對我們的神聖渴望，以及我們對天主本身的渴望。**坦白地說，我們談論的是收到一張真誠的情人節賀卡，上面寫著「我愛你」，以及和你深切關心、同時也關心你的人，進行身體上赤裸溫柔的愛的交流，這兩者之間有何不同，我們為什麼如此害怕呢？

這就是為什麼我必須堅持正統的信念，也就是在麵餅和酒中有著「真實的臨在」。對我而言，**如果我們犧牲元素中所存在的「事實」，我們最終也會犧牲在自己之內相同的「事實」。**正如弗蘭納里‧奧康納（Flannery O'Connor）曾經宣稱：「好吧，如果它只是一個象徵，那就帶著它下地獄去吧！[2]」

然後，感恩聖事成為我們基督徒旅程的試金石，我們必須反覆返回一個地方，以便找到我們的面孔、我們的名字、我們的絕對身分——我們在基督裡是誰，從而永遠是誰的那個身分。我們不只是擁有天主經歷的人類，感恩聖事告訴我們，以某種神秘的方式，我們是擁有人類經歷的天主！

這在〈羅馬書〉8章18-25節（作為創造）和〈格林多前書〉10章16節及以下和11章23節及以下（如餅和酒），以及在12

---

2. Flannery O'Connor, *The Habit of Being* (New York: Farrar, Straus and Giroux, 1979), 125.

章12節及以下（作為人）都做了說明。在這些經文中，在不斷擴大的意義上，保祿表達了他完全的信念，即人類和屬靈的身分存在著真正的轉移，從基督到創造，到麵餅和酒的元素，並透過它們轉移到人類身上。

包容的大圓（三位一體）是一種離心力，它最終會把一切都拉回三位一體的本身——正如許多物理學家預測的那樣，宇宙最終將在某一時刻停止擴張，他們稱之為「大緊縮」，有些人甚至說這需要一納秒（a nanosecond）才能發生（這會是對「基督再次降臨」的真實描述嗎？還是對「最終審判」的真實描述？我想是的）。

因此，感恩聖事就像復活一樣，不是單一事件或某種奇怪的異常。

感恩聖事是天主子降生的基督被帶到它最終的形狀和終點——地球本身的元素。

這都是因天主子降生而逐漸演變成的。

我們在天主之內是誰，就等同於我們整體是誰。

其他一切都在改變和逝去。

帶著極大喜樂地寫在 2017 年復活主日

第 12 章

———•———

耶穌為什麼死亡？

我們光榮的宿命在本質上優先於任何罪的概念。

——真福若望·董思高，方濟會

從我在世界各地為人們諮商三十五年來的工作經驗顯示，幾乎在所有文化中，人類的心靈都被暴力、無法溝通、受父親及其他男性傷害或虐待而傷痕纍纍。這種傷害對我們屬靈情感的影響是深遠的。當然，人們不信任或不相信天主（上帝）的原因有很多，但基督徒所做的最適得其反的事情之一，就是將「天主父」（天父）描述為暴君、虐待狂、易怒的父親，或者只是一個不可靠的情人。

一個明顯的例子是，我們對於「為什麼耶穌必須死」以及「這樣的處置和我們的救恩有什麼關係」的主流解釋。這使得這位「天主父」變得有距離且冷漠。

在基督宗教歷史的大部分時間裡，當基督徒說到「耶穌為我們的罪而死」所代表的意義，沒有某個單一共識佔上風；但，近幾個世紀以來，有一種「理論」確實佔了上風，它通常被稱為「代罰性救贖理論」（penal substitutionary atonement theory），尤其是它是在宗教改革之後發展起來的。代罰性救贖理論是指基督透過自己選擇犧牲，代替我們罪人受懲罰，從而滿足了對「正義的需求」，因此天主可以赦免我們的罪。

這種贖罪理論最終依賴於另一個被普遍接受的概念，也就是亞當和厄娃（夏娃）的「原罪」，我們被告知原罪玷汙了全人類。但就像我們之前討論過的原罪一樣，大多數基督徒從未被告知這種解釋是多麼新近和具有區域性，而且它完全依賴於一種報應式的正義觀念。他們也沒有被告知過，這只是一個理論，儘管有些團體認為這是長期存在的教條。早期教會從未聽說過這個理論，他們頂多從聖經的許多隱喻中得到一些關於「贖金」的概念。

除非我們把耶穌為什麼、和不為什麼而必須死的原因解釋清楚，否則我們將難以釋放我們對基督和耶穌的概念，並將他們視為天主聖三無限之愛的啟示者；而不是認為耶穌之死是因為人冒犯了天主的正義，天主為了糾正人類的罪而被「要求」這場血腥交易。

在本章中，我希望討論我們普遍接受的贖罪理論——特別是透過耶穌的生命、苦難和死亡所完成的救贖理論。這導致了對耶穌的角色和基督永恆目的的嚴重誤解，也重申了我們關於報復性正義的狹隘概念，並一路往下，將「善良和必要的暴力」的概念合法化。

　　我帶著既興奮又惶恐的心情談論這個主題，因為我知道代
罰性救贖理論是許多人信仰的核心。但是，**耶穌為什麼死亡，
以及他的死亡所代表的意義和訊息是什麼**，這些問題主導了近
代基督宗教的敘事內容，那通常遠超過耶穌的生平和教導。正
如有些人所說，如果代罰性救贖理論是正確的，那我們所需要
的只是耶穌生命的最後三天，甚至最後三個小時。在我看來，
這種解釋使我們無法深刻理解耶穌和基督所達成的真正轉化。
救恩成為耶穌和他天父之間的**一次性交易**，而不是人類靈魂和
整個歷史的持續**轉化過程**。

　　在最好的情況下，代罰性救贖理論會使我們失去福音的真
正影響力，導致我們在很大程度上「感謝」耶穌，而不是真誠
地效法他。在最壞的情況下，它會導致我們把天主視作一個冷
漠、殘酷的人物，在愛自己的創造物之前，就要求採取暴力的
行動。

　　毫無疑問，新舊約都充滿了贖罪、犧牲、彌補、贖金、付
出代價、打開大門等等的隱喻。但這些都是常見的聖殿隱喻，
對猶太人來說是有意義的。但從人類學角度講，這些詞語和假
設反映了一種神奇的、或我稱之為「交易」的思維方式——我
說交易的意思是，只要你相信正確的事情、說正確的祈禱或舉
行正確的儀式，在神聖的法庭上一切事情就會對你有利。根據
我的經驗，這種思維方式會隨著人類文化的成長，以及尋求思
想和心靈的實際改變而失去力量。然後，轉化的思維將會取代
交易性的思維。

　　正如我之前所寫的，基督宗教對天主（至上神）的看法
徹底背離了大多數古代宗教。基督宗教沒有讓天主「吃」祭

壇上獻祭的人、動物或農作物，而是大膽地宣稱天主的身體是給我們吃的！**這扭轉了一切，打破了看似合乎邏輯的交換條件（*quid pro quo*）思維。**

只要我們採用了任何一種關於冒犯天主的報復性正義的概念（要求對錯誤行為進行懲罰），就是將我們獨特的基督宗教訊息，換成了歷史上大多數文化中普遍存在的冷酷無情的正義。我們沒有為歷史提供拯救的選擇，實際上卻是把保祿（保羅）所說的過度控制世界的「率領者和掌權者」（厄弗所／以弗所書3:9-10，6:12）給神聖化了。我們置身於一些人所謂的「救贖性暴力的神話」中，而這可能正是歷史的主流故事。

現在，是基督宗教重新發現聖經中「修復性正義」這個更深層次主題的時候了，它側重於康復與和解，而不是懲罰（請參閱厄則克耳／以西結書第16章有關於這主題的最佳範例）。我們可以稱耶穌的故事為「救恩性苦難的神話」──不是「付出代價」，而是為他人奉獻自我。或者，也可以說它是「一項偉大的成就」而不是補贖罪罰！

當然，修復性的正義在耶穌持續不斷的醫治事工中得到了充分的示範。耶穌代表了猶太先知真實和更深層次的教導。耶穌從未懲罰過任何人！是的，他向人們提出了挑戰，但那總是為了人們的洞察力與醫治，以及將人和環境恢復到天主這個起始的源頭。

一旦一個人認識到耶穌的使命（在四福音書中都很明顯）是醫治人而不是懲罰人，那麼主流的報復性正義理論就會開始失去吸引力和權威。

重視理論正確的歷史

早期基督徒會尋找合乎邏輯且意義深遠的理由，來解釋他們宗教創始人悲劇性死亡的「原因」，這是合理的。但幾個世紀以來，他們找到的答案並不是為了安撫那位憤怒、有宗教狂熱的天主父。最初的一千一百年，基督徒所達成的共識是，耶穌在十字架上的犧牲——所付的「代價」或贖價——不是付給上主，而是付給了魔鬼！是的，我知道現在這看起來很愚蠢，但這就是許多基督徒近一千年來所相信的。這使得魔鬼非常強大，上主非常軟弱，但它給了人們一個為耶穌之死負責的對象，在這一點上，至少這個對象不是天主父。

之後，到了十一世紀，聖安色莫（Anselm of Canterbury）寫了一篇名為〈為什麼天主變成了人〉（*Cur Deus Homo*）的文章，不幸的是，這可能是有史以來最成功的神學作品。聖安色莫認為他可以在中世紀的封建榮辱觀中解決罪的問題，他實際上是說：「是的，確實需要付出代價來恢復天主的榮譽，而且需要由一個與天主父等同地位的神明來償付這份代價。」

顯然，聖安色莫從未想過他理論中災難性的涵義，特別是對於那些已經害怕或怨恨上主的人。在專制的父權制文化中，大多數人已完全被設定成這樣思考：努力安撫一個憤怒、具懲罰性、甚至行為暴力的掌權者。許多人仍然以這種方式運作，特別是如果他們有著易怒或會虐待子女的父母。人們回應這種上主，是因為這樣的上主符合他們自己的人生故事。

不幸的是，出於一個簡單、但具毀滅性的原因，這種理解也使得深入的屬靈旅程變得無效：**你怎麼會愛、信任或渴望跟**

這樣的一位天主在一起呢？

在接下來的幾個世紀裡，聖安色莫以榮辱為基礎的思維方式開始被基督徒所接受，儘管有些人抵制它，尤其是我所屬的方濟會。新教徒接受了天主教的主流立場，並以更大的熱情接受了它。福音派後來將其奉為基督教基本信仰的「四大支柱」之一，這在早期被視為一種奇怪的做法。他們從未聽說這種信仰有不同的歷史，即使是在少數新教徒中也是如此，如果你來自一個完全「法律和秩序」的文化（大多數人直到最近都還是這樣），那就完全說得通了。

然而，由真福若望‧董思高領導的方濟會，拒絕將天主子降生及其在十字架上的最終結局視為只是對罪的回應。相反地，他們聲稱十字架是天主**自由選擇的完全之愛的啟示**。透過這樣做，他們幾乎扭轉了所有世界宗教的動力源，在他們之前，人們認為我們必須流血才能接近那位遙遠且要求嚴格的天主。方濟會學派相信，天主在十字架上藉由「流血」向我們伸出援手[1]！

這是意識的巨大轉變。十字架不是交易，而是天主傾瀉之愛激動人心的示範，為了徹底震撼人心，使人們對造物主的愛與信任能夠回心轉意。

在方濟會學派的思維中，天主不需要得到報酬才對祂自己所造物的失敗表現出愛和原諒。愛是無法透過「必要的犧牲」來贏得的；如果可以這樣贏得，愛便不會、也不能發揮其轉化

---

1. Mary Beth Ingham, *Scotus for Dunces: An Introduction to the Subtle Doctor* (St. Bonaventure, NY: Franciscan Institute, 2003), 75ff.

性的影響。試著以這種方式愛你的配偶或孩子，看看那會給你帶來什麼結果。董思高和他的追隨者致力於保護**天主絕對的自由和愛**。如果需要靠贏得或付出代價來得到寬恕，那麼它根本不是真正的寬恕，寬恕必須是自由的放下。

我不確定基督徒是否已經辨識出「代罰性救贖理論」的危險性。儘管古往今來有思想的人經常對這種粗鄙的天主觀念十分排斥，但其基本假設從未被真正闡明過。在我們這個時代更是如此，這些理論已經成為許多人信仰上致命的一擊。有些基督徒只是壓抑著他們的疑慮，因為他們認為有疑慮就意味著完全失去信仰。但我敢打賭，每有一個人表示懷疑，就會有更多的人悄悄地離開這個看似不合理、神話化、讓內心和靈魂都深感不滿足的宗教。但這些人並不是壞人！

我們可以做得更好，而且這樣做絲毫不會削弱耶穌。事實上，這將使耶穌具有普遍和人性的吸引力，直擊我們無法相信「無條件的愛」的核心。十字架不可能是一個獨斷和血腥的犧牲，完全取決於一男一女曾經在底格裡斯河和幼發拉底河之間的一棵樹下所犯下的罪。坦率地說，這個想法將具有普世性或真正「大公性」啟示的概念給縮小了，有如把宇宙簡化成為只是太陽系邊緣的一顆行星而已，而現在我們已經知道：宇宙中有數十億個星系，有數萬億個太陽系。

一個立基於必要和必須犧牲的宗教，以及最終需要耶穌和後來出現的下層階級來犧牲的宗教，實在是不夠榮耀、不夠有希望，甚至不適合一切奇妙的受造物，而我們都是其中的一部分。對於那些堅定支持聖安色莫對上主理解的人，我會說，正如腓力斯牧師（J. B. Phillips）多年前所寫的那樣：「你的上帝

太渺小了。[2]」

歷史上有太多罪惡是打著「犧牲」的操縱性口號而犯下的，通常是為了一個所謂「崇高」的理由，才會使用暴力和做出必要的犧牲（只要去參加退伍軍人節的遊行，你就會發現，「犧牲」可以很快地將自由派和保守派團結在一起）。

但我相信，耶穌徹底消除了「我們必須做出犧牲，才能讓天主愛我們」的概念——這個犧牲首先在他自己身上，然後在我們所有人身上。耶穌在整部福音書中都說：「你們去研究一下：『我喜歡仁愛勝過祭獻』是什麼意思。」（瑪竇／馬太福音9:13，12:7）他引用了先知歐瑟亞（何西阿）的話，歐瑟亞進一步補充說明：「喜歡人認識天主勝過全燔祭。」（6:6）

犧牲的概念使我們處於報復性正義的框架中，被排除在福音本質性的恩寵之外，並認為我們不該得到愛。認知到這點，對理解福音是很重要的。法國哲學家勒內·吉拉爾（René Girard, 1923-2015）不遺餘力地證明耶穌終結了所有犧牲的宗教概念，這種概念只能維持我們的「交換條件」世界觀[3]。我強烈推薦他。

十字架目的的衝突

有了這個背景，現在讓我提供你，我所認為耶穌之死的最

2. J. B. Phillips, *Your God Is Too Small: A Guide for Believers and Skeptics Alike* (New York: Macmillar, 1952)

3. René Girard, *The Girard Reader,* ed. James G. Williams (New York: Cross- road, 1996).

首要、也最有益的意義——基督宗教歷史上最著名的這個行為揭示了我們所面臨的問題，並為我們提供了解決的方法。正如你將看到的，我的前提是：

天主不是暴力的，而我們是。
天主沒有要求人類受苦，而是我們要求。
天主不需要也不想要苦難——既不需要也不想要耶穌或我們受苦。

　　吉拉爾以相當明確的方式來理解〈希伯來書〉中頻繁使用「一次而為永遠」這個詞（9:12，10:10），以這個詞來終結「為了某種需要而做出某種犧牲來取悅上主」的觀念。天主之愛的問題從天主那邊永遠解決了。出於我們的不安全感，我們總是不斷地重新創造出「必要的犧牲」。
　　請聽耶穌在〈若望福音〉中所說的：「我不是為審判世界而來，乃是為拯救世界。」（12:47）或者在〈瑪竇福音〉中所說的：「凡勞苦和負重擔的，你們都到我跟前來，我要使你們安息……因為我是良善心謙的，因為我的軛是柔和的，我的擔子是輕鬆的。」（11:28-30）如果你從小是個基督徒，你可能已經讀過這些經文幾十遍了。但是，一旦你能從審判性和懲罰性的世界觀，轉變為充滿恩寵和轉化的世界觀，你就會以一種像是打了重點燈光的新方式來閱讀貫穿《新約》的這些經文。
　　我們大多數人仍然依照既定的方式、根據法理學的一般法則來閱讀聖經，這些法則幾乎從來不是基於「修復式正義」（甚至這個詞是直到最近才開始普遍）。修復式正義是猶太先知了

不起的發現，在其中，雅威（耶和華）透過更加愛護以色列人來懲罰他們（厄則克耳／以西結書16:53及以下）！

法理學在人類社會中佔有重要地位，但不能轉移到有關天主的思想中來。它不能引導我們進入無限之愛或任何無限事物的領域。一旦你墜入仁慈與憐憫的海洋，權衡和算計的世界觀就完全不夠用了。如果我能稍微詮釋一下我親愛的聖女小德蘭（Thérèse of Lisieux）的話語，那就是：有一種科學是天主一無所知的，那就是加法和減法。小德蘭充分明白「唯有依靠恩寵才能得救」的最終涵義，然而在整個基督宗教歷史中，很少有人能明白這個道理。

天主的心智（Divine Mind）完全認同人類的困境，並自始至終與人類在一起，從而改變了人類的所有苦難。這才是釘在十字架上真正的涵義。十字架不只是單一的事件，而是來自天主的聲明：**現實生活具有十字架的模式。**

耶穌是在十字架目的的衝突下、在利益衝突和半真半假的情況下被殺害的，他被夾在帝國的強烈要求和當時的宗教體制之間。十字架是耶穌為了生活在這個「混合」世界所付出的代價，這個世界既是人性的、也是具有天主性（神性）的；既是破碎的、也是完整的。他被懸掛在好盜賊和壞盜賊之間、在天堂與人世之間、在人性和天主性之間、在男性的身體和女性的靈魂之間，他極度地完整，但也極度地破碎——他身處所有主要的對立面。

透過這樣做，耶穌示範了現實並非毫無意義和荒謬，即使它並不總是完全合乎邏輯或一致。我們知道，現實總是充滿矛盾，聖文德、里爾的艾倫（Alan of Lille）和庫薩的尼各

老（Nicholas of Cusa）都把這一點稱為「對立的巧合」。

耶穌基督被釘在十字架上和在復活時，「就使天上和地上的萬有，總歸於基督元首」（厄弗所書1:10）。這節經文是方濟會基督論的總結。耶穌同意背負普世苦難的奧秘。他允許普世苦難改變他（這裡的改變意指「復活」），也希望能改變我們，這樣我們就可以擺脫將痛苦投射到他處或被困在其中的無休止循環。

這是完全復活的生命，是唯一讓人感到快樂、自由、充滿愛並因此「得救」的途徑。實際上，耶穌是在說：「如果我能信靠它，你也可以。」我們確實被十字架拯救了——比我們意識到的還要多。掌握矛盾並自行解決矛盾的人是世界的救世主。他們是轉化、和解與更新的唯一真正的代理人。

比起成為「要上天堂的人」，基督徒更應該成為上主在世間可見的憐恤之心。他們是同意和世界上所有生命分享上主命運的酵母，從而避免整個麵糰要靠自己發酵。**基督徒是被邀請，而不是被要求去接受生活在現實的十字架上。**它不是一種義務、甚至不是一種要求，而是「自由的聖召」。

有些人感到被召喚，同意不去躲避事物的陰暗面或被排擠的群體，他們去靠近世界的痛苦，允許世界的痛苦從根本上改變他們的觀點。他們同意擁抱世界的不完美、甚至不公義，也允許這些情況從內而外改變他們自己。總之，這是改變事情的唯一方式。

正如我們的一些聖徒以不同的方式所說，耶穌不忠於團體、國家、爭戰和團隊。**耶穌只忠於苦難。**就像現在，他對受苦受難的伊拉克士兵和受傷的美國士兵，對幻想破滅的納粹

戰士和在戰場上灰心喪氣、流血致死的英國士兵都一樣關懷備至。正如依撒意亞（以賽亞）令人震驚地指出：「萬民在他面前好像烏有，在他看來只是空虛淨無。」（40:17）

　　耶穌國度跨越了所有國界和邊境，只被那些曾經受苦並從苦難中走出、具有智慧和自由的人們所擁有——耶穌國度不會被摧毀，而是變得更廣大、更強大和更有智慧。福音單純是那些同意承擔上主無限苦難之人的智慧。諷刺的是，許多非基督徒——我想到安妮・弗蘭克（Anne Frank）、西蒙娜・瑋伊（Simone Weil）和伊迪・賀樂孫，她們都是猶太人——似乎比許多基督徒更自由地完全接受了這個召喚。

代罪羔羊和「世界的罪」

　　對我來說，最能為理解耶穌之死奠定基礎的希伯來聖經，是在〈肋未紀〉（利未記）第16章中找到的，勒內・吉拉爾稱這一章中的描述，是有史以來最有效的宗教儀式。在「贖罪節」，大祭司亞郎（亞倫）被指示，要象徵性地將人們所有的罪孽都放在一隻不幸的山羊身上，然後人們會毆打這隻動物，直到牠逃進沙漠（「代罪羔羊」一詞來自「逃跑的山羊」，用於聖經的早期英文翻譯）。

　　這是一個生動的象徵性的行為，有助於在短期內團結，並讓人民釋懷。它預示著天主教徒後來所說的「集體赦罪」（general absolution）或「公開告解」（public confession）。這種儀式不是承認我們的罪，而是允許我們把罪轉嫁到其他無關的事物身上——在這裡，罪被轉嫁到一隻無辜的動物身上。

根據我在這一章想表達的，代罪羔羊的形象有力地反映了普遍上人類潛意識中的需求，也就是透過將他人置於不應得的負面遭遇中，把我們的內疚轉移到其他事物（或其他人）身上。這種模式在我們社會和私人內心生活的許多方面都可以看到，以至於你幾乎可以稱它為「世界的罪」（請注意，「罪」在〈若望福音〉1章29節中是單數的）。

然而，聖經裡的記載似乎承認，只有「天主的羔羊」才能在一次非暴力的行動中揭示和解決罪惡（任何「天主之獅」都會讓人產生一種錯覺，以為我們可以用同樣的力量戰勝權力，但那只會使問題加倍嚴重）。

還要注意的是，〈肋未紀〉中的代罪羔羊是在兩隻山羊中任意選擇的（16:7-10）。作為贖罪祭的祭品「上主的羊」，以及被趕去沙漠的「阿匝則耳（荒原中的惡魔）的羊」，這兩者實際上真的沒有什麼區別——除了人們怎麼看待和選擇牠們。上主創造了兩隻山羊，由我們人類來決定應該驅逐哪隻山羊。這種二元論的思維是不正確的，但我們的自我發現它既方便又有用，更別提它是轉移歸咎責任的必要條件了。

直到今天，在許多個人、政治和公開性言論中，代罪羔羊的概念和做法仍然是一大特徵。左翼人士指責右翼人士在支持戰爭和槍支的同時，僅僅是稍微「贊成生育」一下，因此當他們自稱在「捍衛生命權」時是虛偽的。右翼人士則指責左翼人士「支持墮胎」和「支持人工流產合法化」，所以沒有「捍衛生命權」。透過集中攻擊對方的山羊，雙方都可以避免要完全的「始終如一」。

令人驚訝的是，這種邏輯相當有效地防止了我們兩方的誠

實。事實上，一個完整、完全一致的捍衛生命權的立場，可能會讓很少人滿意，因為它要求我們犧牲一些不容置疑的假設。很少有人一直穿著真正捍衛生命權的「無縫外衣」。看起來，我們似乎沒有完全純粹的立場可以立足，在我們在任何程度上解決這個問題之前，必須誠實地指出並接受這種不完美。這就是我們自以為完美正確的自我錯覺，這常常讓我們把別人釘在十字架上。

吉拉爾表示，代罪羔羊的機制可能是大多數社群和文化形成的基本原則。我們很少有意識地知道自己正在找代罪羔羊、或將罪投射到他人身上。正如耶穌所說，人們真的「不知道他們做的是什麼」（路加福音23:34）。其實，這個機制之所以這麼有效，完全是因為我們**看不見**它！它幾乎是完全自動、根深蒂固、在潛意識中的。「是她讓我這麼做的」、「他有罪」、「這是他應得的」、「他們就是問題所在」、「他們是邪惡的」……人類應該認識到自己的消極和罪惡，但我們不但沒這麼做，反而在憎恨或責備所有其他的事情。

除非代罪羔羊可以透過具體的儀式、承認自身錯誤、許多人所說的「悔改」被有意識地看見和提起，否則這種模式會一直保持在潛意識中、不引起質疑的狀態。直到二十世紀，現代心理學才認識到人類總是將自己沒意識到的陰暗事物投射到其他人和群體上，而耶穌在兩千年前就揭示了這種模式。耶穌說：「凡殺害你們的，還以為是盡恭敬天主的義務。」（若望福音16:2）

我們討厭自己在別人身上被看見的缺點，可悲的是，我們經常在宗教中找到這種投射的最佳掩護。恐怕上主和宗教都被

我們用來為大多數的暴力辯護，讓我們躲避自己不願承認的陰暗面。

聖經正確地稱這種無知的仇恨和殺戮為「罪」，而耶穌來此，正是為了「除免」（若望福音1:29）我們的犯罪能力——透過揭露謊言，讓所有人看見。就像與優秀的靈修導師或聽告解神父交談一樣，凝視被釘十字架的人，可以幫助你看到所有悲劇中的謊言。

請記住，耶穌是完全無辜的，他遭受「教會和國家」（耶路撒冷和羅馬帝國）最高權威的譴責，這樣的舉動應該引起人們對「最高權威也會發生錯誤」的正常懷疑。也許權威仍然不希望我們看到這一點，這就是為什麼我們如此專注於個人肉體所犯的罪。被否認的真正毀滅世界的罪，更多是我們經常欽佩並完全接受的公眾人物的罪：驕傲、野心、貪婪、貪食貪杯、做假見證、合法殺戮、虛榮等等。這些是很難否認的事實。

正如若望（約翰）所說：「當他來到時，就要指證世界關於罪惡、正義和審判所犯的錯誤。」（16:8）這就是耶穌在十字架上要揭露和擊敗的。他來不是要改變上主對我們的看法，那不需要被改變。**耶穌是來改變我們對上主、對自己的看法，讓我們分辨真正的善惡。**

傳遞天主所傳遞的，愛天主所愛的

那麼，跟隨耶穌意味著什麼呢？我相信我們被邀請去凝視被釘在十字架上的耶穌的形象，以軟化我們的心來面對一切苦難，幫助我們看到自己是如何受仇恨和暴力所「傷害」，並知

道天主對我們一直有一顆柔軟的心。

　　當我們把目光轉向天主的真理時，我們就放棄了尋找代罪羔羊和自我辯解的模式——我們為自己和所有受苦之人贏得了同情。這主要發生在心理和潛意識的層面，但那正是我們所有的傷害和我們想以暴力還擊的所在，它們隱藏在原始的「蜥蜴腦」中，幾乎不受我們理性的控制。

　　一個轉化性的宗教必須在這個原始的腦幹層面上觸及我們，否則它根本就不是轉化性的宗教。歷史上不斷有這樣充滿恩寵的人，他們以某種方式學會了超越自身利益，為世界利益而行動，他們顯然是藉由比他們自身更大的力量來行動的。甘地、奧斯卡・辛德勒（Oskar Schindlers）、馬丁・路德・金恩，再加上羅莎・帕克斯（Rosa Parks）、德蕾莎修女、桃樂斯・戴（Dorothy Day）、奧斯卡・羅梅羅（Oscar Romero）、塞薩爾・查維茲（Cesar Chavez）和許多「無名戰士」，這些鼓舞人心的人物給了我們強有力的證據，證明基督的心仍然居住在世界上。

　　我們大多數人都很幸運地與許多不為人知的人相遇，他們表現出同樣的英勇事蹟。我無法解釋一個人如何成為這樣的人，我所能推測的是，他們都有過呈現出自己是基督的時刻，他們不再否認自己的陰影，不再將這些陰影投射到他處，而是同意擁有他們最深刻的身分，與整個世界休戚與共。

　　然而，基督徒這個身分並不令人羨慕。

　　　跟隨耶穌是一種聖召，要為世上的生命分享上主的命
　　　運。允許上主出於某種原因所允許和使用的事物，並

且承擔上主永遠受苦中的一些輕微苦痛。

通常，這與相信關於上主的正確事情無關——除了上
主本身就是愛的事實。

那些同意承載和愛上主所愛的（包括好的事物和壞的事物）
並為了和自己內在和解而付出代價的人，就是耶穌基督的追隨
者。他們是上主用來改變世界的酵母、鹽、殘餘物和芥菜籽。
因此，十字架是一個非常戲劇性的形象，說明了「為神所用」
的代價。這並不意味著你能上天堂而其他人不能；相反地，這
意味著你更早進入了天堂，因此現在能以超然、完整和療癒的
方式看待事物。

長期保持這種思想和心靈，是真正的靈性。我毫不懷疑要
達到這樣的境界，需要透過許多日常的決定和順服的操練。尋
找志同道合的同伴有助於靈性的提升，這樣的恩寵和自由從來
都不是單獨的成就。你自己創造的天堂永遠不會成為長久的天
堂。聖徒是指在這個世間覺醒的人，而不是等到來世才覺醒的
人。聖方濟、廢奴者威廉・威伯福斯（William Wilberforce）、
聖女小德蘭和人權鬥士哈莉特・塔布曼（Harriet Tubman）並不
覺得自己比其他人優越；他們只知道自己被允許進入天主的大
奧秘，想盡自己的一分力量來揭示它。

他們都拒絕相信自己的力量，除非這種力量是從脆弱
的力量中被教導和提煉出來的。

這不是一個簡單的道理。一旦整個思維框架被拆散並

以這種方式重塑，他們就必須想出如何重新融入主流的世界觀——但他們中的大多數人從未這樣做，至少沒有完全做到。這成了他們的十字架。「苦路」永遠不會過時，因為它肯定永遠沒有「入時」過。它永遠不會成為任何地方的主流意識。然而，這就是上主的脆弱，以這脆弱的力量拯救了世界。

代罪羔羊的機制，也就是我們憎恨在他人身上的自己、因而想去攻擊他人的能力，對大多數人來說都太誘人、也太難辨認了。每一世代和每一文化都必須重新反對代罪羔羊的機制。天主的國度總是一個酵母、一些殘餘物、一場重要的彌撒、幾個被揀選的人、猶太的法定人數（「十個義人」）——他們為了真理，將我們從自我中拯救出來。

天主是最終的非暴力者，所以我們不敢接受任何基於暴力、排斥、社會壓力或道德脅迫的救贖理論。當我們這樣做時，這些會被合法化為一種正確的生活方式。**天主透過愛和包容來拯救我們，而不是透過排斥或懲罰。**

天主呼召每個人和每個事物，而不僅僅是召喚少數被揀選的人歸向祂自己（創世紀 8:16-17，厄弗所書 1:9-10，哥羅森／哥羅西書 1:15-20，宗徒大事錄／使徒行傳 3:21，弟茂德／提摩太前書 2:4，若望福音 3:17）。為了使每個人和每個事物都歸向上主，上主首先需要願意「參與祂的苦難，相似祂的死」並轉化為祂復活身體（斐理伯／腓立比書 3:10）的模範和形象。這些都是「新造的人」（迦拉達／加拉太書 6:15），他們轉變後的狀態仍在滲入歷史中，慢慢地將其轉化為「生命和獲得更豐富的生命」（若望福音 10:10）。

如果不能辨認出我們自己就是問題所在，我們將會繼續

讓天主成為代罪羔羊——這正是我們在十字架上殺死耶穌的所作所為。耶穌（我們視他為天主子／神子）被釘上十字架是一個毀滅性的預言，意即人類寧願殺死天主，也不願改變他們自己。然而，耶穌寧可心甘情願地忍受我們的拒絕，也要讓一些更偉大的事情發生。

與被釘在十字架上的上主對話

許多年前，我寫了一篇默想文，名為〈與被釘在十字架上的上主對話〉，以便幫助人們體驗我在這裡如此無力地試圖描述的東西。我建議你等到你有一段空閒、安靜和孤獨的時間，然後大聲用這篇默想文祈禱，這樣你的耳朵就能聽到從你自己嘴裡說出的話。此外，我建議你在被釘在十字架上的耶穌的溫柔形象面前祈禱，這將使你既能給予，也能接受。

在開始之前，你要知道兩件事：

- 我們需要圖像來揭示內心狀態。你將看到人類否認和最害怕的形象：暴露、羞恥、脆弱和失敗。就像同質療法的藥物一樣，耶穌變成了一個完全展示出來的問題，將我們從這個問題中解放出來。十字架從我們的眼睛和心靈中拉開了否認和恐懼的帷幕。耶穌成為受害者，這樣我們就可以停止傷害別人或自己扮演受害者。
- 任何一個耶穌被釘在十字架上的真實形象，都已經是復活的形象。張開的雙臂和心照不宣的凝視，已經是戰勝任何苦難的勝利。

❖ 耶穌在十字架上對你說話

我就是你最害怕的：你最深層的、最受傷的、最赤裸的自己。我就是你對你所愛的事物所付出的一切。

我是你最深刻的善良和你最深沉的美好，那份善良與美好就是你所否認、並將它摧毀的部分。你唯一的壞，存在於你對善良所做的——對你自己和對別人所做的。

你逃避、甚至攻擊那唯一能真正改變你的東西。但沒有什麼是可憎恨或可攻擊的。如果你嘗試那麼做，你將成為相同的鏡像。

在我身上擁抱這一切。我就是你自己。我是受造之物的全部。我是每個人和每個事物。

❖ 你回應給被釘上十字架的那一位

耶穌弟兄，祢是我的生命，但我卻否認這一點。祢是我的死亡，這正是我所害怕的。我在祢身上擁抱它們。現在，透過祢和因為祢，我認識到死亡和生命不是對立的。你是我完整的自我——呈現在外的。祢在行動上是無限的，這使我也成為無限。這使我有活出天主性的可能（保持這種想法，直到這想法超越言語）。

耶穌弟兄，祢是我令人憤慨的、被忽視、被冷落的靈魂。祢就是我們對善所做的一切。祢就是我們對上主所做的。祢是每個事物中令人憤慨的、被忽視、被冷落的靈魂。祢就是我們對我們應該愛和可以愛的事物所做的。祢就是我們對彼此所做的。祢就是我們對眼前的**現實**所做的。祢就是我們對自己所做的（**停留在這段文字，直到它沉浸到你的思想內**）。

　　我憎恨和害怕那些能拯救我的事物。願這個想法能幫助我愛這些事物，對它們有耐心，甚至原諒它們。

　　我就是沒辦法讓任何人「憑白無故地」愛我。我堅持做一個有價值和值得的人。然後，我要求其他人也這麼做。然而，祢仍伸出雙臂，擁抱著全世界。

　　唯獨祢，基督耶穌，拒絕成為被釘上十字架的人，甚至不惜以被釘上十字架作為代價，祢從不扮演受害者，也不要求任何報復，而只是從這個被釘上十字架的地方——祢那顛倒的寶座——向宇宙注入普世的寬恕。

　　我們人類經常憎恨自己，卻錯誤地殺害了祢和其他人。

　　祢一直都知道我們會這麼做，不是嗎？然而，祢接受了。

　　現在，祢邀請我擺脫對自己、對其他人的這種無盡的錯覺和暴力的循環。

　　我不想再把祢有福的肉身，這有福的人類，這聖潔的大地之母，釘在十字架上。

　　耶穌弟兄，我感謝你成為人，與我一起走完整個旅程。現在我不必假裝我是天主。

　　只要知道我們一起努力，這便綽綽有餘，比好還要更好。

　　我感謝祢變得有限、有窮盡，所以我不必假裝我是無限或無窮盡的。

　　我感謝祢變得渺小和卑微，所以我不必假裝我比任何人都偉大和優越。

　　我感謝祢如此大膽和公開地擁抱我們的羞恥和赤裸，所以我不需要隱藏或否認我們人類的真實。

　　我感謝祢接受排斥和驅逐，被釘在「城牆外」，讓我知道我

會在那裡遇見祢。

我感謝祢「成為罪」，所以我不需要否認自己的失敗，並且能夠認識到，即使是我的錯誤，也是通往愛的最真實且最令人驚訝的路徑。

我感謝祢變得軟弱，所以我不必假裝堅強。

我感謝祢願意被認為是不完美的、錯誤的、奇怪的，所以我不必成為完美或正確的人，也不必把所謂的「正常」理想化。

我感謝祢沒有得到這麼多人的愛或喜歡，所以我不必那麼努力去得到任何人的愛和喜歡。我感謝祢被認為是失敗的，所以我不必假裝、或是試圖成為一個「成功者」。

我感謝祢允許自己被國家和宗教的標準認為是錯誤的，所以我不必在任何地方都是對的。

我感謝祢在各方面都很貧窮，所以我不必以任何方式尋求富有。

耶穌弟兄，我感謝祢成為人類所鄙視和恐懼的一切，讓我可以在祢裡面並透過祢而完全接受我自己——和其他所有人！

被釘在十字架上的耶穌，我感謝祢以一個具有洞察力和憐憫的偉大形象，向我揭示了所有這些事情。是的，中世紀神秘主義者所說的是真的，十字架是一切事物的標準（*Crux probat omnia*）——「十字架檢驗一切、使用一切、使一切合理」（停留在這句基督宗教的格言，直到它變成對你有意義）。

耶穌弟兄，我想以這種形式來愛祢。我需要以這樣的方式來愛祢，否則我在這個世界上永遠不會有自由或快樂。

耶穌弟兄，祢和我，我們是一樣的。

第 13 章

——●——

這無法獨自承擔

因為只有一個身體和一個聖神，正如你們蒙召，同有一
個希望一樣……但我們各人所領受的恩寵，卻是按照基
督賜恩的尺度。

——厄弗所書（以弗所書）4 章 4、7 節

在過去的幾年裡，我不得不停止看晚間新聞，因為我不
忍心看到更多敘利亞的婦女和兒童在逃命，或者非洲的嬰兒挨
餓。這一切都讓我深感心痛，甚至噁心。我不喜歡身為人類。

最近，我所在的美國進入了選舉週期，言語似乎失去了所
有意義。這是關於各方的錯覺和赤裸裸的野心。美國政治給人
的感覺是空虛、妄想和空洞的——因此一切都是徒勞的——這
是一個不可能建立文明的基礎。然而有許多人，包括82％的白
人福音派信友和52％的白人天主教徒，似乎認為公然的種族

主義和普遍的刻薄行為，在某種程度上就像他們非常喜愛的耶穌。我為這些真實切確的事情而感到心痛。怎麼會這樣呢？

然後，在我開始寫這本書的前幾天，我得知我必須放下我十五歲的黑色拉布拉多犬維納斯，因為牠患有無法用手術治療的癌症。幾個星期以來，維納斯一直向我投來理解和深刻接受的眼神，但我不知道如何解讀它。在內心深處，我不想知道。在牠接受診斷後，每次我看著牠，牠都會用那雙同樣柔和、完全寬容的眼神凝視著我，彷彿在說：「沒關係的，你可以讓我離開。我知道我的時間到了。」牠耐心地等待著，直到我也準備好了。

維納斯死後，我斷斷續續地哭了一個月，尤其是當我看到另一隻狗，或者說出牠的名字時。但在牠去世前的幾周裡，維納斯**以某種方式**告訴我，所有的悲傷，無論是宇宙的、人類的還是犬類的，都是同一回事。不知怎麼地，牠的眼睛是所有人類的眼睛、甚至是上主的眼睛，牠所表達的悲傷是一種神聖的、普世的悲傷。我想知道，如果上主使用動物來傳達祂的身分，是否會更容易些？因為牠們看起來不像我們那樣任性和狡猾。不過，我想，這一切是否只是一種投射，僅僅是感情和想像力的產物？

不久之後，當我閉關寫這本書時，這些想法在我腦海中逐漸清晰起來。一位朋友認為我需要從工作中休息一下，送來了一張廣受好評的電影《漫漫回家路》（Lion）的光碟片。我勉強同意做了些微的消遣！當我跟著影片中一個印度東部的小男孩用畢生尋找自己和家人，這個令人心碎的真實故事，我的悲傷達到了臨界點，我開始淚流滿面。「生活太不公平」的感歎讓

我不知所措！在那裡，在我閉關的孤獨中，我陷入了深深的絕望。我感到一切都失去了意義，這種感受從幾小時延續成了幾天。我只想離開人類這艘船。

在那一刻，我不是為任何一件事感到難過，而是為每一件事而難過。我前幾個月目睹的悲劇都堆積起來，溢出來，變成聚集在一起的巨大悲傷和痛苦，我無法逃脫。這就是我的朋友威廉・保羅・楊（William Paul Young）所說的「大悲傷[1]」，這種痛苦如此巨大、如此深刻，感覺好像永遠不會結束。然而，悲傷不是集中在一個特定的問題上，而是同時集中在所有問題上。

對我來說（我只能說這是對我來說），回想維納斯的眼睛，並將所有這些痛苦和悲傷命名為「上主的悲傷」，這深深地幫助了我，那我就不用一個人獨自擁抱悲傷了。我瞭解到我不能獨自承受它，但這是一次共同的經歷——這給了我很大的安慰。以某種非常不合邏輯和非理性的方式，我認同保祿（保羅）在〈哥羅森書〉（歌羅西書）開頭所寫的：「如今我在為你們受苦，反覺高興，因為這樣我可在我的肉身上，為基督的身體——教會，補充基督的苦難所欠缺的。」（1:24）

我不是受虐狂，我當然也沒有殉道者情結，但我相信，擺脫深刻悲傷的唯一途徑就是**順其自然地經歷悲傷**。有時我在想，當我們在感恩聖事（聖餐禮）中舉起聖杯時說「藉著基督，偕同基督，在基督內」，是否就是這個意思？我想知道，在精神上受苦，而不是讓痛苦摧毀我們，唯一的方法是不是要意識

---

1. William Paul Young, *The Shack* (Newbury Park, CA: Windblown Modia, 2007), 43.

到我們不能獨自經歷和化解痛苦。

當我試圖獨自英勇地面對痛苦時，我會陷入分心、否認和假裝——**然而，我並沒有從中學到化解痛苦的教訓**。但是，當我能找到某件事的共同意義時，特別是如果這個意義允許我以同樣的舉動去愛上主和愛他人，上主就能讓我度過悲傷。我開始相信不明確的生命過程。

當我們帶著我們微小的痛苦，與全人類的普遍渴望連結在一起時，這能幫助我們免於自憐自艾或自我關注。我們知道我們都在一起，知道這些痛苦對其他人來說也同樣困難。**幾乎所有人都背負著巨大和不為人知的傷害，即使在他們自己都還沒察覺的時候**。如果我們能夠意識到這一點，它就會軟化我們過度防禦的心房。這使得我們很難對任何人殘忍。它在某種程度上使我們合而為一，而那是一種舒適圈和娛樂活動永遠無法達到的結果。

有些神秘主義者甚至說，個人的苦難根本不存在——苦難只有一個，都是一樣的，都是上主所受的苦難。耶穌在十字架上的形象以某種方式向願意接受訊息的靈魂傳達了這一點。被釘在十字架的上主，是**受苦之人**的戲劇性象徵，象徵著上主與我們共同經歷的苦難——不只是**為了我們**，即使我們大多被訓練成這樣認為。

如果苦難、甚至是不公正的苦難（所有的苦難都是不公正的）是一個**偉大奧秘**的一部分，那麼我願意（有時甚至很高興）承擔我的那一小部分。但我必須知道，它以某種方式幫助了某人或某事，並且在偉大的計劃中佔有一席之地。

我們之前提到過的伊迪‧賀樂孫，真心地相信她的痛苦也

是上主的痛苦。她甚至表達了願意承擔上主一部分痛苦的深切渴望。她這種自由和如此慷慨的精神，對我來說，幾乎是無法想像的。是什麼造就了如此超凡脫俗的人？幾乎所有關於人類的心理學定義都很難理解他們的利他主義。

一體性

在十四世紀，《不知之雲》（*The Cloud of Unknowing*）一書由一位受啟示的匿名作者所寫，他教導人們，上主在基督裡處理罪、死亡、寬恕、救恩，全都是「一體」、「一次完成」的[2]。這是一個最不尋常、但又很家常的用詞，然而對我來說，當我們試圖理解普世的基督，這種對神聖歷史的共同（甚至神秘）的解讀，有助於我們瞭解我們正在尋求的合一願景。

耶穌本身看起來像一個個體，儘管是一個神聖的個體，但我在本書中描述的基督是這種「一體性」現實觀的一個令人信服的形象。在十四世紀，《不知之雲》的作者在被宗教改革和啟蒙運動的二元論毀滅之前（但這些改革也是必要的），他還享受著神秘主義最後殘餘的整體觀。他反映了更接近東方教會對復活的理解，即**復活是普遍的現象**，而不是大多數西方藝術作品所描繪的那樣（連聖母大學足球場上的巨幅馬賽克畫像也是如此），只有耶穌獨自從死裡復活，舉起雙手，就好像他剛剛達陣得分一樣（我們過去稱之為「達陣耶穌」）。

2. *The Cloud of Unknowing and Other Works,* Trans. A. C. Spearing (London:Penguin, 2001), chap. 40.（中譯本《不知之雲》由鄭聖沖神父譯，台北光啟，1980 初版）

我相信，福音為我們提供了對事物的整體性、「一體性」的理解。一旦你有類似的領悟和突破，你就會在保祿（保羅）的經文中看到他以不同方式強調這個想法：「在這肉身上定了罪惡的罪案」（羅馬書8:3）或「使他為每個人嘗到死味」（希伯來書2:9）；他「只一次而永遠」地完成了受苦和犧牲（希伯來書7:27）或〈斐理伯書〉（腓立比書）的具體化語言，耶穌帶領我們經歷罪和死亡的模式，這樣我們就可以在復活的模式中佔有自己的一席之地（3:9-12）。

當然，這一切都來自耶穌對「上主統治」（Reign of God）的主要隱喻，這是一個完全集體的概念，一些學者說，這幾乎就是他所談論的全部。老實說，我認為，在透過基督給我們的集體概念來閱讀耶穌的故事之前，如果我們從個人得救和個人獎賞或懲罰的角度來閱讀它們，那我們就錯過了大部分核心訊息，而社會將保持停滯不變。

我認為，這個集體概念是基督徒在古代〈宗徒信經〉中後期添加「我信諸聖的相通」時，試圖想表達的。他們向我們提出了一個新的想法，即生者和死者是一體的，無論他們是我們的直系祖先、榮耀的聖徒，甚至是所謂煉獄中的靈魂。整個世界都是一體的，只是處在不同的階段，所有這一切都被上主所愛（人們也希望如此）。

在這種世界觀中，我們得救不是因為自身是完美的，而是因為我們是「奧體的一部分」，是歷史偉大鏈條中卑微的一環。這種觀點呼應了聖經中關於「盟約之愛」的概念，也就是盟約之愛是賜給所有的以色列人，而不是只給亞巴郎（亞伯拉罕）、諾厄（挪亞）或達味（大衛）這樣的重要人物。這在經

文中絕對是清楚的，忽視它就是錯過一個重大的關鍵訊息。

但直到基督紀元一千五百年左右，基督徒仍然這樣認為，我也無法想像我們今天的宗教環境中，會將這樣的表述加進信條裡。我們現在太專注於「個人得救」，以至於無法以集體性的角度閱讀歷史，結果極為糟糕。孤立的個體現在變得脆弱且有防禦性，漂流在同樣試圖拯救自己的其他人的巨大海洋中——不是一個整體。基督宗教現在更像是一場競賽，或者是一趟由「自我」主導的旅程，而不是宣告天主的勝利與愛。

我懷疑，西方個人主義比其他任何單一因素都更能麻痺福音的力量，甚至將其安樂死。得救、天堂、地獄、價值、恩寵和永生，都透過自我的鏡頭來解讀，把上主的轉化能力從歷史和社會中排擠出來。甚至馬丁路德所需要的「因信稱義」也使我們為個人的私人靈魂進行了五百年的爭戰[3]。

因此，我們幾乎不關心地球、社會、外邦人或完整的基督聖體。這無疑是基督宗教發現自己無法批判諸如納粹主義、奴隸制度和西方消費主義等社會災難的原因之一。五百年來，基督宗教的導師幾乎完全用個人主義的術語來定義和重新定義救恩，而偽裝得很好的社會罪惡——貪婪、驕傲、野心、欺騙、好吃貪杯——轉移到了權力和影響力的最高層，甚至也存在於我們的教會中。

獨自的個人太渺小也太沒有安全感，他或她，都無法獨自承擔「榮耀的重量」或「罪的重擔」。我們把一個不可能完成

---

3. Krister Stendahl, "The Apostle Paul and the Introspective Conscience of the West." *The Harvard Theological Review* 56, no. 3 (1963): 199–215.

的任務交給個人，這永遠起不了作用。我害怕的是，我們被迫
把單獨和孤立的「自我」看得太認真，無論是我們的美好之處
還是可怕之處，兩者都是各自的「自我」旅程——因而創造了
偽裝得很好的宗教自我中心主義。

我們以個人角度來閱讀福音的副作用是，它允許神職人員
透過威脅和獎勵來控制個人行為。在這個框架中，服從權威成
為最高的美德，而不是愛、共融，以及與上主、與其他人（包
括邊緣化群體）的結合。

我們認識到階級制或縱向責任，但幾乎沒有對彼此的橫向
責任——像是耶穌祈禱「願眾人合而為一」（若望／約翰福音
17:21）時，所表達的對世界的期望。以集體角度來閱讀福音
書給歷史帶來了希望和正義，但這麼做對個人的控制較少，這
可能就是為什麼講道的神職人員不太喜歡它，因此不會傳講太
多。

我在自己所經歷梵二大公會議之前的天主教傳統以及神
學院中，看到了這一點。恐怕在那些日子裡，唯一值得欽佩和
提倡的美德，就是**服從和忠於教會**。沒有人教我們如何好好地
愛，或者忠於整個人類——至少在講壇上是這樣。

老實說，我的大多數教授也不是充滿愛的人。他們被授
予聖職往往是因為他們能通過學術考試，而不是因為他們是好
牧者、好先知或愛人如己。他們被訓練成加入者、信徒和忠誠
者，而不是天主奧秘的僕人。他們跟從教會規章勝於跟隨福音
中的教導。順從不等於愛，加入並不意味著心靈和思想的實際
改變。很少有人教我們如何實踐上主的憐憫或對世界的憐憫，
而在我工作過的每個機構中，這種經歷在各種不同程度上都是

真實的。

除非我們找到地球上所有生命和生態系統的苦難的共同意義和重要性，否則我們將繼續退回到個人的渺小世界中，只為了尋求個人安全和理智。**個人的得救永遠不會累積成集體的轉化，因為它一開始就吸引個人主義者，並使其變得理所當然。**想一想我說的這些話。

同一生命、同一死亡、同一苦難

普世性的基督正試圖在最深的直覺層面上傳達一件事：這個世界上只有一個生命、一個死亡和一個苦難。我們都被邀請一同乘風破浪，而這是唯一的波浪。如果你願意，可以稱之為「現實」，而我們都一起身在其中。

想想看，對現實的「一體性」意識，將會如何顛覆我們目前對宗教的許多執念：我們關於個人價值的論點，包括獎懲、私人財產，以及性別、種族和階級的差異，所有讓我們爭論和競爭的東西，在大多數情況下都會變成浪費時間和幻覺。所有這些論點都依附於權衡輕重、估量、算計、列出排名、貼標籤和比較。相較之下，福音是學習**在上主之內，與上主一起生和一起死**，我們所有的瑕疵都被無限的愛所包容和寬恕。真正的福音使世界民主化。

儘管我們犯了錯，但我們都得救了。
我們都被捲入了天主恩寵和憐憫的宇宙洪流之中。

我們都必須學會信靠〈聖詠〉作者的祈禱:「上主,光榮不要歸於我們,不要歸於我們!只願那個光榮完全歸於你的聖名。」(聖詠/詩篇115:1)

福音所釋放的好消息是,天主首先拯救、救援了**整體**,我們都被捲入了天主之愛的宇宙洪流中。每個部分——你、我和其他每個人——都是蒙福的受益者,也是非常想要蒙福的追隨者,是**整體**中部分自願的參與者。保祿寫道,我們唯一的任務就是相信這個事實,「天主成為萬物之中的萬有」(格林多/哥林多前書15:28)。這是多麼不同的信仰理念!

保祿寫信給哥羅森人說:「當基督,我們的生命顯現時,那時,你們也要與他一同出現在光榮之中。」(3:4)除非我們能享受這個觀點,否則基督宗教所傳遞的訊息,只不過是偽裝得很好的自戀和自我參照的政治。我們看到這種現象在那些強烈自認是基督徒的人的實際價值觀中上演,他們通常比非基督徒更種族主義、更階級主義和更性別歧視,他們似乎在說:「其他人可以承擔不公義的負擔和痛苦,但我的團體不能。」

一旦我知道,所有的苦難既是我們的苦難,也是**天主的苦難**,我就更能忍受和信任我所遇到的悲傷和失望。當我看到自己在全球暖化中的角色時,我可以忍受較少的舒適和便利。我可以在公共領域用柔和、信任的聲音說話,如果這樣做有助於減少人類的仇恨和不信任。我可以停止採用防禦策略保護我自己的團體,如果這樣做有助於我們認識到我們共同的人性。

如果我能認識到所有苦難和被釘在十字架上的(所有天使、星球、人類、動物)都是「一個身體」,是有一天會被轉化為宇宙復活的「同一身體」(斐理伯書3:21),我至少可以活

下去而不會發瘋或永久抑鬱。在同一段經文中，保祿繼續說：「他必要按他能使一切屈服於自己的大能，改變我們卑賤的身體，相似他光榮的身體。」對他來說，這一切都是連續的動作。

我們必須指出保祿這些幾乎隱蔽、但完全是整體性的理解，因為大多數西方二元論思想都以先入為主的觀念，也就是純粹的人類中心主義和個人主義的角度來閱讀他的書信。這既不好、也不新鮮。這是世俗社會的老舊故事，上面灑了一些宗教糖霜。

我們完整的「基督選項」（跳上基督的這艘船，確實是一個自由的選擇），為我們提供了很多既美好又新穎的故事，**在旅程中每個階段都與我們所有人完全連結在一起的天主，將帶領我們所有人在愛中一起到達目的地。**

這不再是正確與否的問題，而是關於與天主連結。處於正確的關係中，比只是試圖做「對」好得太多。

第 14 章

── • ──

復活之旅

最終一切都會有好結果的。

如果好結果還沒出現，就表示事情還沒結束。

──《金盞花大酒店》（ *The Best Exotic Marigold Hotel* ）

上一章我們一直在談論：當我們改用「一體性」的觀點看待現實時，苦難和悲傷如何具有積極的意義。但是，如果我們所有人在苦難中都是一體的，那 我們是否也要說，我們在生活中也是一體的？

在這一章中，我想擴大你對「復活」的看法 ── 從耶穌生命中要求我們同意和相信的一次性神蹟，到一直以來始終真實的創造模式，它邀請我們所要瞭解的，遠超過只是相信神蹟。其意義一定不僅僅是一個人 了證明自己是天主（上帝）的個人勝利。

　　沒有傳道人或教師向我指出這一點，但是在保祿（保羅）對格林多（哥林多）人關於復活本質的論述中，他說了一些話，與我們大多數人聽到或期望的截然不同。保祿寫道：「假如死人復活是沒有的事，基督也就沒有復活。」（格林多／哥林多前書15:13）他把「復活」當作一個普遍的原則。

　　但是，大多數人只記得以下經文：「假如基督沒有復活，那麼，我們的宣講便是空的，你們的信仰也是空的。」（15:14）第14節為耶穌的復活做了很好的辯護，但前面的經文強烈暗示，我們可以相信耶穌復活，原因是**我們已經看到復活也發生在其他地方了**。那為什麼我們沒有看到呢？或許是因為只有現代科學才能使它顯現出來？

> 如果宇宙從一開始就接受了「洗禮」，那麼它當然永遠不會消逝。
> 復活只是從天主子降生中得出合乎邏輯的結論。 如果天主寓居在物質中，那麼我們自然可以相信身體的「復活」。

　　最簡單地說，**真正好東西是不會消逝的**（相信這一點，可能就是我們信仰的真實行動）！

　　保祿將復活視為所有現實的一般原則。他不會把它當成一次性、異常發生的事來爭辯，以此要求我們相信耶穌的「神蹟」，然而，相信耶穌的「神蹟」是大多數基督徒渴望做的。相反地，保祿指出了普世性的模式，在許多地方都說「我們心中的靈」是聖像、是保證、是承諾和應許、甚至是普世性訊

息的「頭期款」或「定金」（見格林多後書1:21-22，厄弗所／以弗所書1:14）。就像我在整本書中以微弱力量試圖去做的那樣，保祿總是抓住那些隱喻，將普世性的訊息帶回家。

根據現代科學的說法，沒有什麼是永遠不變的。我們身體百分之九十八的原子每年都會被更換。地質學家擁有數千年的充分證據，可以證明沒有地貌景觀是永久不變的。水、霧、蒸汽和冰都是同一種物質，只是處於不同階段和溫度時的呈現。**「復活」是改變的另一種說法，尤其是指積極的改變**——通常我們只看到長期的改變，而在短期內，它往往看起來就像死亡。

在天主教葬禮的入殮儀式的導言中，有句話是這麼說的：「死亡並非生命的終結……死亡只是生命的改變。」科學現在給了我們一種非常有用的語言，來描述宗教正確的直觀和想像，儘管是用神話的語言。請記住，神話並不意味著「不真實」，這是常見的誤解，實際上它指的是永遠真實的事物！

天主不會等待現代科學給歷史帶來希望。只要相信耶穌「從死裡復活」就足夠了，在某種程度上，這在我們最深的潛意識中種下復活的希望和可能性。耶穌首先是由天主子降生的生命，而後進入死亡、而後復活；這是持續前進的基督生命，也就是整個創造模式的原型。他是整個宇宙的縮影，或說是整個生命旅程的地圖（如果你需要或想要的話）。如今，大多數人似乎認為他們不需要這張地圖，尤其是在他們年輕的時候。但是，人生旅程的無常和失望，最終會讓你渴望找到一些整體方向或目標，而不只是渡過另一天而已。

抱持著無法解釋的希望的每個人，無論他們是不是名正言順的基督徒，都相信復活，即使他們不相信耶穌的肉體真的從

死裡復活。我遇到過來自各種背景的人，有宗教信仰的和無宗教信仰的。然而，我確實相信耶穌肉身的復活，因為它肯定了整個有形和生物宇宙也在說的話，使其不僅是立於靈性或奇蹟般的信仰上，還必須是完全實用的物質信念！

如果天主寓居在物質中，那麼物質在某種程度上就是永恆的，而且當〈信經〉說我們相信「肉身的復活」時，那也指向我們的身體，而不僅僅是說耶穌的身體！在祂身上所發生的事，在我們所有人身上也會發生；就像在我們所有人身上所發生的事，同樣也會在祂身上發生一樣。

因此，在這個重大問題上，按照大多數標準來說，我是相當保守和正統的，儘管我也意識到這似乎是與福音書中所有復活的記載截然不同的體現。我相信聖經裡所寫的「新天新地」（依撒意亞／以賽亞書65:17，羅馬書8:18-25，伯多祿／彼得後書3:13，默示錄／啟示錄21:1），我也相信耶穌的復活就像你在電腦上點擊的圖示，能到達正確的地方。

「天主子降生」一直是基督宗教真實而獨特的故事。如果創造一開始，天主看了就認為「樣樣都很好」（創世紀1:31），那麼，這樣一個天主安排的良好計劃，怎麼會因為人類未能充分合作而付諸東流？在我看來，天主看了認為「樣樣都很好」的結果，使我們走上了復活的軌道。天主不會有損失或失敗，這就是天主之所以為天主的意義。

耶穌和基督都是關於「現實」的學習指南，適合我們這些沒有時間或頭腦自己分析整個情況的人來閱讀。誰能在短暫的一生裡完成完整的現實分析呢？

婚宴

對於這種人世的最終狀態，耶穌最一貫的比喻和形容，是各種版本的婚宴或宴會[1]。在四部福音書中，耶穌稱自己是一個開放而包容的宴會主人或「新郎」；「無論壞人好人，都招集了來」（瑪竇／馬太福音22:10）。

耶穌似乎知道人們不會喜歡這樣子的宴席，因此，經文中包含了一些反彈的聲音：賓客在餐桌上爭取更高的位置（路加福音14:7-11）；主人堅持要求所有賓客都穿婚宴禮服（瑪竇福音22:11-14）；或者只想把美好的活動獻給那些「能回報他們」的人，而拒絕「貧窮的，殘廢的，瘸腿的，和瞎眼的」（路加福音14:12-14）。我們總是讓天主很難無條件地把祂自己交出來！

脆弱的「自我」總是想設定一條界線、一個價格、某種入門的要求。可悲的是：許多基督徒寧可透過這種匱乏的世界觀，而不是經由天主豐盛的福音來閱讀這些經文；此類對**無限之愛**的持續抵制，在聖經本身當中就不斷地出現。問題都有解決的方案，可以說是解決方案中已包含了反彈的聲音[2]。每個故事中都有一個必要的反派人物或事例，而反派人物或事例總是在聖經文本中找得到。除此之外，我不知道還有其他什麼方法，可以使聖經中許多有關天主的明顯矛盾、不一致之處看起

---

1. 參見：瑪竇（馬太）福音8章11節、22章2節及以下；路加福音13章29節、14章15節及以下；默示錄（啟示錄）19章9節；依撒意亞（以賽亞書）25章6-12節、55章1-5節。

2. John Dominic Crossan, *How to Read the Bible and Still Be a Christian* (New York: HarperCollins, 2018)。這本書作者把這個觀點敘述得比羅爾神父所講的更詳細，更有學術味。

來更加合理。

各嗇的頭腦不喜歡婚宴。它偏好二元論的法庭審判來作為時間終結的隱喻，這就是為什麼〈瑪竇福音〉第25章的綿羊和山羊是大多數人記得的末日寓言，儘管他們沒有遵循它關於照顧窮人的實際訊息，只記得最後可怕的判決。換句話說，我們允許〈瑪竇福音〉25章46節勝過〈瑪竇福音〉25章31-45節的全部。害怕的人只記得威脅，而沒聽到邀請！

正如第一次「從無中創造萬有」（*creatio ex nihilo*）對人類的頭腦來說似乎是不可能的一樣，任何關於死後生命的概念，似乎都需要同樣巨大的信仰飛躍。恩寵的基本定義是「無中生有的東西」，而人類的大腦不知道如何處理它。正如人類大腦不喜歡恩寵一樣，人類大腦也不喜歡復活。這是同樣的反彈。

復活，像大多數良善的恩賜一樣，也是一種「從無中創造萬有」，根據保祿（保羅）所寫下精彩的一句話，這正是上主核心工作的描述：上主是「叫死者復活，叫那不存在的成為存在」（羅馬書4:17b）的那一位，或者正如美國詩人華特·惠特曼（Walt Whitman）優美的描述：「一切都向前和向外……而什麼都不會崩塌，死亡與任何人的預期都不同，還比任何人的預期都幸運得多。[3]」

有位格的天主

這裡的核心問題不是耶穌是否真的從死裡復活，而是如果

---

3. Walt Whitman, "A child said, What is the grass," in *Song of Myself,* 6.

你同意，它就「證明」了基督宗教的真理，但如果你不同意，它就推翻了基督宗教的真理。沒有任何可能的科學證據。此外，我們這樣無止境地試圖證明一個超性的事件，從一開始就是被誤導的，因為基督和耶穌本來就**不在我們本性的現實之外**。

> 無論你是不是基督徒，如果你能開始看到耶穌——和基督——從現實中走出來，你正視它、給它一張臉孔，而不是從另一個世界顯現在現實中，它就真的能夠幫助你。

這裡沒有團體可以加入，也不需要在虛線上簽名，只須勇敢地承認**內在**和**外在**是同一件事。如果你願意承認的話，我們的內在意義和基督的外在意義就會是同一件事了。談人性的人學與談天主性（神性）的神學是相對應的，它們相互照映。這對一個偉大的生態系統來說，情況會是如何？如果某個人的神學（從天主性的觀點來說的）沒有顯著改變他個人的人學（從人性的觀點來說的），那就是我們常常說的「純頭腦的旅程[4]」了。

復活也是天主恩寵合乎邏輯的完整結論。如果現實始於恩寵，它當然必須繼續「恩寵上加恩寵」（若望／約翰福音 1:16b）和「從他的滿盈中，我們都領受了恩寵」（1:16a）。在這樣的領域，我們現在可能有勇氣和耶穌一起想像「我與父原是一

4.審訂者注：這種人的信仰只是在頭腦中的理論而已，不可能有現實中的行動力。

體」（若望福音10:30）。這就是我所說的神學改變人學的意思。如果死亡和復活只是關於耶穌，而不是關於歷史，世界將繼續對我們的故事失去興趣。

進化論神學家邁克爾・多德（Michael Dowd）喜歡說：天主最好被視為「有位格的實體[5]」。透過天主，我們周圍的世界（一切）似乎都在與我們對話，無論我們是否喜歡它、信任它。我希望這對你和對我一樣有幫助。即使感到生活毫無意義，我們仍然可以信任並確信有**某一位**在說話，而當我們說話時，也有**某一位**在聆聽。置身於這種持續的互動之外，或許就是「不相信」的含意。

每當你選擇去愛、去與某些人事物積極連結時，你都是與「有位格的天主」接觸。你甚至不需要稱它為「天主」——天主根本不在乎祂的稱謂。同樣重要的是，消極的連結、憎恨、恐懼或反對，都**不是**為了滿足這位「有位格的天主」。因此，我們被強烈警告不要在各方面存在這種消極、否定的行為，這樣的行為被稱為「罪」，甚至被稱為「地獄」，地獄不是真正的地理位置，而是非常真實的意識狀態。所有的獎賞與懲罰都必須先被視為「當下」，已存在於好的行為和壞的行為中。

對我來說，非常有趣的是：《新約》只「差遣」那些可以成為「復活的見證」的宗徒（路加福音24:48，宗徒大事錄／使徒行傳1:22、3:15b、13:31），也就是說，是見證「這場始終在進行的、內在與外在的巨大對話」的人。否則，我們也沒什麼

---

5. Michael Dowd, *Thank God for Evolution* (New York: Viking, 2007), 118ff. 這是一本極亮眼、又可改變人生命的書。

有幫助的話可說了，只剩下給人們製造一些不必要的問題。

消極或憤世嫉俗的人、陰謀論者，以及所有預測世界末日的人，他們的立場跟為復活作見證的人極端相反，然而，許多這樣的人卻正在管理世界，甚至管理教會。〈若望福音〉記載基督說：「你們放心，我已戰勝了世界。」（16:33）這訊息給了我們勇氣和信心，而不是受威脅和恐懼。

耶穌復活時發生了什麼事？

耶穌復活時所發生的事情是：耶穌以具體的形式完全顯示為永恆和不死的基督。基本上，**耶穌這個人被局限的肉身，變成了無所不在的光**。從此以後，「光」可能成為基督或天主的最佳比喻。

在基督紀元的前六個世紀的大部分時間裡，耶穌復活的那一刻被認為是無法描繪或無法雕刻的。長期以來的習俗，人們只能描繪耶路撒冷的聖地，那裡是復活發生之地，但絕不是復活事件本身[6]。

同樣地，《新約》中甚至沒有描述這個復活事件的本身；我們看到的只是事件結束後的故事——驚呆的守衛、坐著的天使和來訪的婦女們。我們所得到最接近事件的直接描述是在〈瑪竇福音〉27章51-53節，但只籠統描述了復活的景象，墳墓打開和肉身復活，而不光是耶穌的復活。現在閱讀這節經文

6. John Dominic Crossan and Sara Sexton Crossan, *Resurrecting Easter: How the West Lost and the East Kept the Original Easter Vision* (New York: Harper One) 45–59.

「墳墓自開，許多長眠的聖者的身體復活了」，我對其中含義感到震驚！

在復活的故事發生之後，更多的追隨者敢於將耶穌視為「主」，或者至少將耶穌視為與主結合為一的那位，我們經常將其翻譯為「天主子」（神子）。這是信仰上一個明顯而激勵人心的向前飛躍，儘管耶穌的一生中一直有關於復活的暗示，但這種理解只有在復活之後才能被充分感知。

我們可以說，祂是作為「光」而逐漸被揭示出來的。在三個記載「耶穌顯聖容」的經文中，我們特別看到了這一點（瑪竇福音 17:1-8，馬爾谷／馬可福音 9:2-8，路加福音 9:28-36）。這些很可能是移植復活的記載，就像耶穌在水面上行走的故事一樣。我們大多數人如果用心傾聽和觀察，我們的生命中也會有這樣的復活時刻，「面紗」也會時不時地被掀開。耶穌在〈若望福音〉中說：「應當信從光，好成為光明之子。」（12:36）他讓我們知道，我們參與了同樣的奧秘，而他來到這裡，是為了協助我們完成這個過程。

我個人的信念是：依照耶穌這個人自己的思想，是在祂復活之後才知道祂完全的天主身分。祂這個人必須跟我們一樣以同樣的信仰來生活，並且像我們一樣「漸漸長大而強壯，充滿智慧、天主的恩寵」（路加福音 2:40）。耶穌「不是一位不能同情我們弱點的大司祭，而是一位在各方面與我們相似，受過試探的」（希伯來書 4:15b），祂這個人可以很好地作為我們實際的榜樣和嚮導，「信德的創始者和完成者」（希伯來書 12:2）。

早在一九六七年，我的方濟會神學教授，賽林矛斯（Cyrin Maus）神父告訴我：如果把攝影機放在耶穌的墳墓前，它不會

拍攝到一個人從墳墓裡走出來（這是復甦而不是復活），更有可能的是，攝影機會捕捉到像是光芒四射的光束。

在復活中，耶穌單一有形的肉身超越了所有空間和時間的限制，進入了新的物理性和光的概念——我們所有人都包括在這新概念的具體認知中。基督徒通常稱之為「榮耀的身體」，它確實類似於印度教徒和佛教徒所說的「細微身」（subtle body）。兩種傳統都以成為光環或光輪來描繪這一現象，而基督徒將光環或光輪放在所有「聖徒」周圍，藉此顯示他們已經參與了共用的光。

如果你願意接受這個說法，這對瞭解耶穌復活的意義非常有幫助，這或許也對耶穌的「普世性」有了更好的描述，有點像愛因斯坦式的扭轉時空。在客觀上來說，耶穌始終是普世性的基督，但此刻，祂對人性、對我們的意義變得**無所不在、位格化**，吸引著那些願意透過祂**與現實相遇**的人。

我們必須誠實地說：許多人確實在沒有這條捷徑的情況下遇到了這位「**有位格的天主**」。我不能證明耶穌是捷徑，祂也不需要我來證明，除非是透過那些真誠地「點擊連結」和「遵循提示」的人的豐富生命才能證明。耶穌說：「你們可憑他們的果實辨別他們。」（瑪竇福音7:16-20）正確地與愛、與光同行的人，總是能用我們其他人看不出來的好方法來看待事物，我們稱之為「頓悟」。

這些人已經不需要「證明」耶穌是天主、是基督，或甚至是完美，正如我們在那位天生瞎眼之人的父母身上看到的那樣（若望福音9:18-23）。他們只需要誠實地看待證據。甚至，連天生的瞎子自己也說：「我曾是個瞎子，現在我卻看見

了。」（若望福音9:25）光的子民，無論是在深度上、還是在廣度上，都非常簡單地揭示了一種高度的見解，這使他們能夠包容越來越多、排除越來越少的事物。這將是他們提供給我們唯一的證據，也是我們應該需要的唯一證據。

在復活中，耶穌基督被揭示為每個男人和每個女人的圓滿狀態。正如神學家宣信者聖馬克西姆（Maximus the Confessor, 580-662）所說：「天主為此創造了所有生物，享受相同的合一，在基督裡人性和神性的合一。[7]」後來，聖額我略·帕拉馬斯（St. Gregory Palamas, 1296-1359）更明確地指出：「上主（在耶穌裡）揭示了基督，這樣人類就永遠無法脫離他所描繪的模式。[8]」

這樣珍貴的著作，在東方教會及其教父們的著作中能找到更多。偉大的亞他那修這樣說：「天主（在基督裡）一度為肉體的承載者，這樣人類就可以永遠成為聖神（聖靈）的承載者。[9]」這是**大交換**。耶穌是為了要保證天主性確實可以寓居於人間，這始終是我們最大的懷疑和否認。一旦這成為可能，那麼我們的大多數問題就已經解決了。每個人和每顆行星的復活都已成定局！

當然，這到底意味著什麼，我不可能知道（格林多前書2:9），但我可以說：

---

7. Maximus the Confessor, *Greek Fathers* 90.621.A.

8. Gregory Palamas, *The Triads*. Translation by Nicholas Gendle. Edited and with an introduction by John Meyendorff (New York: Paulist Press, 1983).

9. Athanasius, *On the Incarnation* 8, trans. Oliver Clement, *The Roots of Christian Mysticism* (New York: New City Press, 1995), 263.

> 創造是第一本、可能也是最後一本聖經，
> 天主子降生已經是救援，
> 耶誕節已經是復活節，
> 耶穌已經是基督。

簡單地說，如果基督不可能死亡，那麼任何「有分於天主性體」（伯多祿／彼得後書1:4）的東西都不可能死亡。根據定義，天主是永恆的，「天主是愛」（若望一書4:16）也是永恆的（格林多前書13:13），同樣的**愛**已經透過住在我們裡面的聖神種植在我們的心裡（羅馬書5:5，8:9）。

這種完全深植的愛，必然會進化、並證明它的勝利，而我們對最終勝利所使用的詞，就是「復活」。伯多祿（彼得）相當直接地陳述了這一點：「藉耶穌基督由死者中的復活，重生了我們，為獲得那充滿生命的希望，為獲得那為你們已存留在天上的不壞、無瑕、不朽的產業……在最後時期出現的救恩。」（伯多祿前書1:3-5）

那麼地獄如何呢？

我們想要更合理地理解十字架和復活的最大障礙之一，是人們普遍認為天主父是首席懲罰者，一位憤怒的天主，祂將罪人置於永恆的折磨和酷刑中，而不是**放在本身就是生命的人手中**。

這個說法起源於一些被誤解的經文，主要是〈瑪竇福音〉（它喜歡以威脅結束），也來自〈宗徒信經〉中的一句話，

說耶穌「下降陰府／墜入地獄」——所以，肯定有一個地獄（耶穌去那裡是為了解放它、消除它，就像他對待聖殿一樣，但很少有人這樣解讀）。我們當中的許多人在年紀還小、很容易受影響的兒童時期，就被教導天主是會折磨人的，這印象儲存在我們腦幹的最下層，就像所有的創傷一樣。因此，我們很難平靜或明智地跟從小就是基督徒的人談論地獄。

「下降陰府／墜入地獄」的用語來自《新約》中兩段非常晦澀難懂的經文。在〈伯多祿前書〉3章19節中，我們讀到耶穌「曾去給那些在獄中的靈魂宣講過」，〈厄弗所書〉4章9節說祂曾下降到「地下」。在這兩種情況下，這些描述都與但丁的懲罰性「地獄」沒什麼相似之處，而是比較接近古代廣泛用來形容「死者之地」的術語，例如黑帝斯（Hades）、陰間、苦難之地、「監獄」、「陰影之中」，甚至是靈薄獄（*Limbo*，解作地獄的邊緣）的概念。

但丁的版本成為主流，比其他任何版本都更能塑造西方的思想——甚至更勝於聖經本身所描述的版本[10]。對地獄的描繪成為教堂藝術的主要內容，裝飾了大多數哥德式大教堂的入口，甚至成了西斯汀教堂的完整背景。

當懲罰性上主的訊息如此明顯可見、二元區分、令人恐懼，無論你的講道和禮儀多麼令人安慰，你能怎麼消除這樣的印象呢？更糟糕的是，許多福音派關於上主忿怒的歌曲，以及「火與硫磺」的佈道，往往只會加強人們對上主的畏懼，而不

---

10. Jon Sweeney, *Inventing Hell*: Dante, the Bible, and Eternal Troment (New York: Jericho Books, 2014).

是對上主的信任或愛。

如果你害怕天主，那麼你遇到的就永遠不會是真天主。
如果你被天主所愛，你就會遇到一位配得上耶穌和基督的天主。
你前往的方式，將成為你抵達的地方。

在聖公會和東正教傳統中，關於「下降」的敘事形式略有不同。它通常是指「悲慘的地獄」（Harrowing of Hell），這個古老的術語，意思是「破壞」或「消除」某物，就像當時的農民用一種叫做耙子（harrow）的工具將土地夷為平地一樣。

基督下降的這個異象，在東正教禮儀的聖週六晚禱對唱中得到了有力的總結，它說：「地獄統治，但不是永遠。」與強調火焰和酷刑的西方圖像相反，東方的圖像經常描繪耶穌將靈魂從地獄中拉出來，而不是把他們推入地獄（如果你懷疑我，請上谷歌查證一下），這兩種是多麼不同的訊息！難怪復活節在東方教會是規模更大、更值得慶祝的盛宴，教友們發自內心地喝采，興高彩烈地歡呼：「基督復活了！基督真的復活了！」（潛在的訊息是，我們也復活了！）

教宗本篤十六世在對〈宗徒信經〉的評論中指出，「下降陰府」這句話是有問題、令人困惑的，而且是以神話式的語言為基礎[11]。他的結論是，如果基督真的去了那裡，祂所做的只

---

11. Benedict XVI, *The Faith* (Huntington, IN: Our Sunday Visitor, 2013), chapter 10.

能是毀掉這個地方；祂會停止地獄的運作，就像祂充滿憤怒地「耙掉」聖殿裡的貨幣兌換商一樣[12]。

教宗似乎在說：地獄和基督不能共存。我們必須看到耶穌戰勝地獄，並把它清空。對於這一點，許多復活節讚美詩和佈道實際上都說了很多，但我們大多數人從未真正接受這個訊息的巨大意義。我們唱道：「祂摧毀了死亡。」但我們似乎並不是真心如此認為。

正如我們前面討論過的，這種糟糕的神學根源於一種圍繞著「報復式正義」概念所組織出來的世界觀，這和「恢復性正義」（一個療癒的說法）得區分開來。耶穌既沒有實踐、也沒有教導過「報復」，但這正是帝國神學所喜歡的——明確的贏家和明確的輸家。由上而下的世界觀無法抵抗「選上」和「排除」、「我們」和「他們」這種二元對立的世界觀。

但耶穌在祂的比喻和教導中都明確拒絕了這種觀念，例如：祂說「誰不反對我們的，就是傾向我們」（馬爾谷福音9:40）和「因為他使太陽上升，光照惡人，也光照善人；降雨給義人，也給不義的人」（瑪竇福音5:45），祂讓外邦人和離群者成為祂大多數故事的主人公。

基督宗教最初幾個世紀的沙漠男女教父，在面對「天主會永遠懲罰祂的敵人」或者「我們當中可能有些人在天堂體驗幸福，而我們所認識和所愛的其他人則在地獄中不停地遭受折磨」的概念時，提出了共同的回應。他們當中的一些人並沒

---

12. Hilarion Alfeyev, *Christ the Conqueror of Hell* (New York: St. Vladimir's Seminary Press, 2009).

有沉迷於任何神學的操練,而是說:「愛是無法忍受這種情況的。」

　　總而言之,我們很遲緩地才注意到:天主是如何透過聖經變得越來越**非暴力**——我們甚至沒有注意到,這種進化在耶穌內是如何變得十分明顯。無限的愛、憐憫和寬恕是人類頭腦難以想像的,所以大多數人需要地獄的概念來維持他們對報復、懲罰和公正世界的邏輯,如同他們原本對此的理解。

　　天主不需要地獄,但我們確實看起來需要地獄。正如喬恩‧斯威尼(Jon Sweeney)和裘莉‧費韋達(Julie Ferwerda)在他們各自的書中相當令人信服的證明那樣[13],我們對地獄的共同印象,和神話思維、競爭比賽、懲罰性做法比較有關,而不是與任何代表上主的無限性的事物有關。

　　多年前,當我還是一名年輕的神父,在辛辛那提的一個天主教男性祈禱早餐會中發言時,我說:「如果福音真的為我們提供了一個雙贏的局面呢?」在休息時,一個衣冠楚楚的生意人走到我面前,用一種非常傲慢的語氣在講臺上敲打著手指說:「神父,神父!雙贏?那就沒有意思了!」

　　也許那是他保持表裡合一的言行表現,因為他的整個世界觀是由體育、商業交易和美國政治所形成,而不是福音。然而,多年來,我發現他所代表的就是常態。這個世界的系統本質上是爭論的、競爭的、二元對立的,缺乏上主憐憫與恩寵的模型。他們混淆了報復(那通常只不過是粗魯的復仇)和聖經

---

13. Sweeney, Inventing Hell, and Julie Ferwerda, Raising Hell: Christianity's Most Controversial Doctrine Put under Fire (Lander,WY: VagaBond Group, 2011).

中逐步形成的醫治、寬恕和天主憐憫的概念。

教會本應是一個完全不同故事中的另類社會。恢復性正義在紐西蘭被用於主要的青少年司法模式，紐西蘭的天主教主教們對此發表了非常好的聲明。我們看到這種另類的正義模式在聖經中得到體現——著名的是耶穌的浪子回頭的故事（路加福音 15:11 以下），在先知書中也多處可見（如果我們能先忍受長篇大論的話）。**天主的公義從事物的根本上撥亂反正，而天主的愛無法僅透過懲罰或報復來達到其目的。**

想想〈哈巴谷書〉這本篇幅短小的先知書，以激動的審判信息展開，但在最後轉向哈巴谷的「儘管如此，仍然偉大！」在〈哈巴谷書〉的三個章節中，哈巴谷抨擊了猶太人，然後在結尾處，上主說：「但我會更加愛你們，直到你們回到我身邊！」在先知厄則克耳（以西結）關於枯骨的故事（37 章）和耶肋米亞（耶利米）關於新約的關鍵概念（31:31 以下）中，我們看到同樣的情況。天主總是藉由更愛以色列人來勝過他們的罪！這是天主的恢復性公義。

然而，我們都記得，在所有這些經文中，更早出現的通常是公認的嚴厲判決，我不得不相信那是先知自己教導因果報應原則的方式（善有善報，惡有惡報）。這是他們針對我們的善行與惡行傳達神聖公平的方式。但是，大腦神經元的本質似乎是只記得消極負面的事，卻忘了積極正面的事。不幸的是，地獄的威脅比天堂的承諾更令人難忘[14]。

只要你在匱乏模式中運作，就永遠沒有足夠的上主或恩寵

---

14. New Zealand Bishops Conference, "Creating New Hearts" (August 30, 1995).

圍繞著你。耶穌來是為了消除我們匱乏的觀念，讓我們進入絕對豐盛的世界觀，或是他所說的「神的國度」。福音揭示了一個無限的天主世界，一個豐足盈滿的世界觀。我們稱這不配得到的豐盛為「恩寵」：「你們給，也就給你們；並且還要用好的，連按帶搖，以致外溢的升斗，倒在你們的懷裡。」（路加福音6:38）從匱乏模式轉向豐盛模式，這是大腦和心靈的重大轉換。

沒有福音配稱為「好消息」，除非它確實是一個雙贏的世界觀，並且是「給全民族的大喜訊」（路加福音2:10），無一例外。我們的小小腦袋和小小心靈實在無法想像，也沒有權力決定誰入選、誰出局。關於「上主統治」的主題，耶穌說：只有上主才能有這種無限的想像力，所以要相信**天主的意志**。

我們都該被改變

當你在東正教的復活聖像前學習或祈禱時，你所看見的，會與西方教會的描述完全不同。東方聖像描繪「復活的基督」站在黑暗和墳墓之上，將靈魂從地獄中拉出來。鏈條和鎖頭在整個畫面中向四面八方飛舞。這是名副其實的好消息。我第一次感受到這種內心的飛躍，是在我帶領薩爾斯堡附近的一個男性入門聖事儀式之後，一位年輕的奧地利神父向我走來，他遞給我一個這樣的聖像作為禮物，並充滿熱情地說：「無論你是否完全意識到，這就是你正在教導的內容。」

我在神父臉上和聖像上所看到的喜樂和平安，向我顯示了「復活」真正的訊息。正如我之前說過、但值得再說一次的是，

若翰‧多明尼克‧克羅森透過藝術令人信服地證明「西方教會遺失了，而東方教會卻保留了**復活節神現（異象）**的真跡[15]」。如果這是真的，這就是真正的遊戲規則改變者。在我看來，我們試圖只用西方教會的肺來呼吸福音全部的空氣，它留給我們一個非常不完整、也不是真正得勝的訊息。

「我告訴你們一件奧秘的事，」保祿在〈格林多前書〉15章51節中寫道：「我們眾人不全死亡，但我們眾人卻全要改變。」他甚至說了兩次「全部」，但我們的倔強不允許我們看到這一點。

大多數西方基督宗教關於復活的畫作，都呈現為一個人手裡拿著一面白色的旗幟走出墳墓，但我多次去世界各地的教堂和美術館旅行，還沒有看過在旗幟上有寫任何文字。我總是在想，為什麼旗幟上是空白的？也許是因為我們自己仍不確定復活的信息。我們曾以為復活只是關於耶穌，然後發現自己無法證明這一點，我們也總是無法在自己裡面找到這種豐盛的生命。

但是，現在你已經知道了**永恆的基督**，祂永不死——祂**在你裡面**永遠不會死亡！復活是關於整個創造，關於歷史，關於每一個曾經受孕、犯罪、受苦和死亡的人，每一個活著的動物經歷過折磨性的死亡，每一個元素經過漫長的時間從固體變成液體，再轉變成醚態。這件事關於你也關於我。這件事關於一切。「基督之旅」確實是每個事物的另一個名字。

15. John Dominic Crossan and Sara Sexton Crossan, *Resurrecting Easter: How the West Lost and the East Kept the Original Easter Vision* (New York: Harper One) 45–59.

　　當我在新墨西哥州一個美好的秋日寫下這一章時，我聽到了沙丘鶴在我小屋上方鳴叫和「高聲呼喊」，彷彿是為了向我證實這一訊息。我走到屋外，目睹了大約五十隻優雅的鳥兒在我頭頂溫暖湛藍的天空中盤旋。就像是牠們在沿著格蘭河向南的旅程中暫且停留，只是為了歡欣鼓舞片刻，一遍又一遍地盤旋，大聲地為彼此加油打氣，也鼓舞了我。多麼歡欣的聲音！

　　經過整整二十分鐘純粹的慶祝，鳥兒們重新組合成旅程的 V 字形，決定繼續前行。顯然牠們一點也不著急，每隻鳥都「宣佈自己在萬物大家庭中的地位」，正如瑪麗‧奧利弗在她的詩作〈野雁〉中優美的描述[16]。

　　我希望很多人能看見我所見到的，享受到我經常享受到的，得到我所得到的。復活是會傳染的，而且是無條件取得的。對於那些已經學會了如何看、如何喜樂、如何既不囤積也不限制上主無所不在的禮物的人來說，復活是隨處可見且隨手可得的。

16. Mary Oliver, "Wild Geese," in *Owls and Other Fantasies* (Boston, Mas- sachussetts: Beacon Press, 2003), 1.

第 15 章

———◆———

耶穌和基督的
兩個見證人

　　我們從聖經找到的例子中，誰可以帶領我們更深入地瞭解耶穌和基督，有兩個見證人脫穎而出：一個是瑪利亞瑪達肋納（抹大拉的馬利亞），她完全瞭解耶穌這個人，也是第一個見到復活基督的人；還有一個是保祿（保羅），他從來不認識耶穌這個人，但他談論的幾乎完全是關於基督。隨後，他透過許多書信成為「耶穌」最雄辯的見證人。這也是我們所有人都能獲得的經歷，去經歷永遠臨在的基督多於有時間限制的耶穌，所以保祿是新約和所有後來歷史的完美作者。

　　瑪達肋納（抹大拉）愛的是非常具體的耶穌這個人，祂帶領她走向無處不在的**復活基督**。保祿從**普世性基督**開始，把這一切都建立在相當親切且令人喜愛的耶穌身上：祂被棄絕、被釘在十字架上，然後復活了。瑪達肋納和保祿一起以真正有益的方式引導、指引基督徒經歷並走向耶穌和基督，但他們卻是

來自全然相反的兩邊。

第一個見證人：瑪利亞瑪達肋納

在〈路加福音〉8章2節中，瑪利亞瑪達肋納被描述為一個在耶穌將七個魔鬼從她身上趕出去後、成為耶穌追隨者和朋友的女子。對於這個在福音書中被提及多達十二次（比大多數門徒都多）的人來說，這並不是一個非常吉利的開始。順道一提，在所有陳述中，從未提到賣淫是她身上的惡魔之一。我懷疑是很多人把性行為當作自己身上的惡魔之一，所以常把自己身上的這個惡魔投射到她身上，才造成她曾經賣過淫的誤傳。

四部福音書都記述說：當耶穌被釘十字架時，瑪利亞瑪達肋納與耶穌的母親和其他許多婦女都在場（瑪竇／馬太福音27:56，馬爾谷／馬可福音15:40，路加福音24:10，若望／約翰福音19:25及以下）。在耶穌從十字架上被取下來後，他的母親瑪利亞和其他婦女陪同屍體下葬至墳墓（關於究竟有哪幾位婦女在場的記載並不一致，但有趣的是，除了〈若望福音〉之外，其他三部福音都記載：總是有婦女陪伴著耶穌的屍體）。

當安息日結束時，瑪利亞瑪達肋納在黎明時分回到墳墓，發現墓穴敞開著，而且空蕩蕩的。她趕緊告訴兩個宗徒（使徒）這個驚人的消息，他們跑到墳前確認，懷疑是小偷竊走了屍體，於是宗徒回到了自己的家中。但瑪利亞瑪達肋納留了下來，為失去她心愛的朋友和老師而哀傷哭泣（瑪竇福音27:61）。她是始終如一且忠實的見證人。

在若望（約翰）的記述中，有兩個天使出現並問她：「女

人，你為什麼哭泣？」她回答說：「他們帶走了我的主，我不知道他們把祂放在哪裡。」然後她轉過身來，看到一個她不認識的男子。瑪利亞認為他是園丁（若望福音20:15），並問他把耶穌帶到哪裡去了。然後，福音書中最戲劇性的一個時刻發生了，那男子就說出了她的名字：「瑪利亞！」

接下來發生了什麼事呢？有些聖經版本翻譯為「她轉過身來看見耶穌」；有些翻譯為「她聽了，就知道是耶穌」；也有些翻譯為「她轉過身來面對著耶穌」。接著她大聲喊道：「辣步尼（拉波尼）！」意思是「師傅」或「老師」（若望福音20:13-16）。瞬間，瑪利亞以一種不同的方式看待在她面前的這個人，你可以說這份關係**超越了肉體之上**。她意識到這仍然是耶穌，但他已經完全成為基督了。

在耶穌基督回應瑪利亞的時候，說了一句有點令人震驚的話：「你別拉住我不放。」（若望福音20:17a）他為什麼會突然做出如此冷淡的回應？答案在於對永恆基督的理解。

我不相信復活的耶穌會拒絕瑪利亞的友誼或表現冷漠，祂也不會害怕與她之間的親密接觸。祂是在說，基督在**單一形式**下是不可觸碰的，因為祂會以**各種形式**無所不在——正如我們很快看到墳墓前的「園丁」（若望福音20:15）、在前往厄瑪烏（以馬忤斯）路上的旅人（路加福音24:13），以及在湖邊照看炊火的人（若望福音21:4）。

在每一段內在和外在的旅程中，耶穌都正在回到祂的上主和父親那裡，耶穌清楚地將他們描述為「我的天主」和「我的父」、「你們的天主」和「你們的父」（若望福音20:17b）。現在，耶穌以祂無所不在、無所不包的基督身分說話（我個人猜

想，這和許多人在朋友去世後立即經歷，或在朋友去世不久後
所經歷的那種存在相同）。

我相信，藉由重複兩次「我的」和「你們的」，這段經文
試圖傳達的是，這個正在進行的事件，描述了一種共同、共享
的經歷上主的體驗──天主父是祂的，也是我們的。是的，它
們是相同的體驗！你甚至可以說，這是基督身體成為教義的第
一個徵兆，基督和所有人的徹底結合為一（格林多／哥林多前
書12:12及以下）。納匝肋（拿撒勒）人耶穌，從單一個人，成
為基督的集體位格。

在以往，我們主要透過**外在的觀察**來認識祂；但現在，
我們主要透過**內在的交流**來認識祂（這就是我們認識基督的方
式，通常被稱為「祈禱」）。

現在，我們可以把瑪利亞瑪達肋納的整個故事放在一起。
顯然，在耶穌宣講事工生涯的大部分時間裡，她經常為個人
的、具體的納匝肋人耶穌作見證。但在耶穌復活後，她也擁有
獨特的經驗，成為無所不在的基督的**第一個見證人**。然後，
瑪利亞按照祂的要求，告訴祂的朋友她所看到的，將好消息
傳遞給別的「宗徒們」（apostles，或譯「使徒們」：若望福音
20:18，瑪竇福音28:8）[1]。

這種獨特的角色，使她確實做到了「宗徒傳講給宗徒
們」（apostle to the apostles），這正是早期教會、歷史上的評論
家、甚至早期禮儀文本都讚揚她的原因。第一位宗徒是女性，
這麼說並不是在我們這個時代想要做的政治正確，而是從早期
教會就已經把「宗徒」定義為「耶穌復活的見證人」（宗徒大
事祿／使徒行傳1:22），如此來看，這麼說是真確的。

　　像瑪利亞一樣，我們必須以某種方式聽到我們的名字被唸出來，必須聽到我們自己被「愛」所稱呼和看待，然後我們才能認出我們中間的基督。像瑪利亞一樣，我們通常需要從具體的相遇開始，然後才進入所有人都可以獲得的普遍體驗。

　　靈性認知是一種內在的相遇和內在認知，我們通常透過「靈魂」知識來辨認。我們需要這種親密的內在認知，因為**我們不能停留在肉眼可見的表面，否則我們總認為自己可以定義、限制或捕捉上主來作為私人財產**（見若望福音20:29），或者作為一件可以或必須向他人「證明」的物品。

　　這不是一個小問題。如果上主是上主，那麼天主的臨在必然無處不在，並且能夠普遍可及。如果你能實際地「觸摸」上主，就很容易認為上主只是在這裡而不是在那裡，是我的，但不是你的。

　　顯然，在最初幾個世紀，瑪利亞瑪達肋納獨特而重要的

---

1. 審訂者注：作者這裡引用的經文引自若望福音及瑪竇福音，雖然這兩部福音都說：瑪利亞瑪達肋納（或婦女們）跑去把耶穌復活了的消息報告給「門徒們」（disciples）。但，作者羅爾神父卻有意地把兩部福音中的「門徒們」（disciples）都改成了「宗徒們」（apostles）。其實，在若望福音及瑪竇福音的傳承中，並沒有「宗徒」（apostle）的觀念，「宗徒」是保祿和路加福音傳承裡的觀念，他們把「宗徒」定義為「耶穌復活的見證人」，所以可稱為「宗徒」的人有五百多位，保祿也自稱為宗徒（格前十五3~15）。後期教會沿用此一觀念，但，由於很長一段時間教會領導人不認為婦女也可以成為宗徒，所以雖然四部福音都說最先見證耶穌復活的是婦女，教會也不承認這些婦女的宗徒地位。直到梵二大公會議之後，天主教會已公開承認這些婦女的宗徒地位了。所以，現在有人根據若望福音說：瑪利亞瑪達肋納是第一位宗徒，也就是說她是第一位「耶穌復活的見證人」。顯然，羅爾神父同意這個說法，因而他將若望福音及瑪竇福音中的「門徒們」改作「宗徒們」。注意：這不是筆誤，這是糾正以往不看重婦女地位的有意行動。

作用，在幾乎完全父權制的基督宗教中通常沒有得到承認。大多數人仍然想像宗徒必然都是男性，因此聖職和事工應該保留給男性（就好像性別是「真我」、恢復的自我，或是上主之內本體自我的一種特質）。在我看來，基督在復活後**第一個**向瑪利亞顯現，並囑咐她成為他的第一個見證人，就消除了這個論點。是的，男性們最終被派往世界各地，毫無疑問，因為在當時的大多數文化中，只有男性被認真考慮為安全或合法的見證人，甚至是宗教導師。

同樣值得一提的是，那十二人在福音書中一直被描述為反應緩慢，通常充滿懷疑和猶豫（馬爾谷／馬可福音16:11，13-14），甚至抵抗、否認和背叛，但這些並沒有成為他們作為領導的障礙。然而，瑪利亞在耶穌說出她名字的那一刻似乎就認出了祂全新的臨在。在我看來，那些辨認出祂臨在的人，是最有準備、最有資格談論祂臨在的人，而不只是那些擔任特定角色或有特定職責的人。但機構似乎只能透過明確的角色和職責在體系中生存，我確實理解這一點。

儘管如此，從耶穌到基督之間的橋梁，是由一位先深愛耶穌的女性親自建造的，這並非微不足道的事。瑪利亞很快就獲得了完全的屬靈認知，因為這是**透過愛的關係和臨在本身**所達成的認知。請注意，即使在她認不出耶穌的時候，她也知道並信任祂的聲音。這與我們常見的經驗知識有多麼不同！

我們時常讓自己被各種「證據」給局限住了，局限於它的理性形式，局限於偶爾、特定的天主啟示的時刻。我相信，如果我們不學習如何讓人們踏上「內在的旅程」或「愛的旅程」，整個宗教計劃將繼續分崩離析，因為我們沒有鮮活的生命轉變

見證。

　　我想讓你注意：瑪利亞的旅程不是**抓住**過去了的耶穌，而是讓耶穌把她介紹給更大的基督。在〈馬爾谷福音〉中，特意陳述了這種全新的存在方式：「耶穌藉了另一個形狀顯現給他們。」（馬爾谷福音16:12）另有經文形容祂在兩地同時出現、穿過門、在水上行走——所有這些都表明一種新的存在，我們在這裡稱之為「基督」（其中一些復活後的故事，被當作復活前的事件而放在福音當中，例如耶穌顯聖容或耶穌在水上行走的場景）。

　　我們必須先在一個層面上放下耶穌，才能接受和相信「耶穌基督」。如果你的耶穌太小、太過情感性（例如，認為「耶穌是我一個人的男友」），或者被時間和文化束縛得太緊，你根本就走不了多遠。耶穌成為基督，他必須超越時空、種族、國籍、階級和性別的界線。坦白地說，他必須超越任何以他的名義形成，卻維持宗族性、排斥性或排外性的宗教。否則，他根本不是「世界的救主」（若望福音4:42）。這就是如今耶穌仍在努力拯救的同一個世界上所面臨的可靠性的問題。

　　瑪利亞瑪達肋納見證了個人的愛和親密關係，對大多數人來說，這是通往普世性之愛的道路上最好和最簡單的開始。然後在復活節的花園裡，她經歷了對普世性的臨在、或對基督認知的突然轉變。**事實上，祂就是園丁！祂已成為每一個男人和每一個女人！**當她「以為祂是園丁」時（若望福音20:15），她一點也沒有弄錯。

　　接下來，在我們的第二個見證中，將遇到一個從認識普世性基督開始的人，這段經歷引導他深深奉獻給被釘上十字架並

復活的耶穌。天主可以使用任何一條道路，只要我們在整段旅程中都保持在這條道路上。

第二個見證人：保祿

　　與瑪利亞瑪達肋納不同，宗徒保祿從未認識血肉之軀的耶穌，他認識的永遠只有復活的基督。在前面章節中，我們重述了他跌倒和失明的經歷，我們從那裡開始思考他的超驗經歷（用他最喜歡的短語「在基督之內」來描述這一段經歷），這讓他從狹隘的宗教觀轉移到普世性的視野中。在這裡，我想專注討論保祿實際上是如何從基督開始，並很快完全認同耶穌，他在往大馬士革的路上聽到了耶穌的「聲音」（宗徒大事錄9:4）。

　　長期以來，基督徒傾向於將保祿的思想解讀為關於罪和救恩的論證，而我則希望將保祿解讀為他自己所經歷的個人和文化轉變的見證。耶穌代表個人，基督代表文化、歷史和社會層面。保祿確實同時教導了兩者，儘管在過去的五十年裡，第二種教導在很大程度上沒有得到足夠的重視。

　　你還記得，在去大馬士革的路上，保祿（當時他是以他的希伯來名字「掃祿」或「掃羅」而聞名）聽到一個聲音問他：「你為什麼迫害我？」他答說：「主！你是誰？」主說：「我就是你所迫害的耶穌。」（宗徒大事錄9:4-5）他被打瞎了三天（這通常象徵轉向新知識必要的過渡期），不得不被牽著手帶到大馬士革。

　　在這三天裡，保祿處在一個我稱為「邊際情境」的所在，

介於新舊世界之間;他沒有從他所習慣的「舊世界」中帶走食物或水,而是在基督裡開始過渡到「新世界」。

他的經歷是對「皈依」的經典式描述,遵循了**從自我之愛到群體之愛,再到普世性之愛**的典型進展。但保祿進行得相當快,而我們大多數人都需要一輩子的時間來完成。很快,保祿的「視力恢復了」,仇恨者受洗成為一位相當具有普世性之愛的宗徒。他成為福音最重要的老師和宣講者(宗徒大事錄9:22),甚至比最初的十二門徒更勝一籌。在他此後一生中,他努力在他心愛的猶太教和這個新的猶太教「支派」之間架起一座堅實的橋梁,正如他第一次清楚看到的那樣(請參閱羅馬書第11章)。

保祿不認識耶穌這個人的事實,使他成為我們後來這些跟隨、講述基督經歷的人的完美代言人。你知道嗎,保祿在那七封他自己所寫的書信中,只有五次單獨使用「耶穌」這個詞時沒有加上「基督」或「主」(其中兩次出現在〈斐理伯書〉〔腓立比書〕2章10-11節的讚美詩中,那大概不是他寫的)。

近幾個世紀以來,基督徒閱讀他的書信,大多認為他關注的似乎是一個人如何才能「上天堂」和避免「下地獄」。但是大多數人沒有注意到的一點是,保祿從來沒有談論過對地獄的概念!我想,他會同意耶穌的觀點,也就是人類是**因為犯罪**而受罰,而不是**為了贖罪**而受罰。善有善報,惡有惡報——儘管那個時期的思想和語言導致大多數人將最終的因果關係都歸咎於上主。

如果你看看保祿所有關於邪惡或「問題」的經文,你會發現保祿所談的罪,實際上是群體的盲目或集體的幻覺,個人無

力對抗它（羅馬書7:14f及以下），此外還有系統性的邪惡（厄弗所／以弗所書6:12，哥羅森／歌羅西書1:16及以下）。邪惡不僅僅是個人的陰暗面，「因為我們戰鬥不是對抗血和肉，而是對抗率領者，對抗掌權者，對抗這黑暗世界的霸主，對抗天界裏邪惡的鬼神」（厄弗所書6:12）。

我們現在看到的這些體制性單位（公司、民族國家、機構）都有它們自己的存在週期，它們通常不對理性、甚至法律負責──儘管我們試圖讓它們負責。但古人對這些事情並不那麼天真。

保祿似乎相信人類陷入了雙重束縛，他堅信只有集體善良才能對抗集體邪惡，因此他強調建立團體和「教會」。這也許就是為什麼保祿經常被稱為「教會的創始人」，以及為什麼他對最初的基督徒團體有如此多的期望。他是那些他想向異教徒炫耀的「孩子」和模範的自豪父母。誠然，這經常使他看起來像是許多人都不喜歡的說教主義和道德主義。但請記住，**你的光越大，所投射的陰影就越大**。保祿就是一盞巨大的光。

保祿稱之為「罪」，並將其擬人化為「亞當」（羅馬書5:12及以下，格林多前書15:21以下），我們今天的許多人可能稱之為「人類悲劇」。無論你使用什麼術語，保祿都相信基督將一般的人類處境稱為「陷阱」、甚至是「奴役」，並且像耶穌一樣，保祿試圖給我們一條出路，擺脫他認為是短暫、易逝、受壓迫、最後是虛幻的事物。他的願景不是裝飾性的，而是革命性的，如果我們把他變成一個純粹的說教者或「教會裡的人」，就會錯過這一點。

我堅持認為：耶穌社會計畫的基礎，就是我所謂的「去除

偶像崇拜」（non-idolatry），或者說，**除了天國以外，從你們迷**
戀的所有王國中退出。這比你覺得你必須直接攻擊事物，或打
敗其他民族國家、銀行系統、軍事工業複合體、甚至宗教系統
要好得多。不依附（意指擁有免於完全或最終效忠於人為統治
系統的自由），是我所知道的保護人們免受宗教狂熱、或任何
對抗性思想行為的最好方法。**沒有什麼可反對的，只要繼續專**
注於你要做的大事（想想聖方濟和德蕾莎修女）！

　　保祿對「罪」的概念與目前我們對「上癮」的理解非常接
近。因此，他想用他所認為的「拿一切當廢物，為賺得基督」
的觀念（斐理伯書 3:8），將我們從著迷的事物中解放出來，因
為這些不值得我們忠誠。「要是我能保有基督，在祂裡面獲得
一席之地就好了！」你能在這樣的句子中聽出來保祿的整體理
解嗎？

　　在保祿的理解中，**癮君子或罪人實際上並不喜歡這個世**
界，而是被這個世界所奴役。耶穌來這裡，是為了給我們一個
真正替代性的社會秩序，而不僅僅是後來的一條「通往天堂的
道路」。

　　你有沒有注意到，耶穌對我們大多數人稱之為「罪」的不
良行為，並不真的那麼沮喪？相反地，他把批判的目光投向那
些不認為自己是罪人的人，他們看不到自己的陰影或黑暗面，
不承認自己是世界統治體系中的共謀者。

　　我們大多數人寧願攻擊一個簡單、可見的目標（最好是基
於性行為和身體的問題），從而感到「純潔」或「道德」。耶
穌就像真正的屬靈導師一樣，揭露了邪惡的根源（那幾乎都是
某種形式的偶像崇拜），而不是像道德主義者通常做的那樣，

浪費時間去懲罰罪的表象。

著名的哈佛學者克里斯特・斯滕達爾神父（Krister Stendahl, 1921-2008）在他的開創性研究《使徒保祿與西方的內省良知》（*The Apostle Paul and the Introspective Conscience of the West*）中寫道：保祿幾乎從不談論個人性的罪過，或個人私下的得救。斯滕達爾甚至說：在保祿無可爭議、是他自己所寫的七封書信中，並沒有談到個人式的寬恕，而是談到天主對所有罪和邪惡的全面寬恕。

對猶太先知和保祿來說，罪、救恩和寬恕一直是集體性、社會性、並有歷史性的意涵。當你認識到這一點時，它就會完全改變你對福音書的解讀。

我確實相信保祿是一位隱含進化論的思想家，他在〈羅馬書〉第8章大部分內容中明確地表示了這一點。在保羅的思想中，真正的力量已經存在，虛假的力量已經暴露，如今，虛假的力量分崩離析只是時間問題。在我自己短暫的一生中，我目睹了這種意識的進化——走向非暴力、包容、神秘主義和越來越無私的愛，以及更正確地定義事物的陰暗面。

這就是漸進式的「基督再臨」。我們目前高度黨派化的政治、憤怒的文化戰爭，以及圍繞著白人特權的防禦性策略，這些都只是垂死的舊有模式的最後喘息。耶穌和保祿早在兩千年前就相信了這一點，我們現在正以更快的速度看到不可避免的結果。統計學家說，現在的暴力發生率是歷史上最低的[2]（以往會是什麼樣的呢？）。

---

2. Steven Pinker, *The Better Angels of Our Nature* (New York: Penguin Group, 2015).

對保祿來說，這一切都是「權力的遊戲」，只有一個合法的王位能讓那些較小的王國保持清醒，並最終敗北。「耶穌是主」可能是我們第一個簡單的信條和宣告（格林多前書12:3），否定了羅馬帝國的「凱撒是主」。這是保祿偉大而堅定的信仰行為。這些較小的實體有自己的生死，絕不是靠殺戮或「拯救」一個人就能奪得的。**耶穌和保祿都把邪惡視為團體的束縛和幻覺，而不只是個人的反常行為。**當然，從整體上看，兩者都是真實的。

保祿一個非常重要的全新想法是，福音不是關於遵循在人**之外**的某些標準（他稱之為「律法」），他關注的焦點已經變成人的**內在**。這就是為什麼他在〈羅馬書〉和〈迦拉達書〉（加拉太書）中如此強烈和令人驚訝地譴責律法。真正的「新」律法是在我們**內心**的那一位：「因為天主的愛，藉着所賜與我們的聖神，已傾注在我們心中了。」（羅馬書5:5和通篇）他相信，這種內在的力量，這個永恆的道德指南針，將比任何外在的壓力或法律更能指導我們，而且每個人都可以使用。這是革命性的觀點，誠然，它也是驚人的。

正如保羅在〈羅馬書〉2章14-15節中所寫，即使是「外邦人，順着本性去行法律上的事，他們雖然沒有法律，但自己對自己就是法律……他們的良心也為此作證」。因此，保祿為我們尚未發展成熟的自然法和個人良知的神學提供了源頭。他直接建立在耶肋米亞（耶利米）所預言的「新盟約」（31:31-34）之上，「新盟約」將「刻在我們心上」。

這不禁讓人懷疑，我們大多數人是否仍停留於法律、秩序和僅僅是外在權威的「舊盟約」中。保祿遠遠領先於歷史上大

部分的人，並且已經為我們指出，該朝著我所說的「靈性生命的第二旅程」而努力[3]。

最後，保祿試圖為這個重大訊息創造一些「視聽輔助工具」，他稱之為「教會」（耶穌只使用了這個詞兩次，分別在〈瑪竇福音〉16章18節和18章17節）。他需要這種新生活的鮮活、可見的模式，以表明跟隨基督的人確實與大眾意識不同：「好使你們成為無可指摘和純潔的，在乖僻敗壞的世代中，做天主無瑕的子女；在世人中你們應放光明，有如宇宙間的明星。」（斐理伯書2:15）

在他的思想中，我們本應生活在一個另類的社會裡，一個近乎烏托邦的社會，從這種圓滿狀態走向「世界」。相反地，我們創造了另一種模式，人們幾乎完全將精力投於金錢、戰爭、權力和性別區分上，偶爾才「上教堂」。人們生活在這種態度的世界中。我不確定這是否有效！

像是阿米什教派（Amish）、重浸派（Bruderhof）、黑人教會和一些天主教修會，它們的成員可能更有機會真正保持另一種意識，但我們大多數人的思維和運作方式，最終都和周圍的文化非常相似。保祿肯定對這一點有先見之明，他打算讓他的新信徒「住在教會裡」，從那堅實的根基走向世界。我們至今仍然倒退著走，完全生活在世俗的系統中，偶爾才上教堂。

然而，現在許多人在研討會、支持團體、祈禱小組、學習小組、為窮人建造房屋的專案、療癒圈或宣教組織中，找到了

---

3. 這是我的前作《踏上生命的第二旅程》、《默觀，看見生命的實相》中重要的概念（編注：中譯本為啟示出版）。

這種連結。因此,也許我們沒有完全意識到這一點,但這些日子裡,我們確實正朝著正確的方向前進。我們正在創建許多教會附屬組織,一些新的研究聲稱,如果我們看一下統計數據,會看到基督徒並沒有離開基督宗教,而是與世界上活出基督宗教價值觀的團體重新結盟,而不只是聚集在一起聆聽讀經、背誦信經、在週日唱聖歌。從這個意義上說,實際的基督徒行為可能比我們想像中要成長得多。

請記住,品牌、名字都不重要。
重要的是,天主的心在世界上得以實現並活躍起來。

令人驚訝的是,傳講福音的直接結果竟然是「世俗主義」,在這種情況下,福音訊息成了使命本身,而不只是不斷組成福傳的團隊。重要的是上主的工作得以完成,而不是我們小組或其他小組得到了功勞。

我確實遇到過一些基督徒,他們幾乎每天都活出自己的價值觀,而且越來越多的人**只是去做**(所謂的「正確實踐」,orthopraxy),而沒有大肆宣傳他們的觀念是多麼正確(所謂的「正統信仰理念」,orthodoxy)。就像今天的職場教練經常說的,以培訓代替教導。

正如普世性的基督在沒有任何名字的情況下,向前邁進了數十億年一樣,仍在進化的基督也在繼續做同樣的事情。天主顯然非常謙卑和有耐心,就算沒有我們當祂的啦啦隊,祂也會完成工作。

如果天主可以使用一個有七個魔鬼附身的女人和一個凶惡

殺人的宗教狂熱分子作為祂的主要見證人，那麼我們最好問一問，他們見證了什麼？這不只是一些新的想法，也是一種新的生活方式，一種生命能量，一種真正相信「人人享有自由和正義」的世界觀。

第 16 章

———●———

轉變與默觀

> 我靈性覺醒的那一天,是我看見並知道,我在神身上看
> 見了所有事物,也在所有事物中看見了神。
> ——梅希特希爾德(Mechtild of Magdeburg, 1212-1282)

如果到現在為止,我們一直無法欣賞基督的宇宙觀念,那並不是因為惡意、無知或固執,而是因為我們試圖用主導西方理性主義和科學主義的二元思維來理解一個非二元的概念。這永遠行不通。

大多數人都沒有被告知,我們要安裝一個不同於我們用來度過每一天的慣性思維(非此即彼、解決問題、全有或全無)的「軟體」。只有早期的基督宗教和許多神秘主義者,才能理解「默觀」實際上是一種處理我們經驗的不同方式,一種完全不同的觀察方式。我們大多數人都必須被教導才能學會。

　　這樣的先知幾乎總是被邊緣化，就像開頭引文中親愛的梅希特希爾德所說的一樣（你可能從未聽說過她）。我猜想，在被宣聖的人當中，有許多都是在他們過世後，當他們不再是那麼大的威脅後才被宣聖，但許多人在他們一生中不得不為了自己理智的堅持而讓自己邊緣化，隱居在森林中、操練靜默、成為隱士或隱身修道院中；我猜，他們這麼做是為了他們自己的成聖。

　　有些通俗而信仰膚淺的基督徒團體（Garden-variety Chrisianity，或譯「園遊會式的基督宗教」）對於有一個崇拜的上主形象感到非常滿意，他們稱祂為耶穌，但對於祂對人類所代表的真正意義則沒有濃厚的興趣。

　　正如我們在前面幾章看到的，基督所扮演的更宏大、跨越宇宙的角色，在〈若望福音〉（約翰福音）、〈哥羅森書〉（歌羅西書）、〈厄弗所書〉（以弗所書）、〈希伯來書〉和〈若望一書〉（約翰一書）的前幾章中有非常清楚的描述。此後不久，在早期東方教父及許多神秘主義者的著作中也都有描述。

　　但是，我們「非默觀型」的頭腦沒有注意到，這些作者處理現實的方式與我們不同──事實上，非常不同。最終，這種本質上好爭論的基督宗教跳出了軌道，甚至跳得更遠，使我們處於一種非常有限的「理性」認知方式，沒有提供足夠寬廣的視角來處理這些經文或古老默觀性的教義。這就像試圖用太小的望遠鏡來觀看宇宙一樣。

　　我們一直忙於把耶穌理解成天主子（神子）降生的個人化身，是帝國（無論東方或西方教會！）可利用的天主，以至於我們幾乎沒有時間、也沒準備好將這個訊息傳達給所有「血

肉」（若望福音 1:14），更不用說所有的受造物了（羅馬書 8:18-23）。當然，這裡更容不下「罪人」或任何類型的外邦人——這與耶穌所帶來的訊息和使命完全相反。我們帝國式的狹小心智所需要的，是自私的天主和被馴化的耶穌，可以利用來獲取種族利益的目標。

這就是默觀的認知方式必定能夠拯救我們的地方，並使我們理解基督的宇宙性概念和耶穌的非部落性概念。這也將幫助我們知道，使我們遠離福音的不光是惡念，而是**缺乏正念**、並屈服於當下的權能（當然，還有我們被權力、金錢和戰爭的文化所囚禁）。

默觀的心智可以看見事物的深度和整體性，而不只是看見事物的一部分。二元思維對理性思考非常有益，但在處理愛、死亡、痛苦、天主、關於無限的概念、性關係或一般神秘事物時，二元對立的思維卻完全派不上用場。它只是不斷將現實限制在兩種選擇中，並認為它是聰明的，因為它選擇了一種！這麼形容一點也不誇張[1]。

這兩種選擇總是排他性的，通常是以憤怒的方式：事情要不是全對，就是全錯；支持我或反對我；男性或女性；民主黨或共和黨；基督徒或異教徒……等等。二元思維提供快速的安全感和虛假的安慰，但從來不會提供智慧。它認為它是聰明的，因為它用相反、對立的想法來反駁你的想法，通常沒有太多空間給「調解的第三者」。我幾乎每天都在自己身上看到這

---

1. 這是我的前作《放下對立，遇見喜樂的內在世界》中重要的概念（編注：中譯本為啟示出版）。

一點。

在這個時代，我深受鼓舞地看到人們重新發現了寬廣而深刻的默觀思維，而在基督宗教的頭兩千年裡，這種思維很大程度上僅限於修道士和神祕主義者。這種重新發現一直是「行動與默觀中心」的目的和中心思想，也是我過去四十年的教學核心。改變的不是我們的形而上學（「什麼是真實的」），而是我們的認識論——**我們認為自己是如何知道何謂真實的。**

為此，我們可以感謝心理學、心理治療、靈性指導、歷史學和東方宗教的見解，以及從一九六○年代起，由多瑪斯·牟敦開始的西方和基督宗教默觀傳統的重新發現。現在，這種新的認識論正在全世界和所有教派中爆炸性地增長，幫助我們更加理解我們自己的形上學！這多麼諷刺和令人驚喜。

坦白說，隨著我們開始認識到我們過去所犯下的許多重大錯誤，特別是幾乎所有基督宗教殖民主義的國家給各地原住民的殘酷對待，以及我們對奴隸制、破壞性消費主義、種族隔離、白人特權、破壞地球、同性戀恐懼症、階級主義和大屠殺的保持沉默和完全共謀，一種新的謙卑正在基督宗教當中出現。

我們的二元邏輯使我們合理化集體自我所渴望的幾乎任何事情。現在，我們對自己的理解能力不那麼傲慢了（更不用說對實際生活的理解），這才是我們「唯一、至聖、至公的教會」。我們的批評者不會讓我們忘記過去的錯誤。人類對基督宗教實際表現的嚴厲批判，將在往後的歷史中會一直伴隨著我們。人們需要做的就是在谷歌網站上搜尋，他們就會知道到底發生了什麼事。

　　這從來都不是一個黑白分明的故事，儘管我們的二元思維（無論哪一方）都想讓它成為一個明確的故事。然而，你可以在瞭解基督宗教的陰暗面和歷史之後，仍然快樂地當一個基督徒（我把自己歸類在這個群體中！），但這需要一種默觀、非二元的心智，這樣的心智不允許你否認，而是教你整合、和解和寬恕。

　　你必須在這個世界的某個角落建造你的帳篷，而那裡沒有什麼純潔的底座可以讓你與眾不同或高高在上，地球上的每一塊土地都有「血由地上向我喊冤」（創世紀4:10）。只有我們的「自我」才會想要並要求這種優越感。宗教往往從各種「純潔準則」開始，但絕不能就此結束。

　　除了歷史知識之外，我們對人類發展、意識階段、獨特的文化起點、不同類型的學說（例如邁爾斯－布裡格斯、螺旋動力學和九型人格）之瞭解也不斷增長。所有這些都讓我們對自己和彼此有了更誠實、更有益的理解。

　　當我們停止使用慣於計算的思維一段足夠長的時間，嚴謹地看待**我們的認知方式**時，就像將彩色的廣角鏡頭裝進過去的小型黑白相機中。我們能開始理解，基督奧秘不是我們需要證明、甚至不是我們**能夠**證明的，而是當我們以默觀的方式看待基督奧秘時，**我們可以為自己認識到一個寬廣的領域**。這看起來往往比單純的理性更具象徵性和直覺性，是比任何只提供我們二元選擇作為通往智慧的錯誤捷徑都更非二元論的奧秘。

　　許多人已經開始看到，你需要擁有非二元論、不發怒、不好爭論的心智，才能以深度或誠實的方式來處理**真正的大事**，而我們大多數人都沒有被有效地教導該如何實踐。我們大多被

教導該**相信什麼**，而不是**如何相信**。

我們對耶穌抱有信仰，常常把祂當作偶像，而不是分享耶穌那種永遠謙卑、有耐心的廣泛信仰（瑪竇／馬太福音11:25），而這種信仰只有謙卑和有耐心的人才能理解。這就是我希望在本章後續和下一章中討論的內容。

以愛和苦難作為認知的方式

我希望你能原諒我用一個相對絕對的陳述開始這個章節。在實際的生活中，**如果從未深刻遭受過深切的痛苦，我們就無法深入理解屬靈的事物**。任何健康和「真正的」宗教都在教你如何面對痛苦和如何處理愛。如果你真誠地允許自己經歷這個過程，你很快就會意識到，實際上是愛和痛苦在影響著你，彷彿沒有其他事物可以做到一般！**即使是天主，也必須用愛和苦難來教導你真正重要的功課。**它們是天主改變人類的主要工具。

你當時可能沒有意識到，但每當你處於新戀情的蜜月階段，你就是在享受一種暫時的合一思想、非二元性的或默觀的心智。在那個優雅的時期，你沒有時間挑起爭吵或被非必要的事物激怒；你能夠忽略冒犯，原諒你的兄弟姊妹，甚至還有你的父母。許多母親認為兒子有了新女友就像是重生了一般！他們在那段蜜月期表現體貼，在家會撿起自己的衣服；他們還會跟家人打招呼，也會原諒自己的母親。

我一向喜歡教授婚前輔導課，因為剛訂婚的夫妻通常活在一個高度可被教導的時期，對我所說的一切都點頭表示同意。

所以在這段時間的教學，受到的阻力很小。

相反地，在你經歷極度悲傷、失落，或親近之人過世後的幾天、幾週和幾年裡，你通常也進入同樣的合一思想，但現在是從另一個入口進入。重大的悲劇使其他一切都變得清晰起來，收銀台女孩的簡單微笑對你悲傷的靈魂來說，似乎也是一種療癒香膏。你沒有時間或興趣挑起爭吵，即使是那些曾經困擾你的事情。

在失去任何與你有深厚感情的人之後，你可能需要至少一年的時間才能恢復「正常」，而且很多時候你永遠無法恢復「正常」。你的情感已被永遠重置。通常，這是同情、耐心、甚至是愛的第一次誕生，因為「心」在悲傷、抑鬱和悲痛中變得柔軟和溫柔。這些感受和經歷是通往深度和真相的特權入口。

但是，我們如何長期保留這些珍貴的果實呢？如果我們完全順服於愛和苦難，它們會引導我們走向默觀心智的開端，我們之中的許多人確實順服了它們一段時間。然而，很多時候，大多數人會很快回到二元論的內在論點和陳舊疲憊的判斷中，試圖重新奪回控制權。

大多數人選擇離開亞當和厄娃（夏娃）這個過於赤裸的花園，轉而進入加音（該隱）和亞伯爾（亞伯）鬥爭和競爭的世界，在「伊甸東方的諾得地方（或譯「流浪之地」）」（創世紀 4:16）住下來，然後發現自己非常期待和渴望我們曾經在伊甸園品嘗過的珍貴果實。也許我們需要流浪一段時間才能找到這條路——在我們真正想得到它之前。

如果我們有好的老師，我們將學會培養有意識的非二元論思維，一種有選擇的默觀，一些靈性操練，可以使我們持續在

日常基礎上回到合一的意識。無論那些是什麼樣的練習,都必須是「我們日用的食糧」,這是歷代靈修導師所達成的共識。這些不同形式的操練(也就是「重新接上線」)的一般用語是「默想」、「默觀」、任何「默禱」、「歸心祈禱」、「選擇獨處」,但它總是某種形式的內心靜默,以猶太人安息日的休息為象徵。

每個世界性宗教——在成熟的層次上——都會發現某種形式的操練,將我們從自認為正常、上了癮的心智中解放出來。沒有一個速食宗教或追求向上發展的基督宗教能做到這一點,因此,它們能提供的養分很少,不足以支撐人們度過艱難時期、迷戀、考驗、偶像崇拜、黑暗和癡迷,最終,這些人生中的挑戰總是會顯現出來。

我們當中的一些人稱這種向上發展的宗教為「成功神學」,這在那些仍然迴避偉大的愛和巨大痛苦的人當中很常見。這種形式的神學通常不知道如何處理黑暗面,所以這些人總是將黑暗面投射到其他地方。你能不能立刻想到很多例子呢?

從一九六〇年代開始,我們與東方宗教(特別是佛教)的互動增加,這幫助我們認識和重新發現我們自己非常古老的默觀傳統。透過牟敦和後來的基廷(Thomas Keating)等熙篤會士,基督徒意識到自己一直都有這些教導,但它們卻淪落得鮮為人知,在十六世紀的宗教改革或天主教的反宗教改革中幾乎沒有發揮任何作用。事實上,與它們恰恰相反,在過去的五百年裡,幾乎各方思想都是高度二元化和分裂的,也因此是暴力的。直到二十世紀中葉,才出現了非暴力性的重大革命。

　　當西方文明走上追求勝利、成就和征服的道路時，默觀的心智對人們的利己目的來說便顯得無趣，甚至適得其反。默觀的心智阻礙了我們左腦哲學和科學的發展和進步，這些面向以自己的方式發展是非常好、也有其必要的——**但對靈性知識而言，並非如此**。我們失去了所有相悖、神秘的概念，以及不可知、不可說的智慧，而這些都是使聖經信仰充滿活力、創造性和非暴力的開放式的優點。

　　然而，我們堅持在人生中的每個時刻和每一步都要「知道」，甚至要**明確**知道！這不再是亞巴郎（亞伯拉罕）、梅瑟（摩西）、瑪利亞或耶穌的頓悟之路，而是一種相當晚期、完全不適當的宗教形式。也許這就是為什麼今天有這麼多人（佔西方人口的一半？）說他們現在「有在靈修，但不屬於任何宗教」。我不能為此責怪他們；只是，我再次聽到了陳舊的二元論思想遺留下來的聲音。

那麼，為什麼對佛教感興趣？

　　我相信，佛教和基督宗教在很多方面互為影子，揭示了彼此的盲點。總的來說，西方基督徒並沒有很好地進行默觀，而佛教在行動方面也沒有做得很好——儘管近幾十年來，我們從一行禪師和達賴喇嘛那裡學到有所謂「人間佛教」（Engaged Buddhism）的出現。

　　在大多數藝術作品中，耶穌都是睜著眼睛，而佛陀是閉著眼睛，這是有原因的。在西方，我們主要是一個外向的宗教，代表了所有表面化的特徵；東方主要呈現的是內向的宗教

形式，到目前為止很少參與社會活動。冒著過度一概而論的風險，我要說的是，西方宗教對人類的思想或心靈不太瞭解，而東方宗教則對服務或公義工作不太瞭解。因此，西方產生了嚴格的資本主義，而東方經常陷入意識形態上的共產主義。兩種宗教都試圖只用一個肺來呼吸——這並不是好的呼吸方式，或者換個更好的說法：**你不能只吸氣或只呼氣**。

在最好的情況下，西方基督宗教是活躍的、向外傳遞的。但缺點是，這種創業型的本能往往導致它被我們進入的文化所淹沒，或是完全地踐踏這些文化，而不是在任何更深的層次上轉變文化。我們成為一個正式而高效率的宗教，這使人覺得宗教的工作是告訴人們**該看什麼而不是如何去看**。在我看來，這種做法曾經有效，但現在已不再起作用了。

我曾在日本、瑞士和美國的佛寺生活過，他們的修行生活絕對比大多數基督宗教修道院更有紀律，也絕對更嚴謹。日本住持向我提出的第一個問題是：「你的修行是什麼？」而與修道院院長見面時，第一個問題可能是「你的旅程如何？」或者「這段時間你在這裡需要的東西都準備好了嗎？」或者「你餓了嗎？」之類的。

這兩種方法都有其優點和局限性。在大多數方面，佛教更像是一種認識和清理鏡頭的方式，而不是一個關注形上學裡關於「至上神」問題的一神論宗教。佛教主要告訴你「如何看」，它吸引著我們、但也威脅著我們，因為它要求我們更真實面對自己的弱點，並立即致力於修行實踐——而不像許多基督徒那樣，只是「參加」服事。

佛教更像是一種哲學或世界觀，一套讓我們自由地獲得真

理和愛的操練，而不是一種有神明概念的正式信仰體系。它提供了**如何操練靈性**的見解和原則，幾乎沒提到這一切的背後**是什麼或誰在**。這就是佛教靈修操練的力量（我不知道為什麼它會威脅到任何「信徒」）。

　　相比之下，基督徒花了幾個世紀的時間試圖定義其宗教的**內容和人物**。基督宗教很少告訴人們**該如何做**，除了近乎「神奇」的交易（聖事禮儀、道德行為和隨手可得的聖經經文）之外，對人們如何實際生活、改變或成長，幾乎沒有影響。這些交易往往傾向於讓人們能輕鬆應付，而不是提供真正與天主或他人的相遇、或參與宗教。我很抱歉不得不這麼說，但這是我在許多團體中擔任神父和導師近五十年的經驗。

　　轉變或得救，遠不只是耶穌在天堂的帳本中對某些人所施加的恩惠。**這是人類真實旅程的完整地圖，它並非絕對必要，但肯定是一份很棒的禮物！**這張地圖也是與某種團體、甚至是和正在展開歷史的團體的共同體驗。我相信基督宗教的救恩觀念不只是個人的開悟，也是社會的連結和共融——有點諷刺意味的是，這最終也成了與天主的連結。只有這樣才是完整的天主子降生的基督宗教，垂直線和水平線構成了我們十字架的中心標誌。永遠不要只相信垂直線或水平線，它們必須交叉和交織在一起，成為一體，這才是真正的受難。

　　靈修是對人生旅程的尊重與熱愛，並在它的所有奇蹟和悲劇中生活。關於愛和苦難，沒有什麼是真正「超性的」，完全是「本性的」帶領我們經歷死亡與生命、順服與寬恕的深刻相互作用，以及經歷它們所有基本和基礎的表現形式。我的朋友寶拉‧達西（Paula D'Arcy）說得很好：「天主偽裝成你的生命

來到你身邊。」誰能想到呢？有人告訴我，這是一句關於勸人
上教堂的話。

　　真正的基督宗教與其說是一個信仰體系，不如說是一個生
死體系，它告訴你如何奉獻你的生命，如何奉獻你的愛，以及
最終如何奉獻你的死亡。基本上，就是奉獻，並在這樣做的過
程中，與世界、與所有其他生物、與上主連結。

我的方法論

　　認識論是一門試圖提出、並回答這個問題的科學：「我
們如何知道我們自認為知道的事物？」然後，基督徒需要
更進一步地問：「我們如何**確實**知道我們自認為知道的事
物？」如此一來，我們就不會再產生毫無新意的基本教義
派（fundamentalism）這麼多傲慢的知識，以及二元論的論證
模式。當我們被迫在兩個當前選項之間做出選擇時，就永遠無
法用深入的角度和惻隱之心看待事物，也**無法看見事物的精妙
之處**。

　　在我們新墨西哥州的學校裡，我們教導一種我們稱之為
「三輪車」的方法。它以三個輪子前進：**經驗、聖經和傳承**，
它們必須讓彼此相互調節和平衡。很少有基督徒被允許或訓練
同時運用這三個輪子，更不用說讓經驗成為前輪了。我們也試
圖只用「理性」來駕馭這三個輪子，因為我們知道，如果給理
性一個自己的輪子，理性最終將會操縱整輛三輪車。

　　到目前為止，天主教和東正教皆以好壞參半的方式使用
「傳承」，新教則以好壞參半的方式使用「聖經」，而我們全都

沒有很好地善用「經驗」。經驗是新來的。**它一直都在那裡，但我們沒有足夠的技能或無法誠實地承認我們都是根據自己的經驗行事**。現在，我們有了心理學和靈性指導的工具（和谷歌搜索）來幫助我們信任和評論經驗的來源——也就是我們這個人。

大多數情況下，我們必須記住，基督宗教在其成熟期是極度以愛為中心的，而不是以資訊或知識為中心的「諾斯底主義」。愛的首要地位使我們認知要更加謙卑和有耐心，並幫助我們認識到其他傳統和其他人——他們有很多東西可以教導我們，我們也有很多東西可以與他們分享。這種誠實的自我認知和更深層次的內在性，將頭腦（聖經）、心靈（經驗）、身體（傳承）作為一個整體運作，幫助許多人更好地整合、理解他們自身經歷天主的真實體驗。

其他觀點

我們也可以從其他文化中學習到：我們並非僅透過安靜的坐姿和嚴謹的姿勢來「認知」或默觀事物，我們可能從佛教徒和修道院的朋友那裡「過度學習」了這些。畢竟，耶穌從來不曾談論姿勢！

芭芭拉・霍姆斯（Barbara Holmes）在她的著作《無法形容的喜悅》（*Joy Unspeakable*）一書中，向我們說明黑人和奴隸的經歷如何導致對默觀心靈截然不同的理解[2]。她將此稱為「危

---

2. Barbara Holmes, *Joy Unspeakable; Contemplative Practices of the Black Church* (Minneapolis: Fortress Press, 2004).

機默觀」。對上主的啟蒙或認識，不可能取決於那些願意長時間挺直身子坐在墊子上的人，否則99％的人都永遠不會認識上主。

芭芭拉教導我們，黑人一起吟唱、唱聖歌來引導他們感受強烈的內在意識、參與真實的哀悼禮儀和參與非暴力的抵抗，這些經歷是如何產生了「質」的不同——這是一種深刻的默觀思想。我們在芬妮・露・哈默（Fannie Lou Hamer）、哈莉特・塔布曼、馬丁・路德・金恩、霍華德・瑟曼（Howard Thurman）、索潔娜・特魯思（Sojourner Truth）等人身上都看見了這種深刻的默觀思想。

屢行默觀思考的還有步行的默想者，比如俄羅斯朝聖者，他一生都邊走邊拿著念珠誦唸〈耶穌禱文〉；而美國和平朝聖者，她從一九五三年到一九八一年去世前走遍了美國。如今，他們的現代接班人，如喬納森・史托爾斯（Jonathon Stalls）和安德魯・福斯特霍費爾（Andrew Forsthoefel），他們教導了無目標步行或「以每小時三英里的速度生活」的深刻智慧。

當我還是個年輕人的時候，我的耶穌會靈修輔導神師告訴我，像我這樣的A型人，走路比坐著默想要好得多。許多其他人通過音樂、舞蹈和跑步等活動進入默觀的思考。這主要取決於你內在的目標和意圖，以及任何使你的身體、思想和心靈平靜下來的方式。正如一個老笑話所說的：「祈禱時禁止吸煙！但是，在吸煙時祈禱是美妙而值得稱讚的！」

默觀使我們能夠看到事物的整體性，從而尊重事物（記住，默觀是「第二次的凝視」）。除非我能夠**辨識到、並以某種方式彌補我看待當下的偏見**，否則我在每一個新的情境下看

到的，都只是自己的情感生活和待辦事項。這是「默觀入門
101」的基本課程，但對一般人來說，它並不像「祈禱」，這可
能就是為什麼許多人過早放棄。坦白說，他們從未真正與他人
相遇，更不用說與「他者」相遇了，他們只是一遍又一遍地遇
到自己。

在「默觀201」基礎課程中，你開始看到你做任何事情的
方式和你如何做每件事之間存在的相關性，這使你更加認真和
尊重地對待當下的時刻。你從眼角捕捉到自己，就如同你的
「自我」遊戲被揭露出來，並被削弱。

這種認知與理性並不矛盾，但它更加全面和包容。它去了
理性思維不能去的地方，但隨後又回來尊重理性。在我們的生
活學校裡，我們將此稱為「默觀認識論」。**實際上，默觀才是
改變一切的真正變化**，尤其是對先知們而言。例如，如果我試
圖「知道」或理解美國政治的現狀，我只會變得心灰意冷、憤
怒，並發表絕對化言論，這對任何人都沒有幫助。如果我像我
們過去常說的那樣「把它帶到祈禱中」，我確實接收到比在我
的小螢幕上所顯示的更大、更友善的數據，我的小螢幕總是充
滿惱人的靜電干擾和電荷。

為什麼談論這麼多苦難和死亡？

我的假設是，耶穌關於「十字架」完全違反直覺的信息，
必須以天主戲劇化的特殊方式降臨到世上，因為天主知道我們
會盡我們所能地否認它、避免它、淡化它，或者把它變成一個
理論（這恰好就是我們當初所做的事）。然而，這是耶穌的訊

息，不能、也不應該被推到幕後。我們相信耶穌就是基督的化身，是一位不遺餘力與人類同在的天主，而不只是向我們呈現天堂般的宇宙願景。

> 如果基督代表復活的狀態，那麼耶穌就代表從被釘上十字架到復活的道路。
> 如果基督是源頭和目標，那麼耶穌就是從源頭走向天主與萬物合一的道路。

基督徒選擇十字架（或有耶穌苦像的十字架）作為他們的中心象徵，並非無關緊要。至少在不知不覺中，我們接受了耶穌談論到很多關於「失去你的生命」的道理。也許哲學家肯恩·威爾伯（Ken Wilber）在此談論「向上宗教」和「下降宗教」之間的區別是有幫助的。他和我都更相信宗教的下降形式，我認為耶穌也是如此。

在這裡，主要語言是忘卻所學、放手、順服、服務他人，而不是「自我發展」——它往往潛藏在我們流行的「救贖」概念之後。我們對這一點必須誠實。我們要小心翼翼，否則我們會再次把耶穌降臨的宗教變成一種新的向上宗教形式，就像我們之前經常做的那樣。

耶穌在山中聖訓中的第一句話是：「神貧的人是有福的。」（瑪竇福音5:3）儘管耶穌一生中都將這個概念說得很清楚，但我們在很大程度上仍把基督信仰變成了一種著重於個人道德完美、獲得某種救恩、「上天堂」的宗教，想要改變他人而不是改變我們自己，並且希望在世上獲得更多的健康、財富

和成功。在這種追求中，我們最終在很大程度上與帝國、戰爭和殖民化結盟，而不是與耶穌或無權無勢的人結盟。所有的向上和僅有一點點的下降，都在二十一世紀為我們帶來了預期的惡果。

佛教徒經常談論苦難和死亡，使佛教本身成為一種「下降」宗教——甚至比耶穌更直接、更坦白。「生命就是受苦」是四聖諦之一。然而，在佛教的框架中，苦難不是跟隨耶穌的必要條件，不是獲得永恆功德的方式，不是眾所周知的「背十字架」走向救恩，也不是「沒有痛苦，就沒有收穫」。相反地，苦難**被視為放下幻想、放下虛假的慾望、放下優越感和分離所實際付出的真正代價**。苦難也被指出是我們**不放手**所付出的代價，這也許是一種教導苦難更好的方法。

每當你放下、捨棄一個消極、指責、強迫性或自私的思想、言語或行為時，佛教徒都將之描述為「死亡」！權力、自我形象和控制不會不戰就屈服，因為這首先是我們內心的真實想法，也是幻想開始的地方。看看一個兩歲孩子如何學會對父母說「不」吧，這場戰爭很早就開始了，在青少年和青年時期火力全開，而且事實上從未真正停止過。

在實際層面上，許多佛教徒非常理解耶穌的這段話：「一粒麥子如果不落在地裡死了，仍只是一粒；如果死了，纔結出許多子粒來。」（若望福音12:24）事實上，他們可能比我們基督徒更具體、更立即地理解這個訊息！這種日常「必要的苦難」是自我開悟和同情他人得付出的代價。這就是所有靈修輔導神師所說的「在你死之前死去」或「練習死亡」的意思。一個不直接、不完全誠實地面對靈修上這條必要的下降道路的靈修輔

導神師，我是不會真正信任的。

基督宗教和佛教都說：**轉變的模式、連接的模式、現實帶給我們的生活**，不是避免死亡，而總是**轉變死亡**。換句話說，屬靈轉變唯一值得信賴的模式，是死亡**和**復活。基督徒學會順服於試煉，是因為耶穌告訴我們，我們必須跟他一起「背負十字架」。佛教徒之所以這樣做，是因為佛陀非常直接地說「生命就是受苦」，但真正的目標是透過超越怨恨和投射痛苦，以達到能熟練地選擇承受必要的苦難。

佛陀是一位靈修的天才，我們基督徒可以從他和他成熟的追隨者身上學到很多。當然，對基督徒來說，目標是天主的愛，而不是克服苦難。看看到目前為止有多少佛教徒變成了非常富有同情心的人，就不難理解這個道理了。

基督宗教和佛教雙方的人都說，死亡和生命是同一枚硬幣的兩面，缺一不可。每次你順服，每次你信任死亡，你的信仰就被引導到更深的層次，你在底下發現了**更大的自我**。你決定不把自己推到隊伍的最前面，然而在隊伍後面所發生的事情更好。當你放下了自戀的憤怒，你發現你開始感到更快樂了。當你放棄了你想控制伴侶的需要，最後這段關係就開花結果了。然而，每一次都是一種選擇——每一次都是一個死亡。

神秘主義者和偉大的聖人，就是那些學會信任和允許這種模式的人，他們經常說：「我死了又有什麼損失呢？」或者，試試保祿（保羅）著名的那段話：「因為在我看來，生活原是基督，死亡乃是利益。」（斐理伯／腓立比書1:21）現在，即使是科學研究，包括那些瀕死經驗的研究，也揭示了同樣的普遍模式。事物透過死亡轉變和成長到目前的狀態，但每次都存在

著風險。「這次會成功嗎？」一直是我們的疑問。

許多學科正以各自的方式匯集在一起，指出在這個世界上，各個層面都有不斷的失落和更新的運動在進行。這似乎是所有成長和演進的模式。活著意味著順服於這種不可避免的流動。在每個原子中、在每段人際關係中、在每個星系中，都是相同的模式。原住民、印度教經文、佛陀、梅瑟（摩西）、穆罕默德和耶穌都在人類歷史的早期就看到了它，並將其命名為「必要的死亡」。

如果這種模式是真確的，那麼它一直都是真確的，而且在任何地方都是如此。這樣的看法並非從兩千年前才開始。我們所有的旅行者，每個人都以自己的方式，最終必須學會放下較小的事情，這樣更大的事情才能發生。但這不是一種宗教，而是高度可見的真理。這是**現實運作的方式**。

是的，我所說的是：

事物的運作方式和基督是一體的，也是相同的。
這不是一個可以狂熱加入或憤怒拒絕的宗教。
這是一列已經在行駛中的火車，軌道隨處可見。
你可以成為一個積極且幸福的旅行者，
或者，也可以不是。

第 17 章

—●—

不僅是神學：兩個實際操練

講述不等於訓練。

——執行教練提供的建言

你友善地允許我帶領你走過這段認識基督的旅程，我感謝你的信任。我相信這是你謙卑信任的行為。但你可能仍然想知道，這有什麼不同？這只是更多的理論和神學嗎？還是另一套要被束之高閣的想法？或是又一次偽裝得很好的宗教之旅？

這些關鍵問題提出了一個重要的觀點：除非你對基督奧蹟的認知，在身體、神經和細胞層面上與你**重新連結**——除非你能夠真正以一種新的方式看到和體驗它——否則這仍然是另一種理論或空談。這本書將成為另一本你曾讀過、也經過審慎考慮的書，但在幾週後就被拋在腦後了。

我花了我人生七十五年中大部分的時間，才開始以這種體

驗式的認知來看待和享受我的基督信仰。我希望我能省下你幾
年的時間，幫助你更早開始享受真正的「基督意識」。正如本
章開頭的引述所說，如果只告知人們事情，而沒有實際教導、
訓練人們如何**實際地重新連結我們的回應**，那麼告知大多是無
效的。在本章中，我想提供你兩種我們在「行動與默觀中心」
所教授的具體操練方法。首先，讓我談談操練本身。

操練是讓你自己進入你動態的心流（the flow）**當中的體
驗**；而理論和分析則是你靜靜地站在你自己的心流之外的位置
上，觀察這個心流的動向。操練是從你自己向外看；分析是回
頭觀察你自己，就好像你自己只是一個物質對象而已。透過分
析，也許你會學到智識上的能力，但實際上可能會和你更深刻
的內在體驗脫節。在你知道自己的「心流」是什麼感覺之前，
你可能根本不知道有「心流」這回事。

你還必須學會識別「阻力」是什麼樣的感覺。它會以責
備、憤怒、恐懼、迴避、投射、否認、偽裝的衝動等形式出現
嗎？你想要發現你抗拒日常現實的巧妙方法，還是就讓它們支
配你的生活──如果是後者，你將永遠發現不了它們。也許你
會認為你在「思考」或「選擇」，實際上你只是按照已經固定
了的思維方式在運作而已。其實，現在你需要的是：擺脫你已
經固定了的思維方式，也就是我們所說的「意識」的重要部分。

基本上來說，我們必須找到一種真正能**侵入我們潛意識**的
祈禱形式，否則任何深度的改變都不會發生。通常，這是某種
形式的歸心祈禱、步行默觀、放手的內在練習、處理陰影的工
作，或刻意經歷更長時間的靜默（就像我在寫這本書的初稿時
所做的那樣，基本上有三十五天的時間保持獨處和靜默）。

　　無論你選擇什麼，感覺更像是忘卻學習而不是學習，更像是順服某件事而不是完成某件事。這可能就是為什麼這麼多人一開始就抵制默觀，因為與其說默觀是為了獲得新的、好的想法，不如說它更像是在捨棄一般的想法；**它感覺比較像是放手，而不是完成任何事情**。對我們天生的「資本主義」頭腦來說，這是違反直覺！這也是為什麼從古老時代以來，我們總是對下降形式的宗教如此抵抗。

　　人類需要身體力行和具體的操練，這並非新鮮事。縱觀基督宗教歷史，東正教和天主教徒所稱的「聖事」（聖禮）一直與我們同在。在十六世紀，識字時代來到之前，朝聖、手持念珠來祈禱、身體頂禮膜拜、鞠躬和跪拜、以畫十字聖號來「祝福」自己、聖像、灑聖水祝聖、聖經故事舞台劇和敬拜儀式、薰香和蠟燭等，都讓靈魂透過外在世界認識「靈魂」本身——在這本書中，我們大膽地稱之為「基督」。

　　這些外在的意象是絕對世界的鏡子，它經常可以繞過我們的心智頭腦。**任何事物若能作為通往無限的捷徑，那麼它就是聖事**，但它永遠隱藏在非常有限的事物當中。

　　在一九六九年，我被派往新墨西哥州西部的一個古老的美洲原住民社區阿科馬普韋布洛（Acoma Pueblo）擔任執事。當我到達那裡時，我驚訝地發現，許多天主教習俗都跟美洲原住民的一些風俗習慣能直接相對應：我看到山丘中間的祭壇上覆蓋著成捆的祈禱棒；我注意到阿科馬普韋布洛的人們如何在葬禮上撒玉米花粉，就像我們撒聖水一樣（我們最近才給了它「敬拜舞蹈」的新名稱，它卻是他們在每個節慶上的常態）；我觀察到母親們如何教導孩子們默默地將早晨的陽光揮灑在他們

的臉上，就像我們學會以畫十字聖號「祝福我們自己」一樣；
還有用悶燒的鼠尾草膏塗抹人們，幾乎完全和我們在天主教大
禮彌撒中所使用的焚香一樣。

所有這些做法都有一個共同點：它們都是**以行動、模擬
或具體方式**來表達靈魂的存在。靈魂幾乎在潛意識的層面上記
得這些儀式，因為它們停留在我們的肌肉記憶中並產生視覺衝
擊。後來的理性派新教徒很難理解這一點。

因此，讓我們來嘗試一個通往具體認知的操練。我在《樞
密諮詢書》（*The Book of Privy Counseling*）中發現了一個特別
好的方法，這是一本鮮為人知的經典，作者是《不知之雲》的
作者。

我特別喜歡這個方法，因為它非常簡單，對我來說也很有
效，即使在半夜，當我突然醒來並且無法重新入睡時，通常是
在凌晨三點到清晨六點之間，有些人稱之為「狼的時刻」（其
他人乾脆說它是「失眠」！），這是心靈最脆弱的時候。我要
提醒你：隨著年齡的增長，這種情況會越來越嚴重，所以，如
果你儘早學會以下的操練，就等於幫了自己一個大忙！

為了達到我們的實際目的，我在這裡總結了作者的原意。
以下是我的改述。

第一個操練：簡單地說，你就是你

步驟一：「按照天主本來的面貌與價值來看待天主吧！接
受天主的恩寵，就像你生病時接受一塊簡單純淨的軟布敷料一
樣。把握好天主，把天主安放在你現在不健康的『自我』上。」

步驟二，瞭解你的思維和心智的遊戲規則：「停止分析你自己或天主。你可以不必浪費太多精力來決定某件事是好、還是壞；是恩寵、還是性情使然；是來自天主性（神性）的、還是來自人性。」

步驟三，要鼓勵：「將單純赤裸的你獻給上主喜樂的存在，因為你們兩個在恩寵中是一體的，儘管在本性上是分離的。」

最後：「不要太專注於你是什麼，只要活出你自己就好！如果一個人不能意識到他或她就僅僅是自己，那該是多麼愚蠢得無可救藥。」

把上述充滿愛而柔軟的話，溫暖地敷在你身體的自我上，繞過心智、甚至心靈的感情，放棄任何對於你是什麼、或不是什麼的分析。

「你就是你，就這麼簡單！」

我喜歡這個操練，因為它可以成為我們整本書中所談內容的一個非常具體的試驗。你自己的身體——赤裸裸的存在，不涉及任何「做」——成為啟示和內在休息的地方。基督變得「非靈性化」。

第二個操練：所有物質實相都是一面鏡子

在觀察了宇宙的物體之後，
我發現沒有一個物體，也沒有一個粒子，
不與靈魂相關。

——華特・惠特曼

正如我常說的，得救不是一個「是否」的問題，而是一個「何時」的問題。一旦你用上主的眼睛去看，你就會看到所有的事情，並以適當和全面的視角享受它們。有些人把得救推遲到臨終的那一刻，甚至在死亡之後（「煉獄」是我們對此的一種說法）。

對我來說，得救就是擁有「基督的心意」（格林多／哥林多前書2:16），保祿（保羅）將其描述為「或是世界，或是生命，或是死亡，或是現在，或是將來，一切都是你們的；你們卻是基督的，而基督是天主的」（格林多前書3:23）。

一切最終都屬於天主，而你是其中的一部分。
這種認識和這種享受，是對得救的美好描述。

我曾經寫過，我想用延伸的「鏡子默想」來結束這本書。這種默想的目標是讓你重新接上線（在你的思想中和你的身體裡），**在上主內看見一切，也在一切的事物中看見上主**。我發現，如果你經常練習這種觀察，它很快就會成為一種完整的生活方式，大自然和物質世界可以作為你日常的鏡子，揭示你自己可能不知道的部分，也揭示事物的深層模式。而最重要的是，要顯現我們所說關於基督的一切真實：外在世界就是天主的聖事。

慢慢地、部分或全部地閱讀以下的默想文。如果你注意到某句話在某個深度對你說話，請暫停並反思它，直到這種感覺消失為止。不要把這種感覺誤認為你自己的想法或僅僅是大腦的化學反應。相反地，接受它作為天主之愛的流動。

❖ 默想：上主的鏡子

鏡子接收並反射出它所看見的事物。
它不評判、調整或評論。
我們才是這麼做的人。
一面鏡子只照出真相，
並邀請我們承擔責任。

鏡子、太陽和上主都是一樣的。
他們都在那裡，完全閃耀著光芒。
他們的本質是光、愛和無限的給予。
你不能冒犯他們或讓他們停止發光。
你只能選擇停止接收和享受。
只要你看一眼，就會發現他們在那裡！
全然地光芒四射，
而且始終如是。
他們的訊息是恆定的、好的、賦予生命的。
只有觀察者和非觀察者，
接受和不接受的人。

當我們學會愛任何人或任何事物時，
那是因為他們以某種方式，即使只是片刻，
真實而富有同情心地反映出了我們自己。
我們抓住了它！我們為什麼不這麼做呢？
在這種共鳴中，我們真的「活了過來」。
但毫無疑問，這是我們這邊的允許。

而這種純粹的、未經過濾的臨在，

只有透過與之同在作為回報，才能得到。

不需要更多。

臨在從基督那端來到我們這裡，

然後，我們這邊的同在知道它需要知道什麼。

如果那面鏡子因為任何原因被撤回，

會引起悲傷、空虛，甚至憤怒。

我們通常會迷失方向，甚至一度心碎。

我們以某種方式死亡。但是為什麼呢？

因為我們只在別人的眼裡認識自己，

我們所得到的我們的身分——所有一切——好的與壞的，

都是從另一位而來。

既創造我們、又拯救我們的另一位。

詩人約翰·多恩（John Donne）說「沒有人是一座孤島，自己本身就是完整」。

這就是我們所說的聖潔單純的禮物！

或者，如果你比較喜歡稱它為，一個整體。

我們永遠是一種給予、一種共鳴，

從來不是我們自己的財產。

宇宙在每個層面都是相互關係的，

甚至在各層次之間也是如此。

關係是現實的核心和基礎形態，

反映了我們三位一體的上主（創世紀 1:26-27）。

每個物體都是一面鏡子，另一種形式的存在。

你可以在大自然的所有事物中找到這樣的鏡子，

在動物身上，在你的父母、戀人、孩子身上，

在書籍、圖片、電影中，

甚至在一些人所謂的「上主」中。

記住，「上主」只是一個代表實相的詞──他有一張臉！

偶爾，還有一些中介（有人稱之為「祈禱」或「愛」）。

上主是一面大到足以接收一切的鏡子，

而你的每一個部分，

就保持這樣，什麼都不拒絕，什麼都不調整，

經常如此。

為了更深的愛。

我們將體驗到一種普世性的寬恕，

一種對所有現實的天主性同情，

或者有些人稱之為「天主性的憐憫」。

它甚至會落在我們身上。

在這面鏡子裡完全接收到的，都是因為這個事實而被「拯救」。

無論我們是否相信，一切都被接受。

你不必看到太陽，就知道它仍舊閃閃發光。

如果你的上主的鏡子不能以這種方式完全接受你，

那麼它肯定不是上主。

記得，後悔對誰都無益，

感到羞愧是無用的，

責備肯定是在浪費時間，

所有的仇恨都是用來轉移注意力的策略，是死胡同。

上主總是看見並愛著在你裡面的上主。

看似上主別無選擇。

這是上主與靈魂永恆且單方面的契約。

如果你不能讓自己以這種方式完全被鏡像，

你永遠不會完全知道你的身分，更不用說享受它了。

你也不會知道上主的心意。

任何我們敢接受的愛的凝視，都可以啟動流動：

創造本身，動物，人類，都是上主的凝視，

只要我們允許它們如此。

「我現在所認識的，只是局部的，那時我就要全認清了，如同我全被認清一樣。」（格林多前書 13:12b）

總有一天，鏡子會向兩個方向映射，

我們將看見在這邊被允許的事物出現在另一邊。

這是完全穿越的看見——和被看見：

大多數人將其命名為「天堂」。

就從現在開始。

讓這面上主的鏡子完全接受你。

全部的你。

而後，你不需要再感到寂寞了。

後記

—•—

愛之後的愛

我們眾人以揭開的臉面反映主的光榮的，
漸漸地光榮上加光榮，都變成了與主同樣的肖像。
——格林多後書（哥林多後書）3章18節

我第一次讀到西印度群島詩人德里克·沃爾科特（Derek Walcott）的詩〈愛之後的愛〉（Love After Love），是在二〇一七年三月十七日、他去世的那一天，也就是我開始寫這本書的時候。早在一九七〇年代初，沃爾科特的出生地聖露西亞島（St. Lucia），是我在美國以外第一個受邀宣講福音的地方。我在那裡的會議上遇見他，他謙虛地參加了會議！

在美國辛辛那提州的新耶路撒冷社區內，我很快派遣了四名年輕成員到聖露西亞與窮人們一起工作，兩名黑人和兩名白人，兩名婦女和兩名男子。那改變了他們的生命。那個美麗

的島嶼和那裡的人總是令我著迷，他們在我的記憶中仍令我著迷。現在，你將知道他們令我著迷的另一個原因。

❖ 愛之後的愛

時間終將到來。
當你興高采烈地
迎接你自己的到來，
在你自己的門口，在你自己的鏡子裡，
每個人都會對對方的歡迎微笑。

然後說，坐在這裡。吃吧，
你會再次愛上那個曾經是陌生人的自己。
奉上酒，奉上麵包，奉還你的心，
還給那個一直愛你的陌生人。

你的一生，所忽略的那個人，
為了另一個，對你瞭如指掌的人，
從書架上取下情書，

照片，絕望的筆記，
從鏡子中剝離你的影像。
坐下來，盡情享受你的生活。

我希望這本書能幫助你**體驗和理解**：基督和你，以及每個「陌生人」，都在凝視同一個事物。

通往天主的
靈修之旅

在接下來的兩篇〈附錄〉中，我提出了一些模式，或許可以幫助那些仍然不知道如何建構和理解本書所描述的普世性基督的讀者。

〈附錄一〉檢視了世界觀的重要性，以非常簡化的形式提出了四種基本世界觀，並解釋了我為什麼選擇第四種世界觀。

〈附錄二〉描述了普遍的靈修模式的轉化過程，包括靈修模式的解構和重建。即使在天主子降生（道成肉身）的世界觀中，我們也透過超越某種完美的秩序、透過通常很痛苦且看似不必要的混亂，走向重整的開悟或「復活」，進而成長。

附錄一

———●———

四種世界觀

　　我們每個人都是根據自己內在隱而不顯的世界觀而運作的，這是一套通常在潛意識下的預設模式，因此很難觀察到它，更不用說評估它了。你的世界觀不是你所看到的事物，而**是你從它裡面看、或是透過它去看見事物**。因此，它常被視為理所當然，大部分是無意識的。它在很大程度上決定了你所看見的事物，以及你根本沒看見的事物。

　　如果你內在隱而不顯的世界觀是只有外在、物質性的宇宙，你會很自然地以這種方式看待事物，而沒有任何能力評斷它。如果你的世界觀完全是衛理公會基督徒的世界觀，那麼你就會在不知不覺中，將衛理公會的世界觀套用在一切事物上——這可能有益於你的全面體驗，但也可能會受它限制。重要的是，你要知道自己的偏好和偏見是什麼，因為並沒有一個公正的世界觀。當你感知到你過濾一切事物的條件時，你才有

可能補足你對這些事物在你視野之外的觀感。

我的結論是，有四種基本的世界觀，它們可能以多種方式表達，但不一定完全分離。有些人代表了他們所有人中最好的，或者以某種方式結合了幾個不同的世界觀，使他們能夠跨越宗教、智力和種族的界線。這四種世界觀都有優點，但沒有一個是完全錯誤或完全正確的，不過，其中有一個是至今最有幫助的。

❖ 物質型世界觀

持有物質型世界觀的人認為：外在、可見的宇宙就是終極且「真實」的世界。這種世界觀的人給了我們科學、工程、醫學，以及我們現在所稱的「文明」。

物質型世界觀顯而易見地產生了許多優勢，在過去的幾個世紀中，它已經主導大多數已開發國家，以至於人們通常認為它是唯一可能、完全適當的世界觀。物質型世界觀傾向於創造高度以消費者為導向和競爭的文化，這些文化往往專注於匱乏性，因為物質商品總是有限的。

❖ 靈性式世界觀

靈性式世界觀是許多形式的宗教和一些理想主義哲學的特徵，它承認精神、意識，以及所有人類活動背後的無形世界的首要地位和不可改變性。它可以在柏拉圖思想中看到，此外還有諾斯底主義（一種假設得救與否來自知識之有無的主義）、一些心理學派、被稱為「秘契主義」（esoteric）或「新時代」（New Age）的靈修主張，以及所有宗教中許多專注於內在

或精神化的主張，包括大部分的基督宗教派別。

　　這種世界觀有一部分是好的，因為它維持了許多唯物主義者否認的靈性世界的真實性。但是，走得太遠，它可能會變得虛無縹緲，無視一般人的需求，也否認了人們對良好心理學、人學或和平正義等社會議題的需求。如果對靈性世界觀過於認真，將變成不太關心地球、鄰人或正義，因為它認為這個世界在很大程度上是一種幻覺。

❖ 司祭式世界觀

　　持有我所謂的「司祭式世界觀」的人，通常是見多識廣、訓練有素且經驗豐富的一群人。他們的傳統認為他們的工作可幫助我們將物質和靈性結合在一起。他們是律法、經典和儀式的持有者及詮釋者，包括了古魯（印度教的導師）、神父或牧師、治療師和神聖的教會團體。

　　具有司祭式世界觀的人，能幫助我們在不總是顯而易見的物質世界和靈性世界之間建立良好的連結。但缺點是，這種觀點預設這兩個世界實際上是分開的，需要有人將它們重新結合在一起（這就是「宗教」一詞的含義：re-ligio，或re-ligament，重新締結之意，也是「瑜伽」一詞的根本涵義）。

　　當然，這種重新結合的需要，有一部分是真實的，但對它的信仰會造成地位上的差異，而且往往造成了更多宗教上的相互依賴者和消費者，而不是真誠的尋求者。這描述了我們大多數人所認為有組織的宗教和大部分自助式的世界。用《新約》中的比喻，它經常涉及聖殿中的買賣。

　　這毫不令人驚訝，這種世界觀的消費者從非常健康到不

太健康的人都有，而他們的「司祭」（神父、牧師或其他導師）也是從優秀的中介到只是江湖術士之流都有，各不相同。

❖ 天主子降生型世界觀

　　與上述三類世界觀形成鮮明對比的，是天主子降生型（道成肉身式）的世界觀，在這種世界觀中，物質和靈性被理解為從未分離過。物質和靈性相互揭示和顯現。這種觀點更依賴於覺醒而不是參與；更依賴於看見而不是服從；更依賴於意識和愛的增長，而不是依賴於神職人員、專家、道德、經典的文本或儀式。在這本書中，**我為這個世界觀所使用的代稱，就是「基督」**。最反對這種世界觀的人，往往就是上述三類世界觀的擁護者，卻是基於三種不同的原因。

　　在基督宗教歷史中，在早期東方教父、凱爾特靈修學派（Celtic spirituality）、許多將祈禱與強烈的社會參與結合的神秘主義者、大多數方濟會士，以及許多自然神秘主義者和當代生態靈性擁護者的身上，我們都可以看見最強烈的天主子降生型世界觀。一般而言，唯物主義的物質型世界觀主要存在於以技術為主的世界，以及其擁護者的殖民地區；靈性式世界觀由所有令人陶醉和奧秘的人所持有；而司祭式世界觀則存在於有組織的宗教內。

　　這四類世界觀中的每一種都掌握著現實宇宙拼圖的一部分，甚至天主子降生型的世界觀也可以用輕率、天真的方式來理解，因此也可能是「錯誤的」。我常在許多革新派天主教徒、自由派主流新教徒、新時代靈修者身上看到這一點。當一個人太快、太聰明地說「萬物都是神聖的」或「天主無處不在」

時，並不一定意味著他真的渴望、並為這種覺知創造出空間，也不一定意味著他真的整合了如此驚人的領悟。這就是為什麼我們必須用具體的耶穌這個人來平衡基督天主子的意識。

「天主子降生」本身不能成為另一種心理信仰體系，因為它很容易被輕率地接受。只有真誠和長期的尋求者，才能體驗到天主子降生型世界觀的深刻滿足。這樣的領悟不會從天而降。你必須體悟到它的深層意義，在物質中、也透過物質來尋求靈性。我認為，隨著時間的演進，你真的必須學會去愛物質所有表現出來的樣式。

天主子降生型的世界觀，將基督徒的聖潔建立在客觀和存在論的現實中，而不只是基於道德行為。這是它的巨大回報。然而，這也是大多數人尚未達成的重要飛躍。那些完成重大飛躍的人，可以在醫院的病床或小酒館裡感受到如同置身在教堂裡一樣神聖。他們可以在變形和破碎中看到基督，就像在所謂完美或迷人的事物中看見的一樣。他們可以愛和原諒自己以及所有不完美的事物，因為一切都公平地帶著天主的形像，即使那不完美。

「天主子降生」的基督意識通常會走向直接的社群，具有實際和立即的影響力。它從來不是一個抽象的理論。也不僅僅是一種令人愉悅的意識形態。如果它真的是「天主子降生」的基督信仰，那麼它總是「親力親為」的宗教，而不僅僅是秘契主義、信仰體系，或由司祭居中溝通。

當我研究基督宗教兩千年的歷史時，我注意到歷史上大多數的鬥爭和分裂都是關於權力或語義學：誰擁有這些符號或有權展示這些符號？誰在使用正確的話語？誰在遵循往往是武斷

的、基於聖經的教會規定？誰能正確地進行儀式？……諸如此類，以及其他非必要的意見分歧（當你不知道重點時，通常會發生這種情況）。所有這些都取代了深入經歷天主和無限的愛與力量，然而人們肯定渴望這樣的體驗。

從一開始，天主與所有受造物以愛結合的基本福音就很少被相信，通常被大多數神職人員否認或忽視。如果他們這樣做是與工作保障有很大關係（我不是嘲諷的意思），這一點讓人深思。

在其他三類世界觀中，我們神職人員是被需要的中介和推銷員，但在天主子降生型的世界觀中，卻不是那麼被需要。因此，大多數神職人員並不認為大自然是「第一本聖經」，而是強調較晚的版本——寫在地質時間的最後一奈秒，然後稱之為上主唯一的話語。然而，正是這些經典文本所說的「在起初已有聖言」（若望／約翰福音1:1），而且聖言等同於「基督」——基督在某個時間「成了血肉，寄居在我們中間」（1:14）。聖文德相信每個生物都是上主的話語，這就是第一本「聖經」[1]。

如果我在這本書中所提出的基本論點是正確的，基督是代表歷史偉大故事的一個詞語，那麼成熟的天主子降生型世界觀正是一個好消息！

然而，你不一定需要把這個普世性的顯現命名為「基督」，只要完全生活在其中，並且享受其巨大的果實就可以了。

---

1. Bonaventure, *Breviloquium 2, 5.1, 2*, ed. Dominic V. Monti, O.F.M. *Col- lected Works of St. Bonaventure* (St. Bonaventure, NY: The Franciscan Institute, 2005), 72–73.

附錄二

—— ● ——

轉化模式的靈修旅程

　　即使在天主子降生型的世界觀中，我們的成長也是透過超越某種完美的秩序、透過通常是痛苦、且看似不必要的混亂，走向開悟的重整或「復活」。這是一種「連結合而為一的模式」，它鞏固了我們與周圍一切的關係。

　　我看到偉大的宗教和哲學傳統所描繪的轉化和成長軌跡，使用了許多比喻來表現這種模式：約瑟夫·坎伯（Joseph Campbell）所描繪的經典「英雄旅程」；大多數原住民宗教的四季或四個方向；描述猶太人出離埃及、流亡、最後抵達「應許之地」的史詩；以及基督宗教的十字架、死亡和復活的敘事。

　　在這裡，我提供一個濃縮版本，幫助你以一種常見、簡單（簡直太過簡單）的方式，來看待這些軌跡。這些「神話」中的每一個，都以自己的方式說明成長是在完美的秩序中發生的。為了走向愛、合一、得救或開悟（我使用的這些詞可以互

換），我們必須從**秩序**走向**混亂**，最終走向**重整**。

❖ 秩序

在第一階段，如果我們被授予秩序（並非所有人都有），會感到純真且安全。一切基本上都很好，一切都有意義，我們覺得自己看起來是正常和應得的一部分。這是我們的「第一次純真[1]」，它解釋了一切，因此感覺它像是直接來自上主，堅實而永恆。

試圖停留在對「事物如何存在、應該如何發展」的第一個令人滿意的解釋中的人，往往傾向於拒絕和避免任何混亂、衝突、不一致、痛苦或黑暗。他們不喜歡任何形式的混亂。甚至許多基督徒也不喜歡看起來像在「背負十字架」的事物（這就是我們只**感謝**耶穌在十字架上所做的一切，而不是**真正效法**他所付出的巨大代價）。

我們的「自我」相信：混亂或變化總是要避免的，所以讓我們縮起來，假裝我們的現狀是完全良好的，應該對每個人都有好處，而且永遠是「真實的」，甚至是唯一的真理。但長久停留在這個階段，會造就一群情願天真的人或是控制狂，而且通常是兩者的結合。我發現它總是在匱乏的世界觀中運作，從來不是在豐富的世界觀中運作。

❖ 混亂

最終，你理想中的有序宇宙，也就是牟敦所說「個人得救

---

1. Paul Ricoeur, *The Symbolism of Evil* (Boston: Beacon, 1967), 351.

的計劃」，必然會讓你失望（如果你誠實的話）[2]。正如倫納德·科恩（Leonard Cohen）所說：「萬物都有裂縫，所以光線才能進入。[3]」你的妻子去世了；你的父親失去了工作；你在孩提時代在遊樂場上被拒絕了；你發現自己需要關懷和性伴侶；你沒有通過令人夢寐以求的認證考試；或者你終於意識到許多人被排除在你當之無愧的「生活、自由和追求幸福」之外。

這是混亂階段，也就是亞當和厄娃（夏娃）故事中所謂的「墮落」。如果要有任何真正的成長，**混亂就必須以某種形式出現**；但是我們之中的一些人發現這個階段太不舒服了，便試圖逃回我們最初所創造的秩序——即使它正在謀殺我們。當今，其他人似乎已經放棄並決定「不存在普遍秩序」或者至少沒有我們願意服從的秩序。這就是後現代立場，不信任所有偉大故事、意識形態和全球主義（globalism）[4]，包括任何理性概念、共同人性、社會進步、普遍的人類規範、絕對真理和客觀的現實。

如今，美國文化和政府所盛行的大部分混亂，都是「後真相社會」導致的直接結果。長久停留在這個階段，往往使人們相當消極和憤世嫉俗，他們通常是憤怒的，對某種形式的政治正確相當武斷和固執己見，因為他們在尋找一些堅實的基礎。

有些人指責宗教人士過於教條主義，但這種受阻的立場卻把混亂本身當作教條來崇拜，似乎在說：「我拒絕所有普遍的解釋，除了一種之外——那就是，沒有普遍的解釋！」這種普

2. Thomas Merton, *No Man Is an Island* (New York: Houghton Mifflin, 1955), xii.
3. Leonard Cohen, "Anthem," *The Future* (New York: Columbia, 1992).
4. 審訂者注：由某一強大國家制定一個政策讓全球各國一律遵行，這個現象稱「全球主義」（globalism）。

遍的憤世嫉俗和懷疑成為他們的普遍解釋，他們所運作的宗教
也是他們最大的弱點。

❖ 重整

　　每個宗教都有自己的方式，談論如何讓你進入重整階段。
不同的系統稱它為「開悟」、「出谷（出埃及）」、「涅槃」、
「天堂」、「得救」、「春天」，甚至「復活」。它是死亡之後的
生命；失敗之後的勝利；分娩痛苦後的喜悅。這是堅持我們**必
須實實在在地經過，而不是從下方鑽過去、從上方跨過去，或
從旁邊繞過去。**

　　沒有直航班機可以直接抵達重整的境地。為了到達那裡，
我們必須忍耐、學習和包容混亂的階段，越過「第一次純真」
的秩序階段，**但仍要包容它！**它相當於保守派和自由派立場中
最好的精華，保留住第一個秩序的優點，但也提供了非常必要
的修正。

　　已經達到這個階段的人，比如猶太先知，可以被稱為「激
進的傳統主義者」。他們愛他們的真理和他們的團體到足以評論
它，他們的評論足以保持他們自己的正直和智慧。這些有智慧的
人已經停止過度反應和過度防禦。他們通常是少數的一群人。

　　基於多年對美國人和其他國家的人進行靈修輔導的經歷，
我觀察到：對於那些認為自己是保守主義或自由主義的人來
說，這段旅程的涵義是不同的。保守主義者必須放棄他們認為
可以透過宗教、金錢、戰爭或政治來要求和控制世界的幻想。
這通常是他們真正的安全系統，他們強烈的宗教語言往往表現

為虛偽和掩蓋，用以支持非常保守的政治作為。真正向上主釋
放控制權的人，將表現得憐憫和慷慨，而不是緊守著界線。

相對地，自由主義者必須放棄他們對永久混亂的信念，以
及他們對所有領導、長老或權威的恐懼，並找到良好、健康、
深刻真實的基本秩序。這通常會被視為一種邁向謙卑和真正群
體的豐富體驗。他們必須停止對抗所有權威和傳統，並認識到
這些對文化的連續性以及基本的心理健康是必要的——這使他
們能夠屬於自身以外的事物。

為了走向更大的整全，這兩個群體必須各自以不同的方
式，**放棄他們錯誤、虛假的純真**。自由主義者和保守主義者都
在尋求分離和優越，只是方式不同。用我的話說，在放棄這些
基本的幻想之前，他們都必須以某種方式「受傷」。承認自己
無能為力，這才是復原運動（Recovery movement）的第一步。

從秩序到混亂、再到重整的旅程，不只是亞巴郎（亞伯拉
罕）、梅瑟（摩西）、約伯或耶穌才會發生的令人敬佩的體驗，
這旅程必須發生在我們所有人身上。我們的角色是傾聽和允
許，至少要稍微配合這種近乎自然的進展。**我們都是以純真和
控制為代價，才得以抵達智慧的一端**。這意味著很少有人願意
到達那裡。通常混亂是強加在我們身上的，為什麼有人會選擇
混亂呢？我不會。

我想再說一遍，從秩序到重整，或從混亂到重整，沒有直
達班機，除非你重新回到最初的「秩序」或「混亂」和受傷的
悲劇中那些好的、有幫助的、但也是有限的事物（否則你一生
中會花費太多的時間在抵抗、受它影響和感到窒息）。

我不知道為什麼天主要以這種方式創造出世界，但我必須

相信普遍性的神話和故事。在開始和結束之間，「偉大的故事」不可避免地揭示了衝突、矛盾、困惑，以及在我們自己所創造的天堂裡的美中不足。這使戲劇開始運轉，並賦予它動力和謙遜。當然，每個人最初都是為了「幸福」，但我讀過的大多數書籍似乎都是關於苦難如何淬鍊人、教導人、塑造人。

維持我們最初的秩序並不是幸福。我們必須期待並等待「第二次的純真」，這種純真更多是被賦予的，而不是我們創造或設計出來的。幸福是靈修旅程結出的果實，是完全成長和成熟的成果，這就是為什麼我稱之為「重整」。你是被帶向幸福的，你無法透過意志力或聰明才智找到通往幸福的道路，但我們都試圖這麼做！

我們似乎堅持不承認這種成長和改變的普遍模式。樹木因風和暴風雨而成長茁壯；建造船隻並不是為了讓它永久停留在乾船塢或港口；小動物必須由母親以艱難的方式教養來學習生存，否則牠們總是在年幼時即夭折。似乎我們每個人都必須在自己的道路上學習，帶著許多抗拒和掙扎，來發現那些被隱藏地很好、但又顯而易見的事實。

> 你也可以相信我的話，希臘、埃及、古印度和古代中國，這些世上的美，在藝術和科學中單純而真實地反映出來，而我所看到人類內心深處的宗教信仰則是未知的，但所有這些事情對我所做的，就像那些引人注目的基督徒一樣多，一度把我交到基督的手中，成為祂的俘虜。
>
> ——西蒙娜‧瑋伊

踏上生命的第二旅程

理查·羅爾
Richard Rohr 著
王淑玫 譯
定價340元

每一個「向下墜落」的低谷，
都是引領生命「向上提升」的契機！

★追求靈性成長者必讀
★美國Amazon讀者要求10顆星超好評推薦

人的生命共有兩個階段，第一階段追求的是現實的成就，包括事業、地位、婚姻、個人表現……等。到了第二階段，追求的則是靈性的發展與隱藏已久的真實自我，讓心靈獲得永恆的平靜與自由。

這兩個階段，是每個人都必須要面對的；我們也必須經歷過這兩個階段，才能活出完整的生命。然而，許多人一輩子都活在第一階段，不知第二階段的存在，也不知該如何踏上更進一步的旅途。在本書中，羅爾神父以他四十年來擔任靈修導師的經驗，幫助我們理解這個生命的最深奧祕。

隨著年歲增長，各種困境接踵而至：身體病痛、壓力倦怠、情緒低潮、親人離世……這些重擔常讓人感到難以承受。然而，正是這些「必要的苦難」拉著我們脫離第一階段的有形束縛，踏上靈性的第二旅程。種種「向下墜落」的困境，正是生命「向上提升」的轉機，這就是本書的中心主旨。

羅爾神父帶領我們以一種全然不同的眼光來看待自己的生命。本書擷取古老的神話、英雄史詩、偉大思想家和宗教經典中的智慧，來探索生命的兩個階段，並且告訴我們，只有那些失敗過、犯錯過、向下墜落過、經歷過苦難的人，才能真正掌握提升自我生命的智慧寶鑰。

本書為我們揭開了一張完整生命的地圖，展現個人生命的全貌，是攀登生命高山的必備指南。

【靈修導師、牧者、學者一致推薦】
李家同／清華大學榮譽教授　　　施以諾／精神治療師、心靈作家
林思伶／靜宜大學校長　　　　　黃敏正／天主教台南教區主教
吳伯仁／前靜山靈修中心主任　　彭懷真／作家、東海大學教授

國家圖書館出版品預行編目資料

基督的奧秘：一個被遺忘的事實，如何改變我們所見、所信與盼望的一切 / 理查‧羅爾 (Richard Rohr) 著；周明芹譯. -- 初版. -- 臺北市：啟示出版：英屬蓋曼群島商家庭傳媒股份有限公司城邦分公司發行, 2023.12
面；　公分. -- (SOUL系列；63)
譯自：The Universal Christ : How a Forgotten Reality Can Change Everything We See, Hope For, and Believe
ISBN 978-626-7257-24-1 (平裝)

1.CST: 耶穌 (Jesus Christ) 2.CST: 基督

242.2　　　　　　　　　　　　　　112017368

啟示出版線上回函卡

Soul系列63

基督的奧秘：一個被遺忘的事實，如何改變我們所見、所信與盼望的一切

版　　　權／吳亭儀、江欣瑜
行 銷 業 務／周佑潔、周佳葳、賴正祐
總　經　理／彭之琬
事業群總經理／黃淑貞
發　行　人／何飛鵬
法 律 顧 問／元禾法律事務所　王子文律法師
出　　　版／啟示出版
　　　　　　臺北市104民生東路二段141號9樓
　　　　　　電話：(02) 25007008　傳真：(02)25007759
　　　　　　E-mail:bwp.service@cite.com.tw
發　　　行／英屬蓋曼群島商家庭傳媒股份有限公司城邦分公司
　　　　　　台北市中山區民生東路二段141號2樓
　　　　　　書虫客服服務專線：02-25007718；25007719
　　　　　　服務時間：週一至週五上午09:30-12:00；下午13:30-17:00
　　　　　　24小時傳真專線：02-25001990；25001991
　　　　　　劃撥帳號：19863813；戶名：書虫股份有限公司
　　　　　　讀者服務信箱：service@readingclub.com.tw
　　　　　　城邦讀書花園：www.cite.com.tw
香港發行所／城城邦（香港）出版集團有限公司
　　　　　　香港九龍九龍城土瓜灣道86號順聯工業大廈6樓A室　E-mail: hkcite@biznetvigator.com
　　　　　　電話：(852) 25086231　傳真：(852) 25789337
馬新發行所／城邦（馬新）出版集團 Cite (M) Sdn Bhd
　　　　　　41, Jalan Radin Anum, Bandar Baru Sri Petaling, 57000 Kuala Lumpur, Malaysia.
　　　　　　Tel：(603)90563833　Fax：(603)90576622　Email：services@cite.my

封 面 設 計／李東記
排　　　版／芯澤有限公司
印　　　刷／韋懋實業有限公司

■2023年12月7日初版　　　　　　　　　　　　Printed in Taiwan

定價450元

Copyright © 2019 by Center for Action and Contemplation, Inc.
"Love After Love" from The Poetry of Derek Walcott 1948-2013 by Derek Walcott, selected by Glyn Maxwell.
Copyright © 2014 by Dere Walcott.
Reprinted by permission of Farrar, Straus and Giroux.

All rights reserved including the right of reproduction in whole or in part in any form.
This edition published by arrangement with Convergent Books, an imprint of Random House, a division of Penguin Random House LLC
Complex Chinese translation copyright © 2023 by Apocalypse Press, a division of Cite Publishing Ltd.
All Rights Reserved.

城邦讀書花園
www.cite.com.tw

著作權所有，翻印必究　ISBN 978-626-7257-24-1